中国近现代稀见史料丛刊【第三辑】

张剑 徐雁平 彭国忠 主编

蟫庐日记（外五种）

王祖询等 著

卢康华 整理

凤凰出版社

图书在版编目（C I P）数据

蟫庐日记 ：外五种 / 王祖询等著 ； 卢康华整理.
-- 南京 ：凤凰出版社，2016.9
（中国近现代稀见史料丛刊. 第三辑）
ISBN 978-7-5506-2414-6

Ⅰ. ①蟫… Ⅱ. ①王… ②卢… Ⅲ. ①王祖询－日记
Ⅳ. ①K825.4

中国版本图书馆CIP数据核字(2016)第188302号

书　　名	蟫庐日记(外五种)
著　　者	王祖询等 著　卢康华 整理
责任编辑	卞　岐
出版发行	凤凰出版传媒股份有限公司 凤凰出版社(原江苏古籍出版社) 发行部电话025-83223462
出版社地址	南京市中央路165号,邮编:210009
出版社网址	http://www.fhcbs.com
经　　销	凤凰出版传媒股份有限公司
照　　排	南京凯建图文制作有限公司
印　　刷	苏州市越洋印刷有限公司 苏州市吴中区南官渡路20号,邮编:215104
开　　本	880×1230毫米　1/32
印　　张	10.625
字　　数	276千字
版　　次	2016年9月第1版　2016年9月第1次印刷
标准书号	ISBN 978-7-5506-2414-6
定　　价	45.00元

(本书凡印装错误可向承印厂调换,电话:0512-68180638)

袁行霈先生题辞

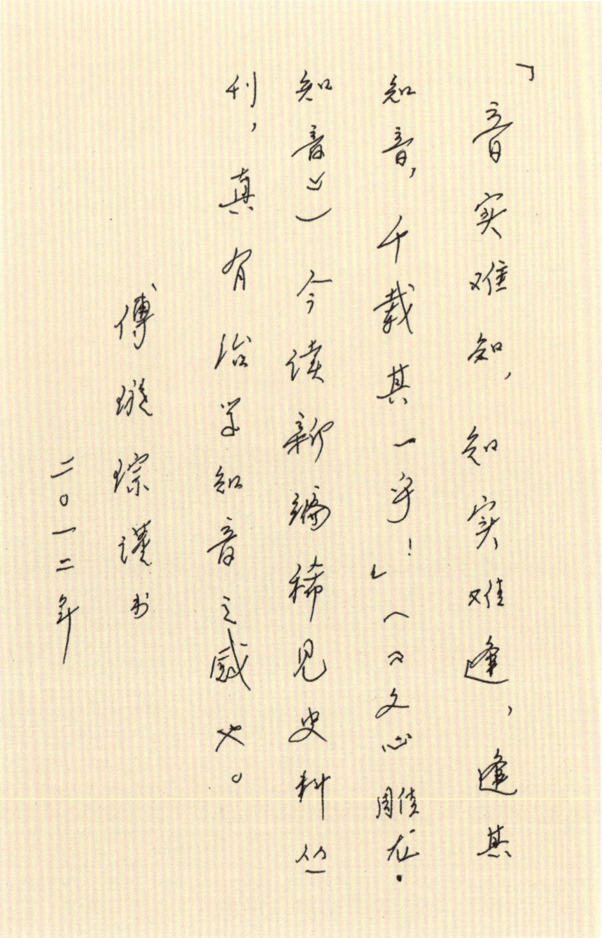
「音实难知，知实难逢，逢其知音，千载其一乎！」（《文心雕龙·知音》）今读新编稀见史料丛刊，真有治学知音之感矣。

傅璇琮谨书

二〇一二年

傅璇琮先生题辞

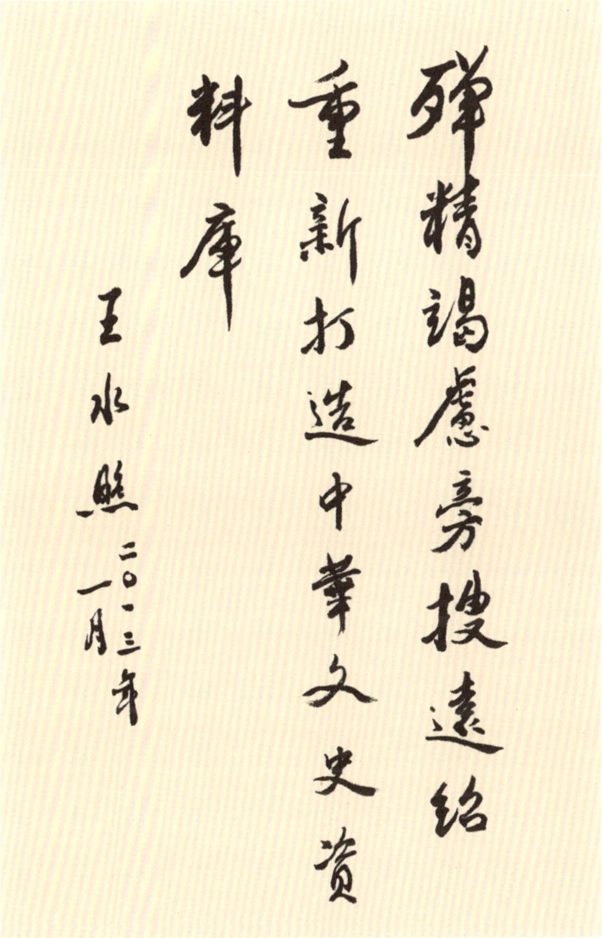

王水照先生题辞

王祖询像

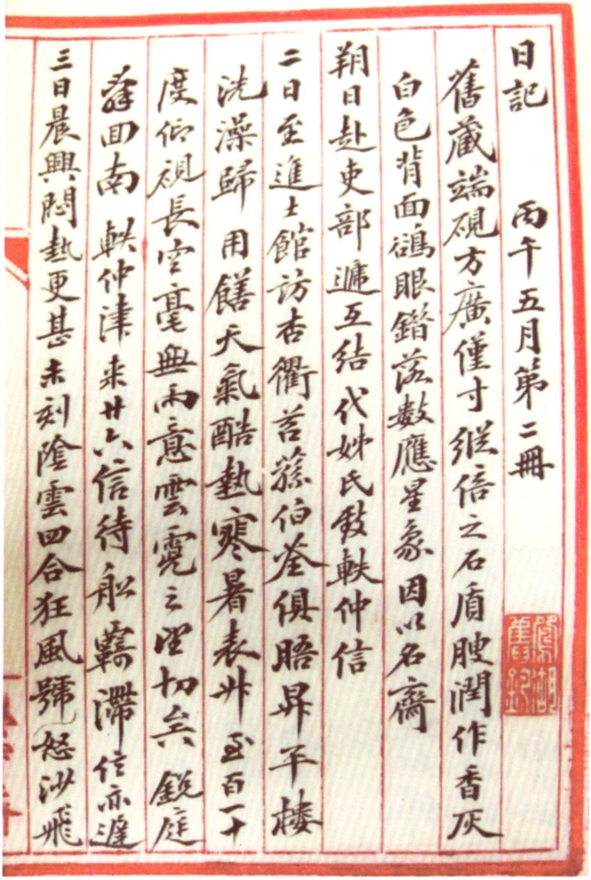
日記　丙午五月第二冊
舊藏端硯方廣僅寸縱倍之石質腴潤作香灰
白色背面鴝眼錯落數應星象因以名齋
朔日赴吏部遞互結代妣氏致軼仲信
二日至進士館訪杏衢菩蓀伯荃俱晤昇平樓
洗澡歸用饍天氣酷熱寒暑表升至百一十
度俯視長空毫無雨意雲霓之望切矣　鈍庭
舜回南　軼仲津來廿六信待船竊滯信亦遲
三日晨興悶熱更甚未刻陰雲四合狂風驟怒沙飛

书影一

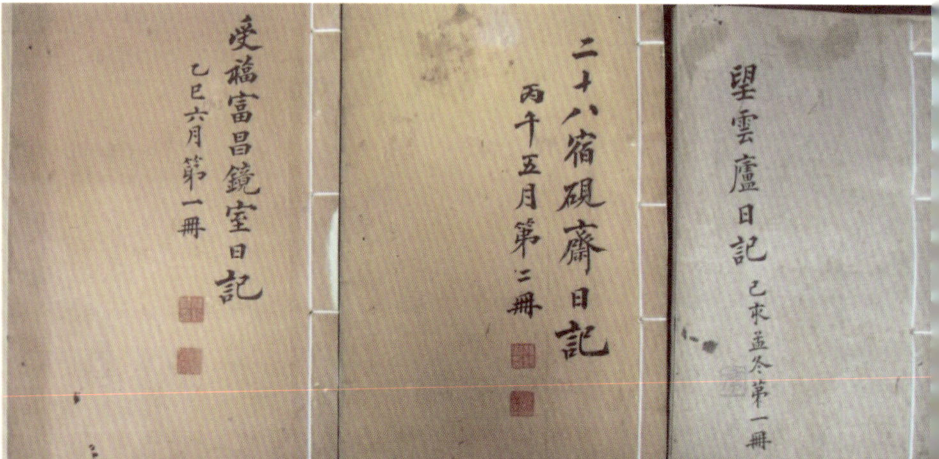

书影二

《中国近现代稀见史料丛刊》总序

在世界所有的文明中，中华文明也许可说是“唯一从古代存留至今的文明”（罗素《中国问题》）。她绵延不绝、永葆生机的秘诀何在？袁行霈先生做过很好的总结：“和平、和谐、包容、开明、革新、开放，就是回顾中华文明史所得到的主要启示。凡是大体上处于这种状况的时候，文明就繁荣发展，而当与之背离的时候，文明就会减慢发展的速度甚至停滞不前。”（《中华文明的历史启示》，《北京大学学报》2007 年第 1 期）

但我们也要清醒看到，数千年的中华文明带给我们的并不全是积极遗产，其长时段积累而成的生活方式与价值观具有强大的稳定性，使她在应对挑战时所做的必要革新与转变，相比他者往往显得迟缓和沉重。即使是面对佛教这种柔性的文化进入，也是历经数百年之久才使之彻底完成中国化，成为中华文明的一部分；更不用说遭逢“数千年来未有之变局”、“数千年未有之强敌”（李鸿章《筹议海防折》），“数千年未有之巨劫奇变”（陈寅恪《王观堂先生挽词序》）的中国近现代。晚清至今虽历一百六十余年，但是，足以应对当今世界全方位挑战的新型中华文明还没能最终形成，变动和融合仍在进行。1998 年 6 月 17 日，美国三位前总统（布什、卡特、福特）和二十四位前国务卿、前财政部长、前国防部长、前国家安全顾问致信国会称：“中国注定要在 21 世纪中成为一个伟大的经济和政治强国。”（徐中约著《中国近代史》上册第六版英文版序，香港中文大学 2002 年版）即便如此，我们也不能盲目乐观，认为中华文明已经转型成功，相反，中华文明今天面对的挑战更为复杂和严峻。新型的中华文明到底会怎样呈现,又怎样具体表现或作用于政治、经济、文化等层面,人们还在不断探索。这个问题,我们这一代恐怕无法给出答案。但我们坚信,在历史上曾经灿烂辉煌的中华文明必将凤凰浴火,涅槃重生。这既是数千年已经存在的中华文明发展史告诉我们的经验事实,也是所有为中国文化所化之人应有的信念和责任。

不过,对于近现代这一涉及当代中国合法性的重要历史阶段,我们了解得还过于粗线条。她所遗存下来的史料范围广阔,内容复杂,且有数量庞大且富有价值的稀见史料未被发掘和利用,这不仅会影响到我们对这段历史的全面了解和规律性认识,也会影响到今天中国新型文明和现代化建设对它的科学借鉴。有一则印度谚语如是说:“骑在树枝上锯树枝的时候,千万不要锯自己骑着的那一根。”那么,就让我们用自己的专业知识与能力,为承载和养育我们的中华文明做一点有益的事情——这是我们编纂这套《中国近现代稀见史料丛刊》的初衷。

书名中的“近现代”,主要指 1840—1949 年这一时段,但上限并非以一标志性的事件一刀切割,可以适当向前延展,然与所指较为宽泛的包含整个清朝的“近代中国”、“晚期中华帝国”又有所区分。将近现代连为一体,并有意淡化起始的界限,是想表达一种历史的整体观。我们观看社会发展变革的波澜,当然要回看波澜如何生,风从何处来;也要看波澜如何扩散,或为涟漪,或为浪涛。个人的生活记录,与大历史相比,更多地显现出生活的连续。变局中的个体,经历的可能是渐变。《丛刊》期望通过整合多种稀见史料,以个体陈述的方式,从生活、文化、风习、人情等多个层面,重现具有连续性的近现代中国社会。

书名中的“稀见”,只是相对而言。因为随着时代与科技的进步,越来越多的珍本秘籍经影印或数字化方式处理后,真身虽仍“稀见”,化身却成为“可见”。但是,高昂的定价、难辨的字迹、未经标点的文本,仍使其处于专业研究的小众阅读状态。况且尚有大量未被影印或数字化的文献，或流传较少，或未被整合，也造成阅读和利用的不便。因此，《丛刊》侧重选择未被纳入电子数据库的文献，尤欢迎整理那些辨识困难、断句费力、裒合不易或是其他具有难度和挑战性的文献，也欢迎整理那些确有价值但被人们习见思维与眼光所遮蔽的文献，在我们看来，这些文献都可属于“稀见”。

书名中的“史料”，不局限于严格意义上的历史学范畴，举凡日记、书信、奏牍、笔记、诗文集、诗话、词话乃至序跋汇编等，只要是某方面能够反映时代政治、经济、文化特色以及人物生平、思想、性情的文献，都在考虑之列。我们的目的，是想以切实的工作，促进处于秘藏、边缘、零散等状态的史料转化为新型的文献，通过一辑、二辑、三辑……这样的累积性整理，自然地呈现出一种规模与气象，与其他已经整理出版的文献相互关联，形成一个丰茂的文献群，从而揭示在宏大的中国近现代叙事背后，还有很多未被打量过的局部、日常与细节；在主流周边或更远处，还有富于变化的细小溪流；甚至在主流中，还有漩涡，在边缘，还有静止之水。近现代中国是大变革、大痛苦的时代，身处变局中的个体接物处事的伸屈、所思所想的起落，藉纸墨得以留存，这是一个时代的个人记录。此中有文学、文化、生活；也时有动乱、战争、革命。我们整理史料，是提供一种俯首细看的方式，或者一种贴近近现代社会和文化的文本。当然，对这些个人印记明显的史料，也要客观地看待其价值，需要与其他史料联系和比照阅读，减少因个人视角、立场或叙述体裁带来的偏差。

知识皆有其价值和魅力，知识分子也应具有价值关怀和理想追求。清人舒位诗云“名士十年无赖贼”（《金谷园故址》），我们警惕袖手空谈，傲慢指点江山；鲁迅先生诗云“我以我血荐轩辕”（《自题小像》），我们愿意埋头苦干，逐步趋近理想。我们没有奢望这套《丛刊》产生宏大的效果，只是盼望所做的一切，能融合于前贤时彦所做的贡献之中，共同为中华文明的成功转型，适当“缩短和减轻分娩的痛苦”（马克思《资本论》第一卷第一版序言）。

《丛刊》的编纂,得到了诸多前辈、时贤和出版社的大力扶植。袁行霈先生、傅璇琮先生、王水照先生题辞勖勉,周勋初先生来信鼓励,凤凰出版社姜小青总编辑赋予信任,刘跃进先生还慷慨同意将其列入"中华文学史史料学会"重大规划项目,学界其他友好也多有不同形式的帮助……这些,都增添了我们做好这套《丛刊》的信心。必须一提的是,《丛刊》原拟主编四人(张剑、张晖、徐雁平、彭国忠),每位主编负责一辑,周而复始,滚动发展,原计划由张晖负责第四辑,但他尚未正式投入工作即于2013年3月15日赍志而殁,令人抱恨终天,我们将以兢兢业业的工作表达对他的怀念。

《丛刊》的基本整理方式为简体横排和标点(鼓励必要的校释),以期更广泛地传播知识、更好地服务社会。希望我们的工作,得到更多朋友的理解和支持。

2013年4月15日

目　录

前 言

是册收录复旦大学图书馆藏日记六种，依照日记纪事时间顺序排列，分别为王祖询《蟫庐日记》、周长森《北上日记》、佚名《涤庵日记》、佚名《淮海日记》、张敬礼《养性室日记》、佚名《乙亥年日记》。兹将六种日记相关情况简要介绍如下。

一

《蟫庐日记》作者王祖询（1866—1907）①，字次欧，亦字敩欧②，号雨亭、蟫庐等，祖籍浙江秀水（今嘉兴），迁居江苏吴县，是清末著名藏书家，子王大森（荫嘉）、王大隆（欣夫）俱有声于时。王祖询祖上在湖州经营丝绸，迁移吴县后，继续经营多种产业，累积了殷实的家业。至祖询时，由经商转向从政。他是光绪十七年优贡，次年朝考获一等第一名。后授湖北通城知县，得到张之洞赏识，二人畅谈时事与经史源流，终日不倦。1907年春受命往日本考察政学，赴日不久，为张之

---

① 按，王祖询生年有些文献记载为1869年，而据他光绪十八年（壬辰，1892）贡卷记载个人信息云"臣王祖询，年二十四岁……由廪膳生考取光绪十七年辛卯科优贡，十八年壬辰科，恭应朝考"，可知1892年他二十四岁，照此计算，其生年确实为1869年。但是，《受福富昌镜室日记》1905年11月17日云"余四十初度，秘不人知，而亲友咸集"，则1905年他已年四十，逆推其生年当作1866年。一般而言，日记对自己的年龄没有必要隐瞒，而古代参加科举时，考生提交的个人信息却时有故意改动的例子，或许王祖询贡卷中记录的年龄亦属虚报的情况。因此，还是应当以日记所载为准，确定其生年为1866年。

② 见附录王祖询印章"蟫庐父子敩欧"。

洞累牍催回。是年秋再赴鄂任,感染时疫,不幸逝世,享年仅四十二岁。王祖询性喜藏书,家有二十八宿砚斋、蟫庐等藏书处,收藏宋元善本三十馀种,并手校经籍善本至数千卷,在近代藏书史上具有一定地位。更为重要的是,在其影响之下,以其藏书为基础,儿子王荫嘉、王欣夫俱走上学问道路,尤其是王欣夫成为现代学术史上享有盛誉的文献学家。王祖询在经商与从政之馀,雅爱文艺,虽然他曾自称"愧乏诗才"[①],但从《全清词钞》《词综补遗》等书收录其词作来看,可知他是善于文学创作的,只是到目前为止,尚不清楚他是否有诗词文集行世。因此,《蟫庐日记》是目前所知王祖询唯一存世的大宗笔墨,亦是我们考察其人其世的重要依据,其文献价值不同寻常。

复旦大学古籍部藏《蟫庐日记》稿本四册,系王欣夫先生旧藏。其实,该日记虽为四册,却仅有三种,其中两册皆题为《受福富昌镜室日记》,经比勘可知,一为最初稿本,一为修订誊清本,且誊清本纪事时间较初稿本为长。因此,有些文献著录《蟫庐日记》,称其为日记四种,实是误会。《蟫庐日记》三种日记分别题为《望云庐日记》《受福富昌镜室日记》《二十八宿砚斋日记》。虽然保存下来的日记仅此区区三册,自然说不上据以全面了解王祖询,但巧合的是,三册日记纪事各有侧重,较为典型地涵盖了王祖询此阶段生活内容的三个方面:居家经营家业、在京投供候差、赴鄂任职。《望云庐日记》纪事自 1899 年 11 月 3 日至 1900 年 8 月 12 日,以在苏州守父孝、经营家业为主。据是册日记卷首题识可知,开始记日记时父亲王伟桢已去世四个多月,王祖询有感于父亲长期记日记之习,"一生谨慎,着力于戒欺,戊辰(1868)始,事无巨细,笔之于书",因此自己也从当年(己亥,1899)十月开始,"举日间行习作为,亦记诸编。兢兢业业,惟冀勉承先志,勿坠家声而已"[②]。是册日记详细记录了他守孝期间操持家业的过

① 《受福富昌镜室日记》1906 年 12 月 18 日。

② 《望云庐日记》卷首题识。

程，举凡祭祀、修墓、收租、算账、书信往来、经济纠纷等方方面面，事无巨细，皆亲力亲为，不仅可资了解其生活，而且也是一手的家族史、经济史文献。《受福富昌镜室日记》纪事自 1905 年 7 月 3 日至 1906 年 6 月 21 日，这期间，王祖询两度赴京到吏部投供候差，中途返苏三月，原因是出于科举废除后儿子王大森教育的考虑，“森儿亟事维新，余拟暂归，挈之来北，资其历练”[①]，因此第二次赴京即携儿子同去，并设法进入湘学堂就学。是册日记记录了王祖询在苏、京两地的生活与见闻，除了日常起居、拜客、到部投供等记录外，涉及的时事有上海哄堂案、南昌教案、五大臣遇刺案、维新志士潘宗礼追悼会、惠兴女士殉身兴学事件以及以此为主题的戏剧演出等。他还详细记录了第二次赴京后儿子在湘学堂的学习情况，包括每次考试的题目以及得分。王祖询在京候差期间心情郁闷，盖因国家天灾人祸，岌岌可危，而吏部用人舞弊，上下其手：“是月九缺，遇缺先用五，竟列入一未投供者，将余挤去。吏部自裁书吏动曰舜文美弊，不知此辈司员本系腐儒，一旦得志，贪狡更甚。故今年选单时有错误，安知非有别情耶？”[②]祖询一己之遭遇，不啻为晚清官场腐败之写照。《二十八宿砚斋日记》纪事衔接《受福富昌镜室日记》，起自 1906 年 6 月 22 日，迄于 1907 年 2 月 22 日，活动范围主要为京、苏、鄂三地。此期间，王祖询得吏部差选湖北通城，离京返苏收拾行装，告别家人，于 1906 年 11 月 18 日启程赴武汉，见湖广总督张之洞，授命赴东瀛，乃于 1907 年 1 月 14 日返苏。日记详细记录了他在往返京、苏、鄂途中的生活与见闻，不仅有日常的饮食起居、拜客应酬记录，乃至旅途中的行程、风景、偷盗事件以及在武汉期间所见多起火灾救援与消防演习等，亦一一记载。

从日记看，王祖询为人笃诚忠厚，勤勉持家。他关心子女成长，

---

① 《受福富昌镜室日记》1905 年 9 月 3 日。

② 《受福富昌镜室日记》1905 年 5 月 16 日。

日记中保留了不少关于儿子王大森早年生活与求学的记录,可惜的是当时王大隆年纪太小,日记仅提及一次:“购倭刀,归付隆儿佩带。是儿英俊,望其他日杀贼立功。”[①]王祖询思想开明,长期保持着阅读新报了解时事的习惯,他将各报所载论说之关系时事者编目、朱笔标记,以求醒目[②]。不仅如此,他还以此影响王大森,“命森儿检齐今岁报纸,按月装册,备暇时翻阅,篇首论说时事,大有关系,亦命其点句”[③]。他接受新的医学与科学观念,日记多处保留他看西医接受电气治疗的记录,在一次偶遇民众救护月蚀的仪式后,他感慨道:“陋俗相沿,抑何可笑!自新学发明地球之理,知旧说之尽谬。西儒之于推算测量,都实验得来,故碻可信。”[④]王祖询关心民瘼,对官场弊病痛心疾首,如在自鄂返苏途中记载见闻道:“若非中饱盈橐,焉能挥霍如是?国计至斯,而官府之养尊处优,岸然不顾,可胜浩叹!并悉所病无甚沉重,当此淮扬岁歉,何勿移以赈彼哀鸿欤?余尝谓此时据要津之候补道,处常则似尽能员,处变则无一忠臣,盖有感而言也。”[⑤]他关心女权与女学,如云“缠足恶习,戕丧本原,母气未足,所生焉能充实,诚能挽回风气,亦强种先声也”[⑥],“译艺女学堂考验学生,荥阳大女入肄焉,从此风气大开,文明进步,输及女界,胎教母教,强种强国,我华痼疾渐辟矣”[⑦]云云,见识俱为可贵。

综合观之,王祖询日记三种具有一定的史料价值,不仅可供后人了解晚清家族、社会与官场的诸多方面,也保留了日记主人的所作所为、所思所感,真实反映出他的性格特征与思想状态,值得引起读者

---

① 《受福富昌镜室日记》1905 年 12 月 13 日。
② 《受福富昌镜室日记》1906 年 3 月 8 日、4 月 14 日。
③ 《受福富昌镜室日记》1905 年 10 月 29 日。
④ 《二十八宿砚斋日记》1906 年 8 月 4 日。
⑤ 《二十八宿砚斋日记》1907 年 1 月 17 日。
⑥ 《受福富昌镜室日记》1905 年 7 月 18 日。
⑦ 《受福富昌镜室日记》1906 年 3 月 28 日。

重视。

二

《北上日记》二册，抄本，未署作者。据日记内容可知，作者系江苏六合瓜埠人，早年从江阴何栻（字廉昉、号悔馀）问学[①]，咸丰、同治年间曾任官江西南昌，并三度受命押解固本军饷北上京师。又据日记载："盖先严自咸丰九年寓居无锡，四月间小病，遂至不起。时森远游江右，含殓未亲。今萍梗一官，室家完聚，而先严独不能享一日安闲之乐。"[②]可知日记作者名中有"森"字。一开始，笔者未能考知日记作者全名，今承苏州博物馆李军先生慷慨赐告，其人为周长森，字莲叔。周氏籍贯正为江苏六合，廪生出身，曾任江西安远、崇义知县。周氏任官崇义县时，撰有《崇义县新志补遗》三卷，稿未及刊，已佚。其日记类著作除本书所收《北上日记》外，尚有《六合纪事》四卷，收入《中国近代史资料丛刊·太平天国（六）》（上海人民出版社、上海书店出版社2000年版）；《莅官日记》一卷，收入《姚锡光江鄂日记（外二种）》（中华书局2010年版）。此外，复旦大学古籍部藏有清孙祚、民国孙为霆合抄本《甘菊簃诗集》八卷，亦周氏所著。《北上日记》中所存诗作有收入《甘菊簃诗集》者，正可确证此日记出自周长森之手无疑。

《北上日记》所载内容，乃作者于同治六年第三度奉命押解固本军饷，自南昌至京师往返途中的所见所闻。于每日事迹，详细记录，举凡途中所经之地、各地之气候风物、押解交接军饷之过程、每日起居读书、友朋往来以及抵京之后的官场应酬、在京期间的观剧情况等，皆载入日记，为后人了解晚清官员的公务与日常生活，提供了鲜活的文献资料。尤其值得重视的是，作者此行，正当太平天国运动之

---

① 《北上日记》1867年5月14日。

② 《北上日记》1867年9月2日。

后不久,在日记中,他记录了一路所见遍地兵燹、民生凋敝、盗贼横行的景象,可资后人直观地认知晚清政局与社会状况。从文学的角度看,此册日记文笔洗练典雅,无论是写景状物还是叙事记情,皆表现出不俗的文学修养。作者是位工于吟哦的风雅文士,日记中保留了颇为丰富的诗歌创作,如他在卷首所载题诗八首其一所云“山长水远征人苦,珍重题诗纪日程”,作者此行往返途中一直保持着盎然诗兴,每有所见、所闻与所感,在以散文体记述日记之馀,皆能写入诗中,乃至旅中邸舍见壁上题诗,亦兴致盎然地抄入日记,并创作和韵诗,如1867年6月8日记何绍基赠旅舍主人诗,1867年6月17日记金陵女子题壁诗等。日记中所载的这些诗作,可为学者研究诗歌创作的文本背景提供具体个案,亦可备他日编校周氏诗集提供参考。

三

《涤庵日记》一册,光绪二十三年至二十四年稿本,未署作者姓名。复旦大学图书馆著录为夏震武,《二十世纪日记知见录》从之,俱误。根据日记所载内容,可知作者籍贯江苏无锡,于光绪戊戌年(1898)春入京参加礼部会试。夏震武(1854—1930)之号虽确为涤庵,但其籍贯则是浙江富阳,科举仕途上,则于同治十二年(1873)中举人,次年中进士,后以进士官工部主事,这些基本信息与是册日记所透露出的作者情况明显不合,因此可判定此涤庵非彼涤庵。他日再版《二十世纪日记知见录》当予以订正。按,近代人物以涤庵为号者颇多,然以目前所掌握资料观之,尚难确考其人姓名,因此《涤庵日记》作者仍以署作佚名为宜。

虽然此涤庵之具体身份难以确考,但从日记所载来看,他在沪协助汪康年、曾广铨办理《时务报》,汪、曾二人赴日办事期间,则担负着协助汪康年弟汪诒年日常工作之责,足见倚重。他与松江钮永建、无锡同乡吴稚晖、王蕴登、俞复、廉泉、许士熊、裘廷梁、杨寿楠等人交往甚密,此数人皆属晚清民国时期报界、政界的名流,是册日记中保留了他们之间相当丰富的往来记录。这些信息皆表明日记作者非泛泛之辈。

现存的这一册日记纪事自 1897 年 12 月 21 日起至 1898 年 4 月 27 日终，作者的活动范围为沪、锡、京三地。从日记记载可知，在沪锡期间，其所交游者以报界的开明人士为主，他研习、翻译西文，办理《时务报》，购买、收集其他各类新报资料。日记中涉及的新报计有《时务报》《蒙学报》《湘学报》《实学报》《农学报》《大公报》《知新报》《申新报》《无锡白话报》等。作者不仅记录了他与各报相关人员的交往，且亦将耳闻目见之时事载诸日记，如章太炎与梁启超议论不合，互相攻讦以致大打出手[①]；又如湖南新化人欧阳佺过曲阜自缢于孔陵，以身殉道[②]；再如徐勤以《中国除害议》一文致使《时务报》之发行受张之洞干涉[③]等。这些记录皆具一定史料价值。日记作者于 1898 年 3 月下旬赴京参加礼部会试，同行者有俞复、许士熊等人。他详细记录了考试过程(包括考题)及在京期间的交游，特别值得一提的是他在考前曾与吴稚晖会面，“稚晖不赴春闱，劝之不听”[④]，而他本人在首场后回寓吃面，亦自述“毫无名心，舒服之至”[⑤]，晚清时期进步士人对待科举的心态，颇堪玩味。

是册日记所记事正值戊戌变法前夕，从中我们可以了解当时社会知识阶层的某些面相，对进一步研究晚清报业、科举及政局，无疑是有价值的。

---

① 《涤庵日记》1897 年 12 月 28 日。

② 《涤庵日记》1898 年 1 月 4 日。

③ 《涤庵日记》1898 年 1 月 2 日。

④ 《涤庵日记》1898 年 3 月 25 日。

⑤ 《涤庵日记》1898 年 3 月 31 日。

四

《淮海日记》稿本一册,未署作者姓名。

《淮海日记》纪事年份,作者署为壬戌,其实有误,兹考辨如下:首先,日记第一篇作于"壬戌农历四月初四即阳历五月十九日",按壬戌为 1922 年换算,此日当阳历 4 月 30 日,而非作者所记"阳历五月十九日"。其次,《淮海日记》在农历"五月二十九日"后,紧接着记录日期"五月三十日"与"六月初一",而壬戌年恰逢闰五月,农历五月二十九日之后即为农历闰五月初一,不存在农历五月三十日。再次,作者在农历"六月初一"日期后注明"即阳历七月十四日",而壬戌年"六月初一"实则对应 1922 年 7 月 24 日,所记农历、阳历换算再次舛误不合。据此可以推测,几处日期差错当非作者偶然记忆出错或笔误所致,而很可能是日记开头所记年份上的错误。如前所述,该日记中有两处明确记录了农历与阳历的对应:一处是"壬戌农历四月初四即阳历五月十九日",另一处是"六月初一"日记中的"即阳历七月十四日"。"壬戌"次年为"癸亥",即 1923 年,而是年农历四月初四恰为阳历五月十九日,六月初一亦恰为阳历七月十四日,与日记两处记录农历阳历换算完全吻合。因此,可以断定,《淮海日记》稿中的"壬戌"之年属于误记,该日记写作年份应更正为"癸亥",即 1923 年。

关于作者,据日记 1923 年 7 月 8 日载"得宁函,教实联合会委托东南大学教员分组调查江苏各县教育实业状况,余及张海珊、汪启愚共为一组",可知作者时为东南大学教员。除此外,日记中没有信息可资查考作者姓名。

《淮海日记》纪事自 1923 年 5 月 19 日至 7 月 16 日。此三月期间,作者偕同近代著名实业家许鸿宾(1881—1921,字健云)赴海州(今属连云港市)及涟水县陈家港调查大源公司圩工情况,此卷日记内容即这次调查过程的记录。作者在日记中记载了沿途所见所闻,包括土壤、植被、饮食、住房、农业劳作、蝗害治理方法等方面,最为重要的内容则是此次调查的重点即陈家港的盐圩，作者详细调查并记录了各处盐圩的生产情况，以及各路势力插手盐业、利益纠葛的局面，调查对象除大源公司外，还涉及裕通、庆日新、大有晋诸公司。这些一手的调查记录，对后人研究民国时期济南场的盐业生产，是十分珍贵的史料。此外，作者还以较大的篇幅记载了从友人处听到的各类消息，如颇具传奇色彩的清江吴姓子遭绑票案[①]，结合是卷日记多处涉及匪帮及剿匪之事，可见当时陈家港一带社会治安之一斑。又如清帮故实，包括清帮渊源历史、清帮辈行二十四字及其含义、各地帮头人数、帮规、黑话等[②]，因这些内容皆亲闻自清帮成员之口，所以有很高的可信度，对研究近代帮派史有一定的参考价值。

五

《养性室日记》稿本三册，未署作者姓名，但从所记内容以及册二录韩愈《五箴》后署名“敬礼”、册三补记署“立注”判断，可知该日记作者乃张敬礼。张敬礼（1911—1995），名立祖，字敬礼，以字行，南通人，张詧第四子。1935 年毕业于复旦大学土木工程系，历任国民党中央银行秘书、江苏省议员、南通大达纱厂经理、南通学院代院长、上海大达轮船公司董事长、江苏省纺织工业厅厅长等职，是近现代著名实业家。

张敬礼之父张詧（1851—1933），字叔俨，号退庵、退翁，行三，人称张三先生，其四弟即近代著名实业家张謇。张詧早年任官安徽、江西等地，后在弟张謇力劝之下引退回通协助办理实业，对南通张氏实业之辉煌成绩居功厥伟。1927 年北伐军攻克南通，他被举报为“土豪劣绅”，遭政府通缉，遂避难上海，后又逃亡大连，直至 1931 年宣告无罪始得返回，定居沪上直至去世。该日记纪事自 1928 年 1 月 23

---

① 《淮海日记》1923 年 6 月 17 日。

② 《淮海日记》1923 年 7 月 1 日。

日至同年 8 月 6 日,此期间正值张謇遭国民政府以“通敌”之罪通缉,避难上海以及逃亡大连。日记作者张敬礼记录了避难上海、大连期间每一天的家庭生活与见闻,对父亲蒙难以及动用各方人脉与力量以期纾解援救的记录尤其详备。虽因立场的原因,所述事实容或有一定的局限,但此日记所载毕竟是亲身经历,可据为信史,有助于后人深入稽考张謇在北伐战争期间遭通缉一事的始末,对研究国民政府与地方势力的冲突以及张氏家族内部的利益矛盾与隔阂裂痕亦有裨益。在这一方面,李军撰有专文,首次披露史料,并作了很好的梳理与研讨,应予参考[①]。同时,日记中密集出现民国政界、商界、实业界、文化界乃至帮会各色要员闻人,他们围绕着张謇通缉案或登场露面或传话放声,这些皆可为研究者探究民国政坛与商界相关课题与相关人物,提供文献资料。此外,日记亦不乏对日常琐事的记录,如食物、租房、婚娶、交际、旅游乃至衣着、理发等细节俱有表现。尤其是在教育方面,张氏家族无论在多么险恶、忧困的境遇中,仍不忘保障教育之顺利进行,如在沪期间作者入镇江籍学者赵宗抃在沪所设学塾,在大连期间从前清进士社会名流周善培问学,且一度向日人学习日语。在家庭教育上,日记亦保留了张謇对子女为人处世方面的训诲,乃至诗歌、书法方面,亦记录了父亲的引导之辞。这些都是很宝贵的史料。

六

《乙亥年日记》稿本一册,未署作者姓名。据日记所载内容,可知作者为某局产业课公务人员,办公地址在上海。又,日记多处提及同事,其中两处有明确姓名可资查考该局之名,1935 年 4 月 28 日载“同行者均系车务处营业课之同人,总局方面仅予与秦君翰才耳”,同

---

① 李军《张謇遭通缉事件始末探究——以张敬礼〈养性室日记〉为中心》,载《民国档案》2010 年第 2 期。

年11月9日载“午前到局后，曹副处长省之欲予前往招待予所接洽处之菊主”，而秦翰才曾任京沪、沪杭甬铁路管理局秘书，主办文书档案管理工作，曹省之亦曾任职京沪、沪杭甬铁路局，由此可判断《乙亥年日记》作者身份为京沪、沪杭甬铁路局产业课公务员。进而可确定日记中提及的该局局长，其人当为我国近代铁路事业先驱者之一黄伯樵。

该册日记为残稿，现存部分纪事始于1935年4月13日至4月30日，同年11月6日至12月31日，开头与中间部分皆有明显残阙不全的痕迹。尽管如此，该日记仍具宝贵的史料价值。从日记中，我们一方面可以详细了解作者作为铁路局产业课公务员的工作内容，如在局阅读文书、缮写报告，又如频繁出差镇江、常州、苏州、马鞍山、杭州等处实地调查铁路局下属地段各类纠纷、舞弊、贿赂案件，以及审查苏州、嘉兴、松江等地菊品展出事宜。另一方面，由于日记纪事的日常性特点，其中还保留了作者读书、购书、交游、阅报、观剧等日常生活内容。值得一提的是，他与近代出版界著名人物王伯祥相熟，不仅有书信往来的记录，且电话相谈圣经纸《廿五史》书讯，复见面小酌，叶圣陶同座①。再如他与秦翰才同事，秦氏祖父为近代著名学者秦锡田，其著作《补〈晋书〉王侯表》《补〈晋书〉异姓封爵表》《补〈晋书〉僭国年表》均收入开明书店版《二十五史补编》。是册日记即保留了秦翰才将乃祖《补晋书表志六种》稿本托日记作者转交王伯祥，谋求补印于《廿五史补编》之后的记录②，为后人了解秦著出版的背后信息提供了史料依据。

日记作者是一位关心国事的人士。《乙亥年日记》保存了他对众多时事的记载与评论，如孙传芳遇刺案、殷汝耕“华北自治运动”、北平学生“一二·九”运动，日本借口海军兵士遇刺大举搜查北四川路

---

① 《乙亥年日记》1935年12月14日。

② 《乙亥年日记》1935年4月29日。

一带等。当时形势,诚如他在读《烈皇小识》一书之后所发感叹:“颇有感于现在之政局酷似崇祯时之景象,不禁凛然于亡国之危惧。”[①]尤其重要的是,日记根据耳闻目见,详细记载了1935年12月23日至27日上海学生响应“一二·九”运动,组织乘坐火车赴南京请愿,却遭政府拆毁铁路,压制劝退的整个过程。因作者是时供职京沪沪杭甬铁路局,所获信息非常准确、详实,这一史料弥足珍贵,应当引起研究者的足够重视。

本书整理过程中,复旦大学图书馆提供文献使用便利,王亮、倪春军、李军、林振岳诸师友给予宝贵意见,沪上书法名家金重光先生热心襄助辨识部分难字,在此一并致谢!由于稿本字迹多有潦草、漶漫处,更限于整理者学识水平,错误在所难免,敬请读者不吝指正。

卢康华

乙未初秋记于沪上寓庐

① 《乙亥年日记》1935年12月17日。

凡　例

一、本书收录《蟫庐日记》三册，附《北上日记》两册、《涤庵日记》一册、《淮海日记》一册、《养性室日记》三册、《乙亥年日记》一册（以下俱简称《日记》）。

二、本书所收《日记》均以稿本、抄本为底本。

三、本书横排简体。异体字一般径改为通行之字，但以不害文意为准。凡影响文意者，则予保留。

四、原稿文字或有误或语句不通处，则出校记说明。

五、原稿所见作者之批注及删改文字，均以脚注形式予以说明。

六、原稿漶漫不清或难以辨识之字，用“□”表示。

七、原稿如使用农历，俱统一为公历，并括注于日期之后。

蟫庐日记

王祖询

望云庐日记

序

呜呼，府君之弃养也，期又四阅月馀矣。明发有怀，音容莫仰，痛心疾首，侘傺无聊。今者窀穸告安，稍释不孝罪戾。追忆府君一生谨慎，着力于戒欺。戊辰始，事无巨细，笔之于书。祖询罪恶山积，生不善侍奉，殁不视含殓，猝遭大故，而质又愚昧，事易遗忘，谨昉自己亥十月，举日间行习作为，亦记诸编。兢兢业业，惟冀勉承先志，毋坠家声而已。己亥十月朔日，次欧志。

朔日(1899年11月3日)　辰时展拜神祇祠堂，谒庄，晤李念修表兄。午间祀先暨张勤南公。柳氏表姊自北库来，托其带交汤世兄衣一件，此系雅翁四子，余荐至柳氏米行习业也，并缮付永和，凭信划交施亮畴会款洋二百零六元，嘱寿厂在去年短本子金上扣算。施拥百[①]表叔来，舟泊中张家巷。昨灯下复仲岷伯表叔现委凉州电局差，收到银信，此款湘平一百五十两，合足纹换洋二百零七元，钱六百七十八，由庄舟寄幼堂转交，附仲家信一封。由怡康交协同庆转递甘肃。先考灵几前两

---

① 施绍书，字拥白，号孚宽，吴江人，光绪年间名士，善书法，家多藏书。

僧讽《金刚经》廿四卷,焚化炉中。

初二日(1899 年 11 月 4 日) 先考灵几讽经,僧性静《华严经》第廿六部毕,明日讽《金刚经》。傍晚至尊汉阁,看刻先考墓志,功及半矣。志文叶鞠裳[①]撰,适渠病,文寄到已七月杪。幸陶心云[②]年伯体谅哀情,即为命笔,然已八月初四矣,窆期在即,断断赶刻不及,只得略迟下土,再作商量。得幼堂、云廷信。幼系收到转交益斋庄用五十洋,复。晚偕幼卿、念先小酌。

初三日(1899 年 11 月 5 日) 伴赓哥至山茶树头汪宅看元侄,暂赁洞房。接幼堂。收到仲款信。复吴季荃同年信,将德林祥复查款项信附去。四叔母潘氏姊来。平望范氏砚香姑丈媳,尔梅妻。携其女挈行李而来,大约有所求也。傍晚观前散步即归。母亲上房庭中放麻雀九十三只每只五文半。卞锦山送来修表两只。

初四日(1899 年 11 月 6 日) 署收租日,收薄面。铥如二伯来谈,托其带去鸿源汇券一纸,由汶斋转交。晨起吃羊肉馒头十,颇适。书轶甥[③]交来小屏一帧。招倪元甫来,刻陶心丈书名片戳,胎息隋魏,极遒媚之趣。午后写对两副。

初五日(1899 年 11 月 7 日) 立冬,阴,有微雨,晚晴。账房迁

---

① 叶昌炽(1849—1917),字兰裳,又字鞠裳、鞠常,自署歇后翁,晚号缘督庐主人。原籍浙江绍兴,后入籍江苏长洲(今苏州市)。晚清金石学家、文献学家、收藏家。

② 陶浚宣(1846—1912),字文冲,号心云,浙江绍兴人,光绪二年举人,曾任广雅书院山长,供职湖北志书局,创办东湖法政学堂,是晚清著名书法家。

③ 潘承谋,字轶仲,号省安,江苏吴县人,为王祖询外甥。光绪二十三年(1897)副贡,任农工商部员外郎,善诗词,有《瘦叶词》等传世。

至收租处。芸女至昌善局兴儿厝所修祭奠礼，性静僧接诵第廿七部《华严经》。范氏妇以合会为名，赠以十洋，今其老宅去矣，欲与七叔缠扰，据说前曾开罪于彼也。范氏为平望富家，兵燹后中落，然颇堪温饱，父嗜鸦片，子沦游荡，醉生梦死，不几年贫如洗矣。昔大父常言成立之难如升天，覆坠之易如燎毛，可畏哉，可畏哉！七叔复江夏欠怡款，已代催归，适其尊甫至沪，须俟省亲还来再复云云。此项先考热肠，代为立摺，孰意叠得优差，久假不归，子母相权，积成巨数，此时纵有所偿，总难清结，庄家所以最忌疲户也。云廷来，催归怡款复。寄幼堂托写对。

初六日(1899 年 11 月 8 日) 阴。开栈门，元号缴租，爱号名下徐良卿所看者，本年自新谷登场，砻口欠佳，米又出口，市价飞涨，糙、粳每石须三千七百之谱，加以清赋苛政，业户不取诸佃，将谁取？各栈家三千至二千八，折价不等。我栈定二千七百洋，价照兑抱上十五文。元侄在东巷汪宅送大盘、大宾，设两席，共四席。余傍晚偕轶甥同归。

初七日(1899 年 11 月 9 日) 阴雨。天气闷热，时洒雨点，总须西风透起，始能老晴。午刻雨，檐溜滴沥，终夜不休。

初八日(1899 年 11 月 10 日) 雨，潮闷特甚，阶础皆润。乡民正当刈获之际，早晴乃妙。幼堂附来仲家信一封，托代递至甘。东巷设两筵，宴大宾，余陪座。归，得盛幹卿湖北来信，佃户完租，虽不及去年之拥挤，而络绎无间，柜上殊无暇晷。各号共收三千三百有馀。我家食指既繁，先公见背后，用度日费，一年所恃，全在田租。加以先公热肠被累，稍稍了理，而清赋令下，纳税势必加增，入不敷出，中心惶急，有漏卮难塞之势。今实骑虎难下，明春总得另筹万全。开源节流，治家之道。如余才疏学浅，惟冀谨守先业，毋恫九原，遑知其他哉,只期于"节流"二字着想。书至此,痛念先人累世勤俭,所以留贻之厚,至于如此,不禁泫然。竟日密雨,湿雾弥天。

初九日(1899年11月11日)　雨。昨宵雨声达旦,午夜大雨一阵,今仍闷热。辰初,祀神。开仓前二日租洋饬下人送怡康,收馀摺三千入殷谱,记五百元。今岁用项浩繁,尽将本年租洋偿摺欠,仅能得半。况国课加征,家用层出处,莫可如何之时,惟矢此心于大公,可告于祖宗,他日随侍重泉,期无愧赧而已。人之谅我者谅我,毁我者毁我,笑骂由他可也。公生明,一涉为己之念,于是私欲憧扰,灵明锢蔽,但求小利,罔顾大局。余阅世未深,慨乎言之,虽是迂谈,实有至理,信笔书之,所以戒吾后人。完租甚踊跃,拥挤至黄昏后,共收八千八百有零洋,结账舒齐,已寅初矣。

初十日(1899年11月12日)　放晴。饬人送六千五百洋至怡,收馀摺其五百,收栈摺其中,外号且俟头限底结清,再从馀摺划出。又送颐吉千五百元,此系力米,与各号无涉也,暂时存出,俟年终分派栈友,催甲所恃以顾家者。桂弟周忌,延瑞莲僧九众诵金经。时序如流,余失臂助,岁星已周,可痛可痛!至东巷看妆奁,一望而知富户也。是日收租米洋五千零十二。

十一日(1899年11月13日)　韶九①吉期,行亲迎礼。酉刻,拜堂祭祖见礼毕,坐席诸客酒兴甚豪。念及先公若在,何等欢悦,终席惟有黯然神伤而已。

十二日(1899年11月14日)　至东巷,夜膳毕,看舞狮。叠得云廷两信,为晴溪事,招余赴沪商议,随作复辞之,邀云来苏,详审情

---

① 王大成,字韶九。

节，再定行止。盛店来信，嘱汇千洋。

十三日(1899年11月15日) 寄盛店信，并由怡交庄船千洋。柳春渌来，新亲上门。

十四日(1899年11月16日) 接云廷信，坚邀。

望日(1899年11月17日) 循例谒神佛、家祠、义庄。傍晚李表伯来谈。子远叔岳来。余日来颇疲惫，夜咳呛殊甚。

既望日(1899年11月18日) 傍午至东巷禀明慈亲赴沪，随由花桥雇小舟载行装，至青阳地，趁大东轮船，驶御如飞，风涛刷耳。

十七日(1899年11月19日) 黎明抵沪，寓昼锦里鼎陞栈。安布行李，即饬人招云庭来。知晴溪冒用萃丰摺面共二万九千，除合丰本利万二千，归还京欠三千，静斋先筹垫五千外。仅存四千，再勒令缴出私存同丰四千，并出苏杭股本二千、大有恒货款四千，可得万二之数。而彼在宁田房，田计一百廿亩，约值银三竿；住房当建造时费去万八千洋数，此时以万金作算，所短尚可过去。但均是镜花水月之观，总须候其到后可有眉目。甚矣，用人之难！晴溪素负能名，萃号开创，迄今岁得馀赢。自晴私设大有恒洋货庄，信任年少轻浮之贺姓，遂至亏蚀六七万之巨。在彼固昧于知人，弃家荡产，旁人亦爱莫能助。其如萃号三万长本、一万馀之盈利，均付东流外，且恐不免后患矣！辗转筹度，无可如何者也。处此等事，最费踌躇，激切则酿人命，因循则延己祸。从浑厚寓精明上着想，宁使人谓我懦，毋使人伏我能，则得矣。

十八日(1899年11月20日) 晨至大马路一壶春品茗，遇守廉，勖其沪地繁华，最易习俗相沿，须好自为之，总记牢自己吃过苦来方是。午后在马路游玩，晚在四马路酒店沽饮。

十九日(1899年11月21日)　洋场喧阗特甚，余雅不喜，枯坐迟晴，惟以黑甜乡为消遣而已。午后知晴乘景星轮船抵申。

廿日(1899年11月22日)　云廷偕晴溪来寓，细诘其料理之法，惟有涕泗交流，连呼负负。彼于宁波欠项亦属巨数，自允与余旭初所存两万，李凤桂经手八千馀，胡同甫存千馀，均由他自理。其田拟变价推派宁庄款，其住屋彼处聚族而居，稍堪温饱者，大率自建房屋，且离府城六十里、镇海城二十里，若欲售去，断无受主，统轧净短一方。云廷等互相商酌，非筹贴现银不办。左思右想，一无妙策。兹先嘱其勿得届年底归家避匿，庄家若何安排，由渠自行设法。虽如此付嘱，总空言无补，无米之炊，巧妇难为也。云廷等忠直可嘉，奈愁急莫可如何。

廿一日(1899年11月23日)　云廷来寓，余以晴事除垫银外，别无善计，留沪无益，即日搭庄船回苏，云亦不日回杭矣。且听下回分解。

廿二日(1899年11月24日)　巳刻抵家。午后至尊汉阁，志石约三四日可竣工。灵儿前颂经僧十八日毕廿七部。

廿三日(1899年11月25日)　本生大父诞忌，亡儿文亦是日生，设筵致祭。致幼堂信，关照廿六恭祭坛邱茅塔，廿七恭祭新塍先陇，并嘱转封益斋，饬人先往收拾洁净。

廿四日(1899年11月26日)　作云廷信，附去托办老光珠五串。云家颇堪温饱，住居绍兴，俗尚俭约，此珠为乃郎文定所需，每粒仅二角馀,以视争奇炫胜,奢侈为得计,相去何如哉?苏地人家,外示富足,内鲜盖【弆】藏,务悦人目,不量己力,殊堪浩叹。尹镒翁来,十七自镇江到店。

廿五日(1899年11月27日) 清晨,偕岳生叔雇杨寿船赴盛,东北风急,舟中甚冷。午膳,倩菊生御寒。灯时,至平望住宿,访指蓂表兄于秋窗学画庐,剧谈。

廿六日(1899年11月28日) 巳刻抵盛,不及谒墓,改迟一天。紫封叔来询萃丰事,渠亦附本一竿也。慕杜叔、嵩生弟来。饭后谒三叔祖,年正八秩,精神尚健,今岁重游泮水,惜膝下凋零,老怀不甚快适,谈次唏嘘,因以族葬商办解之。吾族人口众多,自立者少。粤寇平后,死亡相继,权厝日久,甚有棺木朽成孔者,间有莫可指明者。先公未了心事,此其一也,病中犹引以为憾。兹商将已葬在白马涧之溶安公及阶二太太两匛,迁并族地,俾各夫妇同穴。白马涧茔,兽穴纵横,本支已绝,年久势必无稽,故有是议。则三房已得十四匛,尚缺竹夫二匛,托计秋萍查复三房理堂公之婿五房计有七匛,耀五房支南一公下计亦七,而利琦之妻无着。施拥百表叔来,镇绅上抚部公呈,为留冬防事,嘱转递。张寿厂来店中买米,先需千洋,即将幼堂所交秋季房金,先划一百五十元。随作信至苏,由颐吉划用八百五十元,寄盛合成一竿,去年短本子金除收结存二百廿元,九月廿九划付义庄五十,暨朔日施氏会款,该找卅六元,亦在房金划讫。

廿七日(1899年11月29日) 晨起,催集各房子姓,恭祭新塍恂如公墓,与者十人利铣、维銮、瑞钟、光焯、贞祺、祖询、书云、鄂鹗、庆昇、大鎏。归已灯后,计秋萍查得竹夫柩在园明寺,其妇匛久已不封,尚有理堂公元配匛亦在该寺。叔祖意今岁腊短晷促,事冗或致草率,拟明春清明节举办。

廿八日(1899年11月30日) 恭祭茅塔檀邱先茔。按谱,茅塔耳字圩蒋家浜望山公正中,忆山东公祔旁,宇成公穆位,宇宁公昭位,汉平公袱祖墓昭位之南,振华公祔祖墓云云。兹惟望山公主位、汉平公另立一塚确实无疑外,则如谱所载,只有昭穆四塚。而茔地穆位纰连一塚,若指为振华公穴,则昭穆共五塚固无误,何以汉平公塚旁昭位复多一塚?此而指为振华公穴似确,盖公暨配共有四棺,此塚宽广过于主穴穆位比连者,且茔地无可指明之塚尚有三。意者当明中叶,望山公隐居于是,子姓蔓延,聚族而居,殇后即丛葬斯地,叠更丧乱,谱牒散佚,碑碣无存,谱中亦就传闻如此耳。因思时代变迁,沧桑屡易,后人设或不能岁修祭扫,年湮代远,荆棘莽然,大惧无从辨识。归禀叔祖,拟于斯陇本旧谱所载,先树一石碑侧刊明都图字圩亩数,其相传一分地者,沿为望山公墓,今决为公之前人,公以上名字无传,拟刻石"王氏庆源",庶后人知此墓尚在始祖前也。至檀邱端揆公茔,按谱只昭位一伦先公、穆位二,而其塚则穆位三,不知六、五世祖昆弟有否未成丁者,俟考证后树石。叔祖是之。是日与祭维銮、泽圻、瑞钟、光焯、贞祁、祖询、书云、鄂鹗、庆昇、利棠、大鎏、嘉骧,共十一人。问兰生弟病,留夜饭,辞之。汪玉阶丈来,贫病相连,赠药资两羊【洋】,宿舟中,明日回苏去了。

廿九日(1899年12月1日) 黎明发棹,风平,灯时抵家。元侄妇入宅。陈伯玉交来墓志刻样,刀法精绝,笔意都到,铁笔能手也。

三十日(1899年12月2日) 地震,寅卯间声隆隆自西南来,窗棂摇撼。至尊汉阁嘱伯玉先拓三百付,并付刻资七十洋,合前支付过百廿元,容总结。云廷来信言晴事:非贴款,势必有性命忧,山穷水尽,激则变生,且言晴死无益吾家大局,若庄夥到苏,诚恐震动,拟帮其五竿,按股摊认者只吾家暨云廷而已,其两竿请于正祥盛名下帮贴,尚短五竿,云为之暂记正号户,约明春晴集合筹还,且有感先人知遇恩，故于此事通盘筹画，虽请破费，免贻后患，以此为报效云云。言诚不谬，余岂不知此理，无如出款纷纷何。

十一月

朔日(1899年12月3日) 晨起谒神佛、家祠、义庄，拈香。晤文卿族叔，知三房炳卿公尚有未弱冠之兄，柩亦厝在圆明寺云。归检谱稿坟图，望山公茔旁昭穆只有四塚，端揆公茔穆位则有四塚。复查“墓祭须知”，塚数同而忆山公不载，端揆公茔穆位为雨苍、其邦、镇韩、配林四公。若是，则履地计茔，应再多一塚；若云平塌，则似无形迹。或镇韩、配林二公合葬，亦未可知。因将“墓祭须知”重录一册，随信同寄子封叔。此时惟三叔祖或能述一二也。墓祭册当光绪初元，叔祖手纂，详载地形，支港曲折，圩甲坟邻之名姓，致祭设杯箸之分数，瞭如指掌。向例致祭，偕往备查。比年存盛之册遗失，叔祖老矣，谁复能述其缕晰如斯者，幸先考当日曾嘱庄中司事录存，亦祖宗呵护之灵也。庄船寄到永和千洋。

初二日(1899年12月4日) 恽玉臣来。看定戈姓施衣一百廿件、裤卅条，先付卅洋。

初三日(1899年12月5日) 元侄二十生辰，晚账房二席、书房一席。孙翼之自黎来。

初四日(1899年12月6日) 看定薛姓衣一百八十件、裤六十条，棉胎六十一斤，计十五□[1]，先付洋卅元。得幼堂信。性静僧廿八部《华严经》毕。

---

① 此字原稿潦草难辨，故阙。

初五日(1899年12月7日)　无事。饭后观前散步,吃羊肉面而归。

初六日(1899年12月8日)　致潘济之[①]舍人书,为南濠筑马路添十支路,仁丰租房适当其冲,洋人丈量插旂,欲改作水码头,托其斡旋。复来:此归工程局,与勘地无干,须与李子新大令相商。账船先开两处,子华丈至角直车坊,绥之至斜塘官浦。午后韶九侄赴禾院试,念先送考,同伴西庄、骥群、云五三人行,不知谁挹芹香。盛店来收洋信,今年共添短本三千。

初七日(1899年12月9日)　步行至胥门,唤小舟赴九曲港谒墓。松柏郁葱,邱陇崔巍,先人謦欬,绕墓三呼,终无一应,涕泗滂沱,夫复何益?徘徊日暮始鼓归桡,仍由胥门起岸,步归。幼堂寄惠燻鸟百只。

初八日(1899年12月10日)　阴。属青芸斋志大父府君遗容,供奉墓庐者也。看施衣七十、裤廿、棉胎四十五斤。

初九日(1899年12月11日)　阴,夜半雨。账房迁归原处。高祖妣仲太夫人讳日,午刻恭祀。润泉来,昨自周庄拆酱归。此店自彼经手,竭力整顿,遂大起色,本年酱添做而生涯甚旺,故添技十缸,馀约明春送来苏。为政全在得人,家国一体也。并关照杭庄汇借三千金,已于初五划还怡康,息定八两。饭后看定戈姓棉胎一百五十九

① 潘祖谦(1842—1924),字济之,号寅生,晚号平愉老人。苏州吴县人,潘世恩孙,与潘祖荫为堂兄弟。曾官内阁中书,辞职归养后,奉南洋通商大臣檄办通商事宜,后任苏经、苏纶丝纱两长副董。1913年任江苏省典业公会会长。投资近代实业,兴办女学,从事赈灾等公益事业。

斤，连前共付十八元七角讫。至老宅，晤七叔、荃侄，长谈。王友翁赴长洲角乡征。

初十日(1899 年 12 月 12 日)　黄苹翁至唯亭，幼卿至葑门外收。祖妣李太夫人讳日，晨起，遗像前谨供遗衣展拜，午刻恭祀。至尊汉阁，约伯玉买银杏对料，计八尺长，一尺一寸阔，价五元半。九曲墓庐所用联句，佩鹤[①]所撰，字则江建椴[②]京卿手笔也："职参制诰，选重宾兴，记从魏阙陈情，卅载家居，惟孝友克承先志；庄建怀新，堂颜衣德，更看泷阡峙表，一编彝训，俾子孙永守清芬。"得唐表兄信，为其友托汇京艮【银】并两信。开仓至绝，限收洋。

十一日(1899 年 12 月 13 日)　和暖殊甚，街衢潮滑，酿雪天也。至保古斋装潢陶丈所写先公墓志，将书札朱墨拓本合裱一卷。张润泉来，渠家昨夜失窃金银器甚巨，约数百番之谱。轶甥交来冯氏汇仲范艮【银】四十三两八四，随送至德号。绥之来信。

十二日(1899 年 12 月 14 日)　天气仍暖，可穿薄绵衣。苹洲来信，解七百洋。瞽者来，占祥侄谈姚子祁之女姻事，不吉。复唐指蓂表兄信。

十三日(1899 年 12 月 15 日)　祖考资政公诞忌，谨供遗衣、遗

---

① 秦绶章(1849—1925)，字佩鹤，号仲和，上海嘉定人。清光绪九年(1883)进士，曾任翰林院编修、内阁学士、工部右侍郎、兵部左侍郎、镶黄旗满洲副都统、福建学政等职。著有《灵香馆文稿》、《萼盦吟稿》等。

② 江标(1860—1899)，字建霞。江苏元和(今苏州)人。光绪十五年(1889)进士，官翰林院编修，后任湖南学政，主持《湘学报》，组织南学会，维新变法失败后遭革职，永不叙用。标博学，工诗文，富收藏，精版本，汇刻《灵鹣阁丛书》。

训、爪须于遗象前,午间恭祀。张子密大令自江都卸篆归,来谈。

十四日(1899 年 12 月 16 日) 光福山人吴阿虎来,嘱其补种九曲港墓前照池上盘槐、东耳台旁梅花二株、新筑西边篱槿外土墩上直楠四株,约出月初载树来。

望日(1899 年 12 月 17 日) 雨,谒神佛、家祠、义庄。至子和、硕卿两叔岳处。归得苹洲解账信四百元。午后,嘉兴来信,十三童正场,韶九三牌出文题《许子必织布而后衣乎》《有业屦于牖上》、诗题《诗馀和气生谈麈①》,今日出提覆牌,明日可有消息矣。

既望(1899 年 12 月 18 日) 阴雨。恽姑奶奶卯刻举一雄,芸女留云内室斋星官。绥之解洋一百五十元。子封叔来信,复茅塔、檀邱两处存款者,三叔祖亦不能详,惟茅塔穆位多一塚,言当即振华公,谱图及后来增土,以直上者为重,且言与其臆断,不如阙疑,拟将墓图刊成一小帙,所见所闻,摘要记载,亦不失信以传信,疑以传疑之意云,并属石碣即由余承办。晚餐时,朱子翁解账六百洋。

十七日(1899 年 12 月 19 日) 至尊汉阁,属办石碣三方,伯荃交孙表伯家存项三百五十元,托代存放生息,因为置诸鸿翥,惟利只六厘,且暂留。随致信至盛,候复再定。午后,同云四合,大有雪意。元侄自禾归,以试帖失粘见摈,文亦不佳。平日用功,自然水到渠成,不可强也。

十八日(1899 年 12 月 20 日) 雨。潘氏姊来。竟日雨,午后甚。

---

① 原稿作"尘",当是"麈"字笔误。按,"诗馀和气生谈麈"为文天祥句。

十九日(1899 年 12 月 21 日) 天仍暖,明日冬至,例穿大毛。曾祖遗象、先公遗容,均恭易狐裘。昌善局椒弟厝所七僧诵经。灯后,祀先暨张勤南公。施幼兄解二百六十元来,暂归,渠船账最松也。

二十日(1899 年 12 月 22 日) 冬至,阴。神佛、祠堂、义庄拈香行礼。苹洲解账四百元,黼臣请领葬费,五棺计六十千文。问潮内弟浙江归,来谈。盛佑卿来,灯下读十八日上谕,严拿康、梁,有“不能生致,即以死献,绅商士民,概与破格优赏”。嗟乎!维新党之初意,慨中国之积弱,外人之逞强,奋袂思振,乃操之太切,卒至身败名裂,逋踪海外,朝廷亦可已矣。而满洲大臣不知利害,必欲致之于死,诚恐激则变生,从此多事。内地伏莽蠢动,民怨沸腾,而政府枢臣犹厝火积薪,深堪浩叹!幼卿赴外跨塘。

廿一日(1899 年 12 月 23 日) 阴。黎明西风起,稍冷。午后至滋德栈,晤崔兆甫,商完赋事,顺至眉寿栈。

廿二日(1899 年 12 月 24 日) 微雨。招倪元甫来,刻墓庐联。得岷伯表叔凉州来信附致施信并新湘平银一百五十两均由天亨成交鸿源送来,已换规银一百五十七两三钱五厘,嘱汇其家费。敏农来常【长】谈。王友翁解账四百元元、朱子翁六零元。

廿三日(1899 年 12 月 25 日) 雨竟日。苹洲到栈,带解一百元,各船解数,彼为最,历年如是,盖不外认真二字。午后嘱乘肩舆至三邑完赋,先缴些再结。灯下作施拥百表叔信,寄去仲信,并来银换洋二百十三元钱四百卅三文,扣去两次代发收到电费五元五角,净二百零八元钱十九十九文,并附去墓志拓本一分【份】,明日庄舟寄进。盛店复添段本千洋,亦庄船汇进。

廿四日(1899年12月26日) 阴。贺森玉嫁女,酬应竟日。

廿五日(1899年12月27日) 雨。冯毓慈号子修来,为钮巷屋事。贺森哥女双归,夜膳而返。

廿六日(1899年12月28日) 至昭庆寺拜仁斋表伯七十冥诞。尊汉阁交来墓志拓本,随即分送西席三分【份】,李表伯家两分【份】,潘甥朱墨各一分【份】,性静僧一分【份】。得盛店收洋信、杭庄信。

廿七日(1899年12月29日) 阴。西风起,稍冷。寄陶心丈拓本墓志五十分【份】内朱一副,托瑞润附去。寄指蕒表兄朱墨各一分【份】。沈老妪自盛泽来募贫米。母亲捐十石,作凭信,令其至永和照领。费敏农来,施幼兄外跨塘来,解四百羊【洋】。明晨赴莳、娄外。

廿八日(1899年12月30日) 阴。天气闷热,寄子封叔、幼堂、莳荪两兄墓志各一分【份】。恽玉臣侄婿王冠山来,各致墓志一。绥之来城带解二百五十元,谈及该处租风之坏,棘手殊常。李表兄来谢。

廿九日(1899年12月31日) 雨雪,稍冷。昨夜半雨达旦,午刻,滕六君税驾,若不即晴,乡征大有妨碍矣。寄盛义庄支用百羊【洋】,托怡康交庄船去。晚寒甚。

十二月

朔日(1900年1月1日) 嫩晴,寒彻骨。檐际皆冰钗,不如此不老晴也。诣神佛、家祠、义庄拈香。午后至老宅送四大嫂入祠。街道冰互【沍】未开,滑哒哒。文若表兄来,赠其墓志一分【份】。谈及江震办理清赋，骚扰不堪。有一家三世孀妇，恃田租三十馀亩为生活，年纳粮十二洋光景，馀四十馀为卒岁资，今年须赔贴，终日号哭。即三邑业户之小者，何犹不然？噫！国用无补，民心尽涣，乘星轺而来者，通盘筹算，其置得失何如哉！

初二日（1900年1月2日） 阴，仍未开冻。

初三日（1900年1月3日） 阴。晨起推窗一望，粉妆玉琢，世界尽成银海，雪积五寸馀，知天未绝吾吴民也。倪元甫刻联工竣。得施拥百叔复书，并附致复仲信。问潮来谈，内子上月廿八起患寒热，类间瘧，今三次矣。

初四日（1900年1月4日） 阴。寄佩鹤学士信，邮政局去。延贝医诊治内子，方主和解清泄。王友翁解账四百元。

初五日（1900年1月5日） 恭写茅塔、檀邱先陇石碣。角直解账六百羊【洋】。得苓西信，商巽斋公茔修理事。内子于午后作冷，较前届迟半日。

初六日（1900年1月6日） 昨夜又大雪，连日积而不化，屋瓦有七八寸厚，明岁丰亨有象，天尚未绝吾吴民也。复苓西信。得杭庄信。

初七日（1900年1月7日） 寒甚。内子瘧仍作，贝方仍主前法。绥之解百羊【洋】，添施衣廿五件、裤十条。讽经僧卅部经毕。

腊八日（1900年1月8日） 晨起，瑞莲庵馈粥，饱食一盂，藉佛法力，开余智慧。晴曦朗甚，融雪，檐溜如雨。复仲表叔信附施信及其家信,托鸿源转交元亨成递甘。复杭庄信,并寄墓志四分【份】。彦太尊[1]调任直隶,去此酷吏,吴民福也。

初九日(1900 年 1 月 9 日)　友翁解账四百元,幼兄二百元,两船小洋二百七十角。唐妪携有家酿,别饶风味。

初十日(1900 年 1 月 10 日)　唯亭来五百羊【洋】。三哥诊内子,略用表剂,是日热退较早。

十一日(1900 年 1 月 11 日)　尹镒翁长谈店事。长邑来关照。忽奉府札催粮,严禁久宕,照九二粒合不让,札中以硕卿叔岳为首,有倘敢拖欠,提案云云。噫,急公报国,食毛践土,人有是心,无如租风日疲,疲于官之总以业户为苛虐,乡农沃土,胥成疲户,而追呼不已,怨声载道,"江南必反于漕"之谚,由今以观,危乎殆矣!彼南面者但知逢迎计,昏昏愦愦也。内子瘧仍作,略早片时。

十二日(1900 年 1 月 12 日)　唯亭来四百羊【洋】,长洲角来百羊【洋】。张负翁来信,乞墓志拓本四五分【份】,为其友也。陶丈书名满天下,浙省驰誉尤隆。

十三日(1900 年 1 月 13 日)　王翰臣兄自琴川来,留之饮。大姊来。

十四日(1900 年 1 月 14 日)　约张少岳吃羊肉,未晤。孙氏款存鸿纛摺三扣店,缮就交茎侄代致。盛佑卿来谈。幼卿乡征归,带洋

---

① 指彦秀,时任苏州知府,以催逼民赋、仇视维新变法、查禁进步报刊而引起苏州士民嫉恨。

一百八十元。积雪融尽，地滑如油。与陈伯玉结刻志石账，找卅五元，合前支共一百五十五，计字千二百四十七，每字六分，盖阳文字廿三字，每字五角，棉料纸拓一百四十付，每付十二分，加市拓一百五十付，每付十五，朱拓十付，每付二十五，抱除一元四角二分，清讫。

望日（1900年1月15日） 展拜神佛、祠堂。傍晚至尊汉阁小坐，归途遇游街者，为郭安廷观察七子，系犯招摇撞骗，荷校【枷】带镣，情状可怜，实罪不至此也。太尊往往不顾人之体面，博自己之声名，自命为好官，我不信也。

既望（1900年1月16日） 恽侄婿托存纹千五百两，为置诸怡康，立千金恽记、五百林记各一摺，按月六厘生息。致杭庄信，为代筹归怡到期银五千两，嘱其补券来颐记三竿，杭记两竿，息均八两，期一三月底，一三月望，并附去揭单一纸。至昭庆寺，七叔母五旬冥诞，素斋颇适口。

十七日（1900年1月17日） 费敏农[①]来谈，纳赋苛征，语气愤愤。噫！怨咨之作，遍九邑皆然也。请西席午筵，徐师解馆，王师明日旋里。内子间瘧，两期未作，想可全愈矣。

十八日（1900年1月18日） 阴，晨有小雨，同云密布，大有雪意。晚至潘姊处谈心，满腹郁勃，无可告人者。

十九日（1900年1月19日） 尹镒翁来，指萁表兄平望来，探听赋税事，并为其镇人属书刘王庙额，以《灵芬馆词集》、盛刻《皇朝经世文编》为赠。留宿账房楼，招丹秋伴之。

---

① 费树达，字敏农，号忍安，曾任江苏咨议局议员，著名学者费孝通为其孙。

廿日(1900年1月20日)　雨,作幼堂信,附去亲族岁终帮款单,属照派在房金划付。得杭复并来汇券二纸。得云廷自申来信,随作复,托瑞润附去。指蓂兄归平望。幼堂来信,知前租葛木作屋已有人赁租,甚慰,此屋空闭多年矣。

廿一日(1900年1月21日)　赴恽氏汤饼会,夜膳而归,至程氏拜四姊百日。

廿二日(1900年1月22日)　汉贞阁贻七姬权厝志拓本。吴履安、森玉哥来。恽玉臣来谢。

廿三日(1900年1月23日)　苹洲归乡收,以彼为认真。午后至长邑将漕项结清。

廿四日(1900年1月24日)　至费敏农,为顾姓调停苏俗所谓敲菱壳也,未遇。晤仲□[①]而归。铦如伯父忽中风,神识尚清,年逾古稀,危矣!

廿五日(1900年1月25日)　雨雪,寒甚。内子病愈,甚慰。戴师解馆。

廿六日(1900年1月26日)　晨起,晴曦映窗,喜甚。随唤舟至九曲先陇,绕墓巡视,塚土无恙,树木青葱,良用慰藉。阿虎昨日已到,督种耳台两旁红、绿梅各二,照池上盘槐一对,篱槿内柏树东五株、西三株、西驳岸七株,篱外西首新筑土堆上直楠四株。此遮五福桥直冲之势也。

---

① 原稿此字难以辨认,故阙。

廿七日(1900年1月27日) 雪。至吴履安处,归途雪花乱舞,顷刻间装成琼玉世界。向森玉哥移用款二千四百两,明年三月期,六两五钱息。

廿八日(1900年1月28日) 大雪。晨起,推窗一望,平地雪深八尺馀。花厅庭中大松被雪压折大枝无数,白皮松性极脆,此树亭亭如盖,数百年物也,今遭此脞【挫】折,惋惜殊深。雇匠缘梯持竿拂去积雪,高不可攀,畏难而止。池边老梅虽枯而枝干入画,频年不忍易去,本拟盘以凌霄花,今为松枝坠下压断矣。收店账人来,说昨夜船只压沉者甚多。大雪十馀年未得,卜来岁秋有可庆,而古木损伤,私衷殊不释然也。连日算节账,用度无算,闷甚慨甚,满腹郁勃,无可告人,恨黄泉无路,一诉诸先人耳。德林祥告急,尚缺八百金,即以森哥款上馀银四百两借之,息九两,嘱其立汇券来。

廿九日(1900年1月29日) 饬仆人修拾洒扫,随怡堂恭悬历世遗容,灯后拜祀并张勤南公毕,母亲上房设筵两席,少长团坐。

除夕(1900年1月30日) 融雪如雨。灯后祀先诸事毕,已交卯刻,略睡片时,东方已明矣。

庚　子

元旦(1900年1月31日) 阴。辰起,赴各处拈香毕,恭谒义庄,叩拜先考灵前,贺母亲年禧,至庄午膳。

二日(1900年2月1日) 阴。栈友齐集,款以家肴。彦修、履卿表兄同座。

三日(1900年2月2日) 雨。各店执事红账颐、吉两店盈亏相抵。因思用人不外奖励鼓舞之法,嘱润泉将老店之盈按派新店之亏,留待后补,以老店两年公积六百馀金贴之,俾两店友共思奋勉振作,足为鸿翥平平去岁底账,脱去七八百洋,故账上不甚好看,事在人为,谢瑞和谨慎有馀,失之庸懦,此店若得名手整顿,必有可观。怡康且暂清理钱庄,风波最险,现处积弱之时,徒担承重,可虑也。然善后之计,大非易筹,为之忧闷。九曲坟丁来报甬道旁柏树被雪压断十四株。

四日(1900年2月3日) 寒甚。满腔心事,意兴无聊。铦如伯于申刻逝世。子刻循例迎财神。

五日(1900年2月4日) 李表伯来长谈。灯后祀先暨勤南公毕。账房设路头酒两席,招轶甥同坐。散席,与韶九侄谈心。

六日(1900年2月5日) 送铦如伯入殓,嗣孙待至申刻未到,震生哥即以其次子暂权场面,此举不愧读书明理之人,视茝臣隔霄壤矣。

七日(1900年2月6日) 赴各处贺岁。应费敏农之招,毕勋阁大令同席。归,得杭庄幼堂信。

八日(1900年2月7日) 盛店来交红账,上年夏秋米价奇绌,大市亏本,虽经手人失之庸懦,然非其过也。复杭信。姑奶奶们来拜年。

九日(1900年2月8日) 戴师开馆,书房午筵一席,盛店友同座。

十日(1900年2月9日) 永和店友返盛。

十一日(1900年2月10日) 出门贺年。颐吉午饭。

十二日(1900年2月11日) 恭赴谢河九曲先陇,叩贺年禧。周视雪压各树,尚可修整,有中折数株则难于下手矣。舟至胥门,步归。得晴溪、雨亭叔信,仲岷伯表叔小春九日凉州来信,内附家报,并七叔信,柳春渌来信。

十三日(1900年2月12日) 胡嵩甫森玉哥之坦来会亲。午后携乾儿至圆妙观游玩。灯下复柳信。得杭庄信,通报瑞润苏缎庄向系萃丰分支,今归杭统属。馀款四千有奇,为开创第一年得意,杭则须俟京账到方能结出,约可赢万金云,甚矣,得人则治也。

十四日(1900年2月13日) 阴。复晴溪信。寄施表叔信,附仲家报。

元宵(1900年2月14日) 祖先、神佛前拈香,恭谒义庄。政声哥自申来,留饮之。次女轮香患惊风。幼堂哥自盛来。

既望(1900年2月15日) 午刻祀先毕,恭收历代遗容,移藏家祠神龛中层。

十七日(1900年2月16日) 轮香昨夜忽厥,咬脚跟而苏,黎明邀惊科女医治之,痰声络络,昏迷殊甚。午刻至学前拜岳母寿,午饭即归。轮女病仍不减,邀钱杏江来治,沉迷益甚,痰声如锯,至夜膳后,进得大便塘垢,方冀痰有出路,不料至寅刻,目上窜,声渐微,四下半钟竟殇,哀哉!

十八日(1900年2月17日) 午刻,轮女殓毕,厝之昌善局文儿柩旁。

廿一日(1900年2月20日)　颐吉、鸿翥悬牌敬神,分赴拈香。午、晚两处畅饮,把酒杯以浇块垒耳。连日心绪无聊,凡事不问,所作诸事无甚关系,亦不复追记矣。杭庄寄到红账,并各官利。

廿二日(1900年2月21日)　偕幼堂看账房诸友,至青杨地遣闷,步归,惫甚。天气和暖,得春意矣。王师到馆。

廿三日(1900年2月22日)　得杭州张质丈复,先归客岁杪代计怡康长期并零欠款四百馀两,代筹借三竿,应怡清理之用,可感也!心事为之稍释。

廿四日(1900年2月23日)　饬仆打扫大厅,恭悬祖考妣遗容。灯下作杭庄复,请西席开馆酒筵一桌,幼堂同座。

廿五日(1900年2月24日)　阴。先祖二十周忌,延瑞莲十僧在随怡堂诵经,亲友到者坐五席。

廿六日(1900年2月25日)　偕彦修表兄、幼堂哥、念先、幼卿两兄赴聚园品茗。

廿七日(1900年2月26日)　写对五副。得虞子渊信晴溪之叔,欲附股杭庄,似未便允之也。随即函商杭友。芸女发痧,母亲亦患寒。

廿八日(1900年2月27日)　阴,小雨。骥群妹双归,往贺,夜膳而返。是日乘轿,便赴亲友处道谢。

廿九日(1900年2月28日) 雨。芸女痧疹已透,寒热未退,胸闷痰腻,连日春寒料峭,风似剪,夙宿殊甚。幼堂回盛。

二 月

朔日(1900年3月1日) 寒更甚。神佛、祠堂各处敬谨展拜毕,周视义庄,颇多修理之处,今秋先考入祠,为不可缓之事,母亲因天寒未起床。倪元甫来,求书店额。

二日(1900年3月2日) 料理经手账目等,缮具交代清册,繁重琐屑,甚非易事。尹镒翁来长谈,晚雨,肩舆送其回店。

三日(1900年3月3日) 雨。恭诣自得楼,文昌帝君前拈香。乾儿亦发痧疹,赓哥诊治。芸女痧点已回。润泉来。

四日(1900年3月4日) 乾金痧点已透。得杭州复,商虞子渊事,意见相同。植庭表兄自平望来。

五日(1900年3月5日) 乾金痧点已回。天气稍暖。

六日(1900年3月6日) 乾儿痧点回净,慰甚。得幼堂信,为殷乾顺霸租事。

七日(1900年3月7日) 盛店龚雪涛乘局船到苏,商乾顺事,一味恃蛮,势非经官不可。梦哥在梨,离盛仅半日程,随嘱雪涛关照到盛办理,雪涛当夜乘局船返盛。

八日(1900年3月8日) 至老宅,送景嫂升祠。

九日(1900年3月9日) 寄乌镇墓志五分【份】。得幼堂、梦哥信,随作复。

十日(1900年3月10日) 饬妪晒皮衣。

十一日(1900年3月11日) 尹镒翁来议,将生财器用尽数留存其房屋装摺,不能搬移者,遂昌托人转租,此屋拟估值售与。得梦哥来信,知乾顺事,贴迁费廿羊【洋】,让租金两月,可以免动干戈,为之慰甚。若是,盛店年内必迁出,迁出必翻造,又须费多钱了。此处地段热闹,加以永和老牌面得人而理,蒸蒸日上,可操券也。所虑张、龚二公庸懦无用耳。

十二日(1900年3月12日) 天气晴朗,百花生日,有向荣之象。

十三日(1900年3月13日) 暖甚。

十四日(1900年3月14日) 招光福山人二名,修整义庄树木。鹭香斋前旧编竹篱,年久枯坏,买竹重扎。夜十一下半钟时,余已睡着,妪至卧榻,报西巷口失慎,披衣出视,火趁风威,势甚炎炎,取水又远,各处水龙驰救,计一点钟时始熄,焚去店面六家。

望日(1900年3月15日) 雪。辰起,各处展拜毕,眷属齐赴二门口登舟,至九曲港谒墓。新人初次,吴俗所谓"上花坟"也。到时已二下馀钟,登岸,大雪纷飞,即在墓庐谨敬设祭。归家已九下钟矣。

十六日(1900年3月16日) 雨。云廷由沪来,整顿瑞润事,晤谈良久,留其午饭。余未陪,至铦如伯处拜奠。雨甚,不克送殡。春寒殊甚,不减严冬。

十七日(1900年3月17日) 雨。江南坡来谈,明日回申。

十八日(1900年3月18日) 云廷来谈。

十九日(1900年3月19日) 招云廷、彦修、轶仲来,款以家肴,尽欢而散。

二十日(1900年3月20日) 贺程笏庭甥郎弥月。午后至马培之[①]征君处,剧谈而归。得陈唐卿保定来书。云廷赴申,再回杭。

廿一日(1900年3月21日) 春分。付还琴五房存田单十纸,老单两纸,计十九亩三厘九毫,守廉弟立收据而去。

廿二日(1900年3月22日) 至陈添泰置大屏风一对,正厅陈设也。

廿三日(1900年3月23日) 雨。东北风狂吼,寒甚。天时不正之至。得程益斋信。盛庄款需百番。幼堂来信。光福山人阿虎到,令其至九曲港先修篱槿。

廿四日(1900年3月24日) 阴。镒松来。

廿五日(1900年3月25日) 阴。外舅十周忌,在家追荐。午刻往拜,内子亦往。向晚归,细雨濛濛,今日本约阿虎到先茔修整荫墓,岳家酬应而止。

---

① 马培之(1820—1903),晚清名医,字文植,以字行。江苏武进孟河镇人,孟河医派代表人物,有“江南第一圣手”之誉。

廿六日(1900年3月26日)　清晨,步出阊门,乘东洋车至胥门洋桥,唤小舟赴九曲港先陇勘视扎篱。密雨如丝,饬工人先将去腊雪压坏之树修整,有拱把之树,仅存一小枝者,用硬竹扶起作顶,虽是矫揉造作,苟生意盎然,一二年便可自然,灌溉得宜,即成葱蔚之观。树木树人,一例也,扶持栽培,不可缓也。归,乘马车至青杨地,饱餐后抵家,腹中作痛,疲惫殊甚。余之精力,较去春仅阅一年,大逊矣,奈何,奈何!

廿七日(1900年3月27日)　安定四姊领唁,午刻往奠。仲彝侄自京假归,挈眷来谈。得幼堂信。

廿八日(1900年3月28日)　寄陈庄船盛泽庄款一百五十元。送安定姊出殡,暂厝昌善局。天气甚热。母命以府君遗衣分领,以"和气致祥"为阄,询拈得"致"字,谨领之下,为之泣然。写指蒉兄为其镇人刘王庙匾额。

廿九日(1900年3月29日)　得子封叔信,以三叔祖病,辞不预祭。

三十日(1900年3月30日)　荃侄宴葛慕川于怡园,邀余往陪,同座者刘龙伯①、冯也云、园主人昆季,酒兴甚豪。

三　月

朔日(1900年3月31日)　义庄举行茗谈,庄船夥传说三叔祖逝世,骇然,深冀不确。

---

① 刘富槐,字龙伯,桐乡人。光绪壬寅举人,官内阁中书,有《瑶园诗录》。

二日(1900年4月1日) 恭祭上沙五世祖霞郚公先陇，与祭十二人。

三日(1900年4月2日) 会祭姚溪港学圃公墓，到者八人。三叔祖竟辞世。

四日(1900年4月3日) 恭祭谢河桥九曲港先茔本支，到者十人。潘吉安修葺先祖茔西偏罗城被雪压坍者，工一日而毕，并嘱其于次日至曾祖茔，将塚南向泥稍稍剥落者修补。两处树木青翠可爱，直楠尤茂，生意盎然。梦哥赴盛送三叔祖殓。陈伯玉交来柼邱茅塔新塍墓碣拓样。

五日(1900年4月4日) 先公遗象恭换棉袍褂。天气闷热，风甚狂。

六日(1900年4月5日) 清明。招瑞莲两僧于灵几前讽《金刚经》。潘姊挈其郎来拜。夜来风狂甚，初更后雨。得张质卿信。午刻祀先。

七日(1900年4月6日) 潮闷特甚，阶础皆润。午后乌云如幄，势有大雨。晚时风益急，时洒雨点。得幼堂信，虽作复，托少侣叔回盛之便带去。初更时雨止，稍凉。曾祖妣遗象恭换棉衣。

八日(1900年4月7日) 阴。午前雨，春寒特甚，较昨阅两月气候，可御重裘。天时不正，最易致病，养生家亟宜留意。

九日(1900年4月8日) 仍冷，午后风峭。梅宋内兄自粤归，来谈。

十日(1900年4月9日) 阴。辰间雷雨晦冥,暗不辨物,街市贸易均燃灯。约半下钟时始复明,不知主何吉凶。

十一日(1900年4月10日) 阴。至老宅,偕荃侄同晤盛佑卿兄常谈。复同至昌善局,视桂弟与儿柩,上加漆。阴雨殊甚。

十二日(1900年4月11日) 阴。得幼堂信,并盛租房分别等次一纸。夜间雷电交作,雨雹,檐溜如注。竟日时时晦冥。

十三日(1900年4月12日) 至大乘庵弔王友翁之郎。得仲岷伯表叔正月廿五凉州信,附其家报,随寄施拥伯叔转交。

十四日(1900年4月13日) 至昌善局。潘氏姊来。天气晴朗,至灯后忽又下雨。

望日(1900年4月14日) 阴。各处展拜毕。经年账目料理清楚,奉母命将遗产分晰,草订约条,公议商酌。傍晚又雨。

十六日(1900年4月15日) 雨。新泰厚票号友梁馨园来。得施拥伯叔复书,附仲家信二封,致仲书一封,托代寄。永和汇归上年短本七百元,迳送颐吉退换洋四元。

十七日(1900年4月16日) 雨。托新泰厚转寄复岷叔信。得杭庄信。

十八日(1900年4月17日) 寄杭庄属写牌样一纸。

十九日(1900年4月18日) 雨。连日阴雨不辍,可厌之至。

二十一至二十五日(1900年4月21日至24日) 李彦修兄来，写分书五分【份】，公中留存一分【份】，予等各执其一，以“福禄永绥”编序。晚膳毕，在灵几前敬谨拈分，询得“禄”字号，遂各签押。母亲暨荥阳姊均在场。桂弟一分【份】，慈命与庆房对派，择日再拈阄。为定杭庄汇银归去年代筹颐吉长期三竿，本利俱讫。伯荃来谈。得幼堂信。延彦修兄专司公账事。

廿六日(1900年4月25日) 镒松、仕村来。复幼堂信。

廿七日(1900年4月26日) 母命将各拈阄所得先祖租屋契照等分领。

廿八日(1900年4月27日) 连日晴朗，生意盎然。

廿九日(1900年4月28日) 收到方通记存洋四千元二八七五，合银二千七百五十两，随划归眉寿二千两，又利卅二两，馀七百五十两存馀元，庄生息立欧记摺，袁润记存千洋，以五百借与公账，亦存馀元立摺，往来五百，收余自摺。

四 月

朔日(1900年4月29日) 展拜各处毕，至狮林寺看传戒。

二日(1900年4月30日) 彦修表兄到栈，誊真□[①]簿。

三日(1900年5月1日) 荥阳姊来，晚间在桂弟灵几前拈遗授

① 原稿此字难辨，故阙。

"禄"字号各产，余命森儿拈得"升"字阄，同侄得"蕃"字。连日困湿，懒于作事，事亦无甚关系。初四至十九日均未记。

廿日(1900年5月18日)　先划归怡庄，暂移厚生庄银二千两四分认偿余名下，合桂弟半分，计银七百五十两，由馀元摺付讫。致古彝姑丈信，索旧债也。七叔来谈。菊庭表弟前自都来，留寓五开间，今自平望扫墓归，偕植庭表兄同来，设榻同室。得钮春山烟台信，托其亲家代购田二百亩，欲作为祭产云。

廿一日(1900年5月19日)　将先人历年账册暨余经手事件、庄摺、销据一一检交彦修兄收执。幼堂寄来房租册。

廿二日(1900年5月20日)　母亲自杭烧香归。

廿三日(1900年5月21日)　孙翼之偕赵鱼珊直刺来，交到票纹七千八百四十两了讫。先公经手，张氏抵与顾处车坊，当顾处四竿，其三竿先公代移程霭记八百四十两，乃一年利息也。随作函致顾氏，约其明日九下钟时交银赎还。

廿四日(1900年5月22日)　属绥之至顾氏，将张抵之件赎还，计□[①]股票两纸。子贻观察手据一纸，送公至祥，交翼之收。江南坡来谈德林祥事，棘手殊甚，不意履卿亏负如此之巨，骇人听闻。甚矣，用人之难也！

廿五日(1900年5月23日)　菊延弟邀游虎阜，拥翠山庄品泉，同伴为其账友朱、阳二君。

---

① 原稿此字难辨，故阙。

廿六日(1900年5月24日) 文儿三周忌,在大乘庵讽经一日。归访江南坡,得申信,附轮去矣,约过节即来。

廿七日(1900年5月25日) 齐门外赛会,空城往观,闻船只如鲫。苏俗浮华,此亦一斑也。傍晚细雨。

廿八日(1900年5月26日) 张子贻归下抵款三竿,应还程霭记,将票复交荥阳姊转致四婶母收,并归轶甥正月十七向移两竿。

廿九日(1900年5月27日) 涂销程霭记、潘轶记摺据各一件。

五 月

初一日(1900年5月28日) 展拜各处。

初二日(1900年5月29日) 四婶母、荥阳姊来,晚膳而归。

初三日(1900年5月30日) 程太夫人讳日,午刻恭祀,痛思先人即于是日病作,不孝远离,闻警驰归,不及一诀,时序如流,见背已两年矣。明发有怀,音容莫覯,凄然泣下。

初四(1900年5月31日) 料理节账,经手事才交卸,重负顿释。余只须数十洋开销而已,所谓优哉游哉。

初六日(1900年6月1日) 请菊延至青杨地,宴之于鼎合居,尽地主谊也。

初七日(1900年6月2日) 保古斋装潢先人墓志墨迹手卷送

来,酬以十洋。

初八日(1900年6月3日) 菊延北上,余以臂痛惮风,未送登舟。连日臂痛,手颤委顿殊甚,不能握管,加以痛触悲思,北方不靖,德号縻烂,因之中辍。

六　月

初一日(1900年6月4日) 各处拈香展拜,督视匠工修理义庄正祠,昭穆两龛被正梁骑压,终属不宜。招蒋信伯堪舆相度,与余意合,正祠后披两柱、中祠西厢两柱,雨漏生蚁,蛀烂已甚,势将圮毁。又旱船亦有被蚁蛀坏多处,遂一律重修。沈匠来,令其估值,添建正祠两龛,将前时两龛移上,共东西四龛。一应工本若干,开账再议。头门、仪门暨衔牌,包与蒋漆匠重新之。

初二日(1900年6月5日) 义庄旱船前廊南柱中心蛀空,只得重换,并将装摺更动,似布置稍觉得宜。前一间去地板,易方砖。此月自廿一始,赵盾行政,逼人殊甚,坐卧不安,云霓望切矣。质丈自杭来,托筹五竿,归还春间先用京票之需。北氛日恶,当轴者措置乖方,势遂燎原,若何收拾?银根紧促,周转极难,民穷思变,有不堪设想者。廿二日,得岷表叔凉州四月廿五来信,并湘平得二百两换补水一百九十五两,一时现洋缺少,市上换兑,抱贴太多。函询拥百叔,复来嘱暂存生息,先寄三十洋,馀陆续支用,随由局寄盛,扣电费两元二角半,又来电专力费一角。连日义庄蚁生多处,修理匪易。然除恶务尽,不能任其蔓延。经费支绌,只得垫款葺治,从此岁加修理,费省功倍。不可因循,致蹈故辙,至要至要。

七 月

朔日(1900 年 7 月 26 日) 恭诣各处,拈香毕,至财神殿拜殷舅母二周忌。郊如代杭庄筹一竿,由余署券,即托馀元汇申延源介付,致信云亭接洽。

二日(1900 年 7 月 27 日) 写永和南号青龙牌字样,即寄盛。

三日(1900 年 7 月 28 日) 寄永和信,南号于初十先行交易,十九开张,盛镇中元节市面极闹也。至叶听松同年处。

四日(1900 年 7 月 29 日) 傍晚至南濠勘视兴造租屋,同四美小酌,微醺而归,一路凉风习习。

五日(1900 年 7 月 30 日) 托馀元汇申,福康介付杭庄纹五百两,此款代向森玉哥暂移,亦余署券。即致信马桂芬、徐云庭关照。傍晚阵云密布,顷刻即散,连日炎暑,盼雨綦切。得永和复信。

六日(1900 年 7 月 31 日) 热甚。午后阵云四合,傍晚大雨,顿觉凉快。

七日(1900 年 8 月 1 日) 得杭复。本生大母孙太夫人忌,午刻致祭。

八日(1900 年 8 月 2 日) 写义庄窗心纸。灯后雨一阵。

九日(1900年8月3日)　晨铁甥来,偕赴观前吃面。顾乐之[①]来,画义庄窗心。

十日(1900年8月4日)　得马桂芬复信。

十一日(1900年8月5日)　祖妣李太夫人诞忌,恭设遗衣,午刻致祭。炎热汗雨,傍晚起风洒雨,初更未止。

十二至十四未记。

中元节(1900年8月9日)　祀先暨张勤南公,天气暴热。

十六日(1900年8月10日)　永和来信,知南号开市,生意尚好。

十七日(1900年8月11日)　得施表兄信,属将仲甘汇款换洋寄盛。

十八日(1900年8月12日)　得幼堂信、杭庄信。

十九至廿一未记。

受福富昌镜室日记

朔日(1905年7月3日)　晴,雨气郁蒸,础石生润。前昨两夜

---

① 顾颐(1865—1930),字乐之,江苏苏州人,流寓上海,为海上画坛名家,尤善山水。

大雨凉甚，可御薄棉衣。秧田待插，三农望慰矣。市间禁用小钱贸易，挑剔殊甚。圜法之坏，有司有以维持否？栈友循例写租繇。寄幼堂信，问原聚和租事。寄杭庄信，托置袍褂。寄京号信，邮局双保险去。为报部核准事。七叔来剧谈，留夜膳。更深而归。

二日(1905年7月4日) 晴，热甚。寄谢味辛信，为托前年报服满事。锐庭内侄来，傍晚阵雨。

三日(1905年7月5日) 七叔交来致津局文案洪竹琴大令信，代发邮递。晚招饮耦园。润泉、问潮来。植庭表兄自平望来，以事托，辞之。

四日(1905年7月6日) 检还七叔《纪评苏诗》一部。幼堂哥来，覆聚店已定租户。寄韶九侄信。得谢味辛信。

五日(1905年7月7日) 酷暑。至岳家贺小姨出阁，赘秦壻于家。号闻诗，无锡人。至钱友夔大令处，与商告近事。寄味辛信。

六日(1905年7月8日) 酷暑，夜更甚。寄秀邑尊信，请究味辛之玩公。发闽信，附陆仲英、吴锐廷信。傍晚，观前散步，途遇骥群弟。

七日(1905年7月9日) 热甚，夜不能寐，汗渍床席。黎明即起。弔钱友夔夫人丧。伯荃侄自都暑假也，老宅午饭而归，衣尽汗透。

八日(1905年7月10日) 炎氛炽甚，几席炙手。申酉之交，大雨倾盆，顿凉爽。

是日稿本载:“剥极必复,造物无绝人之路也。粤人郭姓为煎烟两口,成色颇好,予最所深恶。己丑入都,饮高粱过度多,湿热相搏,遂成肠红,每便鲜血崩漏,十六年之久,渐觉不支,鬓发尽凋。辛丑夏,患便泄,日五十馀次,肛门脱出二寸馀,几至不起。从友请,试吸之果验,而肠红亦渐愈,迄今偶间一星期,便中即血,随服随愈,欲罢不能,殊为憾事。他日必有以割绝之。”

九日(1905年7月11日)　西南风甚大,颇凉。部署行李。

十日(1905年7月12日)　瑞莲庵礼忏,预祝李太夫人七月十一日冥诞百龄,因询亟欲赴选也。池荷盛花,凉飔送香,徘徊竟日。

十一日(1905年7月13日)　恭悬遗象于正厅,花厅、上房置三席款客。荃侄荐王福来谒。

十二日(1905年7月14日)　得轶甥信,始知前曾有信,为洪高误矣。

十三日(1905年7月15日)　观赛周王会,举国若狂。

十四日(1905年7月16日)　念先至禾,研究味辛屯款匿报事。张少岳托带眼镜、绍酒交轶仲。寄京信二。

望日(1905年7月17日)　润泉来贝宅。托带交轶甥信件。

十六日(1905年7月18日)　天足会送公启来。缠足恶习,彫丧本原,母气未足,所生焉能充实,诚能挽回风气,亦强种先声也。骥弟来。傍晚阵雨,仍未见凉。

十七日(1905年7月19日) 午后密云不雨,雷声隆隆。得闽信,梦哥于七月十三日履龙溪新任,并索和《留别金泉绅耆诗》四律。

十八日(1905年7月20日) 初伏。午后大雨。

十九日(1905年7月21日) 至美国惠医士就诊。据云面部之病,系乎脑筋。余自去冬,口眼忽邪,今虽愈而右眼合闭犹欠自然。嘱少看书作字,心平气和,日服药水外,施电气,奏效较易。天气闷热,夜间蚊虫横行。

廿日(1905年7月22日) 赓哥饯予于其金屋。荃侄、伯阳侄倩来送行。

廿一日(1905年7月23日) 午膳毕,叩拜慈闱。附戴生昌轮赴申。念先伴送。汗下如雨,竟夕不止。舟中复蚊虫狂啮,烦躁不堪,受尽一夜之苦。

廿二日(1905年7月24日) 大暑。黎明抵申,暂寓鼎升栈,即写定新裕舱票,略购用物。杏花楼晚酌,闲步马路。子正上轮,人多气蒸,热不可当。

廿三日(1905年7月25日) 巳正展轮,申刻过佘山,忽起飓风,颠簸殊甚。余手扳榻柱,不觉酣睡。醒来旭日将升,波平若镜,询知亥初风定,天气骤凉。

廿四日(1905年7月26日) 晨起,已抵太平洋,海水天风,涤荡尘虑。数日困惫,为之一苏。黄昏时起雾,势将发风,命王福将行李安置妥帖。不逾时,船身摇摆,大声发于水上,急雨飞至,极万马奔腾之势。凉甚,可御薄棉。

廿五日(1905年7月27日) 过神山,晴曦照海,一幅小李将军金碧画图也。

廿六日(1905年7月28日) 黎明抵大沽口,小轮已到,附搭赴塘沽。每人散舱一洋,行李每件一角,零星不计。栈房稍憩用膳。乘二次火车二等舱。每人四元三角。三下钟开驶,六下钟到京,寓轶甥处。秦甥葵初及辛揆同寓东西耳房,卧榻相对,颇不寂寞。主人款待殷拳,极宾至如归之乐。

廿七日(1905年7月29日) 卸行装至号。晤静斋于家,饮香饼酒而归。

廿八日(1905年7月30日) 中伏。访邢培之。经办选事者。仲彝侄来。

廿九日(1905年7月31日) 赴吏部报到,投供状。黄昏阵雨。寄家信。

七　月

朔(1905年8月1日) 赴部投供。轶仲大郎家垤十岁诞日,晚筵款客。夜小雨仍热。

二日(1905年8月2日) 韶侄自芦沟桥差次来。

三日(1905年8月3日) 同寓诸人宝胜和听戏。醉琼林小酌,领略北地胭脂，大有无盐之憾。归已夜深。邢培之、汪范老来。

四日(1905年8月4日) 未初大雨。

五日(1905年8月5日) 韶九仆来报昨雨，永定河水涨八尺馀，或抢险。饭毕即归。午后写扇一握。

六日(1905年8月6日) 同寓诸君陆总宪约瞻仰海子，天上风景，究异尘寰。奉旨裁五城察院归并工巡。

七日(1905年8月7日) 偕辛揆、秦甥、仲彝侄至荣宝斋。晚东海小酌。

八日(1905年8月8日) 静斋招饮。得家信。

九日(1905年8月9日) 大姊常诞，约同寓者公送《八角歌》。南方小说之类。

十日(1905年8月10日) 末伏。天阴，稍凉。铁、揆二甥、殷戢庭同年名济，扬州人同至同和馆小酌。游隆福寺。

十一日(1905年8月11日)

十二日(1905年8月12日) 仲彝来，约同寓诸人至宾宴茶叙。东海小酌而归。

十三日(1905年8月13日) 铁仲觞余于斌升楼。

十四日(1905年8月14日) 写扇一柄。寄家信。

望日(1905年8月15日) 中元节。月蚀。

十六日(1905年8月16日) 拜客竟日。

十七日(1905年8月17日) 卢涵臣恩泽,合肥人大令来。

十八日(1905年8月18日) 雨,顿凉。得家信,附岳叔信。

十九日(1905年8月19日) 偕秦甥散步大街。寄家信。寄韶侄信,附申来姚函。

廿日(1905年8月20日) 出城听戏。致美斋小酌。

廿一日(1905年8月21日) 汪范卿①水部招饮便宜坊。

廿二日(1905年8月22日) 吴颖芝②太史来。夜半大雷雨。

廿三日(1905年8月23日) 凉,陆凤石③都宪、顾康民④侍郎、

---

① 汪朝模(1849—?),字达士,号范卿,江苏长洲人,光绪三年进士,任内阁中书、农工商部郎,曾主讲上海敬业书院。

② 吴荫培(1851—1930),字树百,号颖芝、平江遗民,江苏吴县人,光绪十六年探花,历任乡试、会试考官,自费赴日考察,关心教育与慈善,创办女子师范幼稚园、水利农林讲习所等,曾任《吴县志》总纂。

③ 陆润庠(1841—1915),字凤石,江苏元和人,清末著名文人、官僚。

④ 顾肇新,字康民,号鼎卿,江苏吴县人,光绪二年(1876)举人,历任外务部、商务部、农部右丞及侍郎等职。

汪药阶[1]侍御来。

廿四日(1905 年 8 月 24 日) 处暑。陆都宪招饮。

廿五日(1905 年 8 月 25 日) 颖芝招饮。

是日稿本载:"昨夜忽腹大痛,必积滞所致,用旧鞋烘熟熨之,略愈。用枳实、槟榔摩服。"

廿六日(1905 年 8 月 26 日) 致念先信。得家书,附莘州、岳叔信。

廿七日(1905 年 8 月 27 日) 于筱秋刺史招,辞之。锐庭内侄来应考译学馆。潘季孺[2]姻丈来,将随端星使出洋。小雨几阵,电光闪烁。

是日稿本载:"见选单,是月知县两缺。"

廿八日(1905 年 8 月 28 日) 继高侄伴其妻兄李敬儒来自汴。

廿九日(1905 年 8 月 29 日) 赴部递供状。得念先信。吴蔚若[3]阁学来。

---

① 汪凤池(1849—1909),字思赞,号药阶,江苏元和人,晚清官员,历任内阁中书、协办侍读、起居注主事、刑部主事、京畿道监察御史等。

② 潘睦先(1871—1963),字季孺,江苏吴县人,继承父祖潘奕隽、潘遵祁藏书,为近代著名藏书家,。

③ 吴郁生(1854—1940),字蔚若,又号纯斋,江苏吴县人,光绪三年(1877)进士,散馆授编修,历任内阁学士兼礼部尚书、四川督学、邮传部尚书、军机大臣。曾主考广东,康有为出其门下。

八　月

朔(1905 年 8 月 30 日)　赴部投状。余序次十六,为新海防一百九十三□[①]。

是日稿本页眉载堂榜名单:"卢恩泽安徽、沈黼清福建、陈寿琳、钱以振、傅国俊、周幹臣山东、廉杰旗举、雷恩溥举、胡殿扬江苏举、张振声安徽举、傅鸿诏、张裕藻、王鉴衡奉天、陈守谦、高铭金、王〇〇、陶绪泰。周幹臣扣除近省,专选邀远军务省分。"

二日(1905 年 8 月 31 日)　至蔚若阁学、颖芝太史处长谈。

三日(1905 年 9 月 1 日)　秋暑甚炽,不减盛伏。

五日(1905 年 9 月 3 日)　旨废科举。继侄辞赴固安,径还汴矣。刘龙伯舍人来。发闽信。

是日稿本载:"上谕停止科举,人心惶惶。夜写家信,明日发七号。森儿亟事维新,余拟暂归,挈之来北,资其历练。继高侄来辞,赴固安,径还汴矣。刘龙伯舍人来约全浙会馆公议夺回铁路善后事宜,余以外任候选人员,未便多言招忌,辞之。"

六日(1905 年 9 月 4 日)　写对八副。偕同寓诸人醉琼林小酌。

七日(1905 年 9 月 5 日)　殷楫臣同年偕游护国寺。张仲清比部来。

八日(1905 年 9 月 6 日)　得家信,知南中已凉久雨。黄昏

---

① 原稿此字难辨,故阙。

后雨。

九日(1905年9月7日) 雨,稍凉。闻初四、六两日,南中大雨。吴淞海溢平地,水积三尺余。崇明被灾尤剧,漂没人口万馀,洵奇灾也。得润泉信,随作复,邮局挂号去。寄家信。

十日(1905年9月8日) 白露。坐雨无聊。写对联四。仲彝同载广德听戏。致美小酌,泥泞满途。

十一日(1905年9月9日) 韶九解工部饭银到京。知继高昨趁火车回汴。黄昏后雨。

十二日(1905年9月10日) 寄苏姬绣鞋,邮局挂号去。

十三日(1905年9月11日) 韶侄闲步出城,走尽顺治门大街而回。

十四日(1905年9月12日) 韩萃青来,约余及仲、韶二侄同至宾宴楼。

中秋节(1905年9月13日) 阴。荃侄到铁仲家,厨烹一肥鸭,邀萃青等赏月,并待终宵。薄云密布,嫦娥懒捧冰镜而来。

十六日(1905年9月14日) 阴。荃侄交来苏姬托带各件,一切服用,无微不至,寒到君边,衣到无意也。即作复。吴季荃同年、汪茗生兄来。

十七日(1905年9月15日) 朱寿丞、铁甥招饮斌升楼。同座进士馆同乡,假满诸君居多。致念先兄函。

十八日(1905 年 9 月 16 日)　陆伯葵侍郎送菜一席。邀朱莘耕、寿丞、潘季孺、荃、仲二侄来叙。天骤寒,腹甚不舒。连日酒食,不免积滞。煎服神麯而睡。

十九日(1905 年 9 月 17 日)　昨服神麯,重衾暖拥,果即安适。凡事所以在适可而至也。午后,约荃侄于宾宴楼,韶侄同往。

廿日(1905 年 9 月 18 日)　写对八副。锐庭来。得岳叔信。

廿一日(1905 年 9 月 19 日)　秦甥同步大街遣闷,至西单牌楼而回。

廿二日(1905 年 9 月 20 日)　仲彝饮余于花二宝香巢,揆甥、辛揆及工巡同事诸人同席。汪茗生来。

廿三日(1905 年 9 月 21 日)　游土地祠,阅劝工所。

廿四日(1905 年 9 月 22 日)　浙同乡送公启来,约廿七全浙馆会议学堂,公举总理黄绍箕仲弢,温州、钱能训干臣,嘉兴。

廿五日(1905 年 9 月 23 日)　得家信,知南中炎凉不定,近日如伏暑。

廿六日(1905 年 9 月 24 日)　换戴暖帽。出洋五大臣启程,汽车将发,铃声已动,炸弹暴响,刹时间,人声沸鼎,血点飞空。使臣中泽公、绍右丞受伤,送客受伤不少,伍侍郎头破。立即停驶,均赴颐和园请旨。此次特简大臣考察政治，为立宪起点，必见忌于匪徒，所致一人毙于车中，腹洞，臂股均失其一，惨目尤甚。潘斗南轶仲族弟为实业学生，排队送其监督即绍右丞，目击难发，来述。

廿七日(1905年9月25日) 寄家信并绣货。

廿八日(1905年9月26日) 社日。长春寺唁秦韶臣太守之丧。大风骤冷。

廿九日(1905年9月27日) 秦甥邀饮斌升，顺道至正祥盛。

三十日(1905年9月28日) 赴部递供状。晚应吴季荃同年福兴居之约。北地寒早，宵深露冷，甚觉瑟缩。

九　月

朔(1905年9月29日) 投供。遇缺，先有二十三名之多。余序次二十，未必年内轮到。旅舍尠欢，不如归去。得家信。

初二日(1905年9月30日) 招长发栈友来，托其买定回南船票。

三日(1905年10月1日) 潘季孺姻丈来谈当日使臣遇险事。荃侄托带交沈伯安两件。

四日(1905年10月2日) 辛揆同至洪庆堂洗澡。卢涵臣约醉琼林，有东海之饮，不及赴，辞之。

五日(1905年10月3日) 午后大风扬沙。荃侄移寓太仆寺街。

六日(1905年10月4日) 长发友来报,招商泰顺、新裕八、九日相继出口。即与议定新裕回南,官舱、散舱各一、二等,火车票各一,行李水脚一应包净,共三十洋,先付半价,包单到后找讫。

七日(1905年10月5日) 锐庭、伯荃来,同至宾宴,潘、秦二甥先在,偕至致美小酌。伯葵侍郎托带信件交应德闳太守。

八日(1905年10月6日) 九时发行李二次车,命王福先押赴天津,余午后行。潘、秦二甥、仲彝送,展轮而别。七时五分到,暂寓长发栈,轮舶胶浅,改初十开行。

重九日(1905年10月7日) 题糕佳节,欲归不得,旅馆无聊,一无排遣。

初十日(1905年10月8日) 寒露。泰顺抵埠,即趁此船,人货无多,颇觉宽敞也。

十一日(1905年10月9日) 黎明展轮。

十二日(1905年10月10日) 傍晚抵烟台,客去其半。此去浮雷盛多。日俄交战所置,无从打捞者。初四协和失事,故均存戒心,夜行更虑肇变,随停驶待旦。

十三日(1905年10月11日) 傍晚抵太平洋。

十四日(1905年10月12日) 海气澄清,月光皎洁,舵楼极目,飘然欲仙。

望日(1905 年 10 月 13 日) 五更起，登舵楼观日出。十钟五分抵吴淞，十二钟，至鼎升栈小憩，即附苏轮旋里。

既望(1905 年 10 月 14 日) 苏轮人杂，余虽居官舱而臭虫披猖，大为所困，展侧难睡。黎明朦胧，已抵洋关，雇驳船进城，八钟到家。慈亲已倚闾多日矣。密雨竟日。

十七日(1905 年 10 月 15 日) 分送各处带物。昨竟夕阅《伊索寓言》完卷。

十八日(1905 年 10 月 16 日) 寄轶、荃信。午后雨。

十九日(1905 年 10 月 17 日) 阴。润泉、荣轩来。晚雨。

廿日(1905 年 10 月 18 日) 又雨。秋霖为虐，新稻已伤。

廿一日(1905 年 10 月 19 日) 密雨竟日，骤冷。七叔来。

廿二日(1905 年 10 月 20 日) 薄晴，朔风刮面。

廿三日(1905 年 10 月 21 日)

廿四日(1905 年 10 月 22 日) 至西医惠君处。傍晚偕根香、念先云露阁品茗。归，苏姬持螯劝酒。闽来千洋。祥侄赴盛扫墓，代给收条。

是日稿本载:“至惠医生美国人处就诊，曾如夏时，施用电气，据云须日无间断,方能奏效。约后日午前再往,兼为余补牙,此技美人擅长也。谈及北京炸车事,索观余所携凶徒自毙之摄影。”

廿五日(1905年10月23日) 寄铁仲信。殷味兰表阮来,下榻焉。

廿六日(1905年10月24日) 霜降。至岳家,与味弟长谈,灯后归。

是日稿本载:“至惠医生处,适其到有远友考察风俗,伊译华语,无暇修牙,仅施电气片刻。”

廿七日(1905年10月25日) 东海新婿、河东表姊来。

廿八日(1905年10月26日) 写楹联四。

廿九日(1905年10月27日) 游新马路。归途酒肆买醉。根香、岳叔同行,迟念先未到。暖甚,天有变意。

十 月

朔(1905年10月28日) 下元节。展拜文昌灶神。家祠,率两儿谒庄。午刻祀先及张勤南公。阴雨。

初二日(1905年10月29日) 侍慈帏看竹毕,小饮。

是日稿本载:“黄昏时发西风。命森儿检齐今岁报纸,按月装册,备暇时翻阅,篇首论说时事,大有关系,亦命其点句。”

初三日(1905年10月30日) 昨夜西风怒号,阴霾吹散。晨兴寒峭，天气老晴。

初四日(1905年10月31日) 徐笙巢来云庭郎。雪帆内阮来。

是日稿本载："报载选单，卢涵臣大令得湖南沅江。例定单月选应补班，是班人少开选大花样，此项投供尚有其五，不知何由而卢与选。"

初五日(1905年11月1日) 检瑞润屋契，交笙巢带杭，曩年寄存先公者。

初六日(1905年11月2日) 润泉来。笙巢辞回杭。谒七叔，夜膳而归。

初七日(1905年11月3日) 至瑞润，送笙巢，未遇。托蒋镜之织小裁缎套二。

是日稿本载："李伯莲荐其友制绒绳衣件者来，余定衫裤各一、小孩帽三，付定洋四元。其二乃潘姊所托者。此时工艺振兴，天赐庄女学堂中教习此门，成效极速，且甚轻暖熨贴，可抵棉衣而无臃肿之态。"

初八日(1905年11月4日) 骥群弟郎晬期，邀饮，招花侑酒。

九日(1905年11月5日) 观前散步。

十日(1905年11月6日) 至文丞相祠观各区学童体操，合计四百馀名，以未能演熟，易期举行。椒弟讳日，午祀。

是日稿本有页眉批注"太后万寿"，并云学童"由教习率领，在万岁牌前行礼而散"。

十一日(1905年11月7日)

十二日(1905年11月8日) 立冬。路镜湖交来代买蛤士蚂一斤,虾蟆之类,食参叶饱死,取其膏,极滋阴。沪地甚销,列为珍品,甜咸随所嗜。

是日稿本载蛤士蚂较详,云产于吉林,价一斤“洋两元三角”。

十三日(1905年11月9日) 至观前一行。

十四日(1905年11月10日) 迁账房收租,折价二千七百文,洋价照市。紫封叔属写两对。暖甚,仅穿夹衫。

望日(1905年11月11日) 谒庄神佛、祖先前行礼。黄昏起风。

十六日(1905年11月12日) 祭神。开仓,收数尚旺。天气和煦,桃李尽华。

十七日(1905年11月13日) 阴雨。得轶甥、荃侄信。①

是日稿本载:“得轶甥、荃侄信,知月朔投供,已倩庖代,余后到者。九月堂榜添出,共有八人,可谓仕途拥挤。”并列堂榜名单,较誊抄本多“杨守敬”。

十八日(1905年11月14日) 轶仲信。午后写三对。

---

① 是日日记有眉批,列出堂榜名单:“林佩纶、卢恩泽、张煊、陈寿琳、沈黼清、廉杰、雷恩溥、胡殿扬、傅鸿诏、张裕藻、杨沂、张炳文、王鉴衡、卫廷爵、陈守谦、高铭金、〇、朱槐之、马骏声、钟耀、万硕型、李淑民、陶文谦、刘精。”

十九日(1905 年 11 月 15 日) 森儿至学前外祖母,留宿焉。

二十日(1905 年 11 月 16 日) 写对两副,森侍。内子自母家归。兰生弟携幼兰侄来自盛,贸然欲随慈闱赴龙溪。幼兰一无所能,有少年轻浮之习,不取也。

二十一日(1905 年 11 月 17 日) 余四十初度,秘不人知,而亲友咸集。晚设四筵,招演戏法以娱宾。晨起诣星宿殿,拈香归,率儿辈慈亲前叩喜。

二十二日(1905 年 11 月 18 日) 森常诞,备麪遍饷家人,适恽宅送酒筵。夜慈帏前围谯。植庭表兄来。

二十三日(1905 年 11 月 19 日) 祀先,为本生祖考及文儿诞忌。

二十四日(1905 年 11 月 20 日) 出门谢日前来客之步。玉臣侄婿招饮,席散,其尊人季文中翰剧谈。四、六两婶来送慈亲闽行。

是日稿本载:"清晨起,赴惠医生处补牙,适伊臂患外伤,又不果。其徒为施电气,据云面部之病,都在脑筋,余近日右眼上□抽掣较甚,属少看书作字,勿用心,勿盛怒,日服其药水,奏效较速,否则恐非朝夕事也。此患已周岁星,而犹淹缠,可恶之至。"

二十五日(1905 年 11 月 21 日) 润泉来谈米禁将弛,市价日涨。我栈折价定短,然任农民稍沾便宜,于心亦安。

是日稿本载:"皆有烦恼事,不明理人一味恃蛮,可叹可恨,反不如作客他乡,独往独来,一无挂碍耳。"

二十六日(1905年11月22日) 偕植庭马路闲游。

二十七日(1905年11月23日) 丹秋表兄自芜湖归,来谈。

二十八日(1905年11月24日) 观前品茗。

二十九日(1905年11月25日) 味泉交带书画一箱。致蔚老。顾岭梅刻牙章一方。

是日稿本载较详细:"味泉交来衣箱、帽笼各一,食物二,信一,托带致锐庭。又信一、画一,交蔚老。信一,交秦闻诗。傍晚偕植庭至云露阁品茗。倩顾岭梅刻牙章,备批阅案牍所用,红豆村人句'差酬捧檄心',上句为'未遂登瀛愿'。"

三十日(1905年11月26日) 方伯华来银千零三十五两,托汇交轶仲。

是日稿本载:"下午偕植庭至阊郊芳园消遣。致招商局友朱友三信,托其写定末班轮官舱票,并探封河准期。植庭交部照实收各一,属托代办验看。"

十一月

朔(1905年11月27日) 各处拈香谒庄。张润泉来。植庭回平望。

二日(1905年11月28日) 写三对。试东瀛墨汁,虽省研磨之力,尚欠挥洒自然。

是日稿本载试东瀛墨汁事,并云:"远不及我华之光彩焕发也。"

三日(1905 年 11 月 29 日) 天气稍冷。寄闽信。

是日稿本载:“朱友三来复,知新济初五末班北驶,已写定官舱、房舱票。匆匆,余行装均未舒齐,托办各物,亦未置备,只得改道进发。随作复,托其将票转去。”又载:“味泉内弟交来全翠三连环一付,托带京觅主,索价三百洋。此式南中不合时,旗妇颇喜用之,惟价值昂贵,未易脱手耳。”

四日(1905 年 11 月 30 日) 周荣轩来,售鼻烟一瓶,重十两,八洋购之。

五日(1905 年 12 月 1 日) 昨三更小雨,今和暖更甚,郁极必泄,定有一番冷信。寄陶心云年伯信,为陆介眉观察墓志求作。

六日(1905 年 12 月 2 日) 账房迁回原处。黄宾秋来,订定沈君子刚娄县廪生教读兼书记,俟余得选来就,因现在江苏学幕也。

七日(1905 年 12 月 3 日) 栈友下乡追租。蒋镜之交来缎套。

是日稿本载:“黄苹洲、徐骏一赴乡征租,米价日涨,顽佃疲抗,近又停刑罚锾追比,更形隔漠矣。”

八日(1905 年 12 月 4 日) 根香、念先同至云露阁品茗。沈梅翁方伯夫人来。慈亲及三嫂、姬人伴之看竹。

九日(1905 年 12 月 5 日) 祀先高祖妣仲太夫人讳期。细雨竟日。招蒋漆作恭置新甫叔祖神位,明春入祀义庄。午夜雷电。

是日稿本载:“赓哥邀至其金屋陪宴申屠号□□,绍兴人,精堪舆,名满浙中。年已花甲,短小精悍。同座章百川协戎、王熙宇大令、王培村、孙根香少尉、杨千戎诸人,拇战甚豪。”

十日(1905年12月6日) 祖妣李太夫人讳,恭设遗衣奉祀。

十一日(1905年12月7日) 文若表兄来,为江邑清丈田亩归户轇轕,公禀抚院事。张荫玉姑丈招饮小陈水窗,辞之,席少熟人也。

十二日(1905年12月8日) 苹州解租洋五百元,函述轨道划偿之田,无从起水,膏腴竟尔荒芜,农民藉口吞租云。

是日稿本载:"向下锦山买一时表,计十三洋,付森儿。"

十三日(1905年12月9日) 建庄公诞忌,恭设遗衣奉祀。付味泉弟第四期会洋五十七元五角,承露又洋九十五元。第六卸。

是日稿本记味泉借款事较详,云:"付芸女珠洋九十元,味泉会洋五十七元五角第四期,承露会洋九十五元第六卸会。合会之例,余素茫然,逼于至亲,无可如何。此种钱,曩时所费屡屡,率皆半途而散,故最所不信。"

十四日(1905年12月10日) 黄昏时,雨丝风片,势将作冷,冬行春令,喉症已有。宵窗无事,偶检破纸堆,得仲岷伯表叔曩年凉州来信,备述毓贤[①]伏法事。仲彼时充保甲差,目击之。兹将其自挽联句录之。犷悍之徒,悯不畏死,不得以从容赴义许之。"臣罪当诛,臣志无它,念小子生死光明,不似冤沉三字狱;君恩我负,君忧谁解,愿诸公转旋补救,切须早慰两宫心。""报国尽孤忠,那惜这一腔热血;持身全大节,只落得两袖清风。"毓抚晋时,梦已死,停柩于堂,僚属送幛联甚多,内有联云"一腔热血,两袖清风",发配至甘时,为人道。又一联

① 毓贤(?—1901),字佐臣,汉军正黄旗人,曾任山东按察使、巡抚,任内招抚义和团,后撤职调任山西巡抚。八国联军攻陷北京后,以排外仇视教会祸首之罪名,被清政府处死于兰州。

云:“臣死国,妻妾死臣,谁曰不宜,最堪怜老母九旬,稚女七龄,耄稚难全,未免致伤慈孝治;我杀人,朝廷杀我,夫复何憾,所自叹奉君廿载,服官三省,涓埃无补,空嗟有负圣明恩。”毓妻妾预约同殉,后一妻二妾送其临刑,服药自尽。此则节操可嘉者矣。毓抚山东,纵容信奉拳匪,以致大祸,诚死不蔽辜。

是日稿本记喉症较详,云:“仁和钱店友患之,来借所豢山龟,出绍兴山中,俗称为克蛇龟。治之果愈。曩年,苏、沪喉疫大盛,染病者朝不保暮,盛杏荪宫保几殆,得此龟,以呼吸喉间毒气,逾时取下,浸冷米泔水中,去其毒,然后再用,频频如之。适余家豢有数头,以之试治,愈者居多,传为宝龟。”

望日(1905 年 12 月 11 日) 各处拈香谒庄。西风甚大较寒。报载上海公廨西人将被诬之黎黄氏擅押西牢,华官据约相持,西捕哄堂,激成公愤,有英界罢市之议。学界、商界纷电政府,不知结果如何。吁!我华积弱,强邻肆侮,历任谳员昧于公法,惟知阿附,酿成骄横,可叹也!关䌹之[①]司马强项夙著,力求补救,遇案时有龃龉,所幸民气渐振,坚持以文明办法,无任匪徒藉端肇事,主权或冀徐可挽回耳。如美国之苛待华工,于是有不用美货为抵制策,沪上创议各埠响应,必达其改约目的而始已。团体团结,诚能上下一心,行以乾,持以恒,实事求是,其庶有豸乎?兹事为通商来一快心之举。

十六日(1905 年 12 月 12 日) 方伯华来,探行期。

---

① 关炯(1879—1942),字䌹之,号别樵,湖北汉阳人。1901 年中庚子辛丑并科举人,历任上海道署洋务翻译、上海公共租界会审公廨谳员,为官刚正清廉,不畏强权,有“关老爷”之誉。辛亥革命后,留任办理公共租界公廨司法事务。

十七日(1905 年 12 月 13 日)　饭罢,偕念先散步马路,购倭刀,归付隆儿佩带。是儿英俊,望其他日杀贼立功。

是日稿本载:"味泉来书,关照黄河渡桥明正买票,轨道须过桥行李周折,其甥婿王荣彭充汉口巡警差,车站在其讯地,可托招呼云云。足征至戚之关切。"

十八日(1905 年 12 月 14 日)　阴。骥群弟周楼招饮。夜大雨。寄轶仲信。

十九日(1905 年 12 月 15 日)　访柏乐文[①](西医),示余蜡人,洞见肺腑,饮食之若何灌输、血液之若何流行,了然于目,较我华同人图,明晰百倍。罗斯德亦美人邀看治病电气箱,天未高燥,未能试演。归途顺谒七叔,自闽旋,备审龙溪情形,梦哥对付外人案颇强项。

廿日(1905 年 12 月 16 日)　阴。致轶仲信。

是日稿本载:"粤人烧烟,净廿八两一钱,计土半件,陈小土一包。……朱友三来信,知津沽已冰冱,北行遵秦皇岛开平煤矿矿,星期一次,或虑风浪,不若由汉口轨道进发之舒服,惟盘川较费耳。"

廿一日(1905 年 12 月 17 日)　七叔来,夜分而归。念兄奉慈命赴招商,沪轮局雇船大号常熟快轮船等费共十五洋。

---

① 柏乐文(William Hector Park, 1858—1927),美国监理会传教医师,1882 年来华,协助蓝华德大夫在苏州建立博习医院,任外科主任三十馀年,积极引进西方最新发明的技术,如消毒法、麻醉术、X 光机等。后任东吴大学教务长,并筹建医学院。

廿二日(1905年12月18日) 致陆申甫方伯信,慈亲闽行,请给护照。润泉来。挑灯写对三付,匆匆握管,自觉恶劣。

廿三日(1905年12月19日) 薄晴。闻上海哄堂一案,西人不肯如约,激成公愤,莠民乘机暴动,强勒罢市,捣毁捕房。洋兵登岸,枪毙华人多名。国势至此,彼曲我直,以理相折,徐图就范。愚民无知,贻彼口实。此教育为当务之急也。陆方伯送护照来。

是日稿本载较详,云:"闻上海因哄堂一案,西人不肯如约,激动公愤。昨英界一律罢市,将捕房捣毁。洋兵起岸,枪毙华人多名。深冀传闻过实,否则又酿交涉事矣。待阅报纸,竟沪轮未到,大约事成棘手。国势孱弱,外人肆侮,凡事据约立【力】争,或保主权。乃历任廨员惟知阿附,一旦力矫其弊,诚非易易,尚可以理相折,徐图就范,而无知里民,激成暴动,贻彼口实,此教育为当务之急也。"

廿四日(1905年12月20日) 北风大吼,骤冷。陈伯玉自杭刻宋庄碑石归,示拓本,陶心云年伯书,笔法不及先考墓志之凝錬飞舞。宋氏赭寇平后业绸起家,闻所筑别墅在西子里湖第三桥畔,极山水林亭之胜。主人号锡九,年才三十,拥厚赀,享清福,令人生羡。伯玉此行,余所介绍,润资颇丰,渠甚感也。戴师解馆,明年就味泉之聘。

廿五日(1905年12月21日) 寒甚,冰坚。晚祀先及张勤南公毕,团谳慈亲前。幼堂寄绸来,春间姬人自缫之丝,加以经丝,织成四匹半。

廿六日(1905年12月22日) 冬至。发行李。七叔、恽季文来送行。夜小雨。

廿七日(1905年12月23日) 侍慈亲挈森儿登舟,赓嫂随行游沪,念先同赴申,祥侄倩其作伴也。申刻鼓轮。

廿八日(1905年12月24日) 大雨。黎明抵申,探悉遇顺即日开往厦门。行李累坠【赘】,即作船寓,泊珊记码头。晚丹桂听戏,散后大雨倾盆,篷窗高枕,心地闲旷。

廿九日(1905年12月25日) 七叔到,寓天保栈。寄苏信。晚又大雨。徐雨之观察邀春仙听戏,辞之。

十二月

朔(1905年12月26日) 阴雨时霏,登岸闲步,入夜雨急,狼狈回船。

二日(1905年12月27日) 祥侄媳来送。二更,大雨达旦,跳珠打水,铮琮可听。

三日(1905年12月28日) 慈亲启程,午刻展轮。余携森儿移寓天保栈,候船遵秦皇岛之京。天仍未霁,时飘雨点。赓嫂归。

是日稿本载:"时中书局有朱、墨胶两种,名自在墨,浓淡随心,制作精雅,无倾侧之虞,舟车更宜。稍嫌胶重黏笔,以作精楷,尚有微憾也。"

四日(1905年12月29日) 马路游览。薄晴。

是日稿本载:"美最时船名提督,开秦皇岛者,明日进口,即日开驶之说,即托栈房买票。七叔同寓,颇不寂寞。"

五日(1905年12月30日) 大晴。九华楼小酌。七叔归,托带归丽德洋行新创钻石耳环给苏姬。晚膳毕,念兄、森儿同至石路洗澡,骸垢想浴,适吾愿兮。得家信。

是日稿本载:“提督船未进口。潘子欣妹倩自东瀛归,偕七叔同舟共济。”

六日(1905年12月31日) 买船票太古顺天。傍晚一壶春品茗,凭栏闲眺,车水马龙,联翩驰骋。

是日稿本载:“天气较冷。提督船尚未进口,知太古之顺天后日出口,即写定舱票。”

七日(1906年1月1日) 峭寒特甚,为西历元日。饭毕,游览歇浦,杏花楼小酌。寄龙溪信。得家信、陶心丈、立群弟信。

八日(1906年1月2日) 杏花楼晚酌。唐人句“绿蚁新醅酒,红泥小火炉”,情景颇合。

九日(1906年1月3日) 杏楼小饮,莲阁品茗。子正率森儿启程。夜微雨。

十日(1906年1月4日) 清晨念兄来,余熟睡,未及话别。巳初起椗,海不扬波。

十一日(1906年1月5日) 过太平洋,夜半抵威海,停驶。

是日稿本载:“舟中无聊,秉烛卧看《水浒传》消遣。”

十二日(1906年1月6日) 黎明展轮,午刻至烟台卸货。

十三日(1906年1月7日) 未刻向秦皇岛进发,夜半到下椗,俟天明泊岸。此行风日和暖,波浪不惊,几忘为隆冬航海。

十四日(1906年1月8日) 四更起,澣漱毕,将行李点交中和栈夥。挈森儿步行至栈,仅三里许。手提零件,颇觉吁喘。部署毕,已午正,不及津,即权宿一宵。用膳毕,偕森儿策蹇巡行海滨,历览街市,诸凡草创,烟馆、妓寮已有多处。

是日稿本载:“此番托带物多,计卅馀件,自泊舟至栈,水脚每件三角,明日自栈至车站,一应尚须转折也。”

望日(1906年1月9日) 朔风震屋,奇寒贬【砭】骨。辨色即兴,附矿局火车至汤河,候关外来车,须臾即至,人货拥挤,非常局促。九时开行,黄昏后到京。大姊正切盼望,相见甚慰。知仲彝已赴鄂禀到。是日风雪交加,生平未经此严冷,及抵京而和暖如南,尚未得雪,间数百里,阴晴已变。秦辛揆、江俊侯同寓。

十六日(1906年1月10日) 安顿行装。吴季荃同年来。

十七日(1906年1月11日) 发家信、七叔、韶侄、味泉信。荃侄来。

十八日(1906年1月12日) 大风。森随大姊贺伯葵[①]升任总宪。寄念先信。

十九日(1906年1月13日) 锐庭内阮来。

---

① 陆宝忠(1850—1908),字伯葵,号定生、峰石,江苏太仓人。光绪二年(1876)进士,先后授庶吉士、编修等职,历任湖南督学使、少詹事、内阁学士兼礼部侍郎、兵部右侍郎、顺天学政、礼部尚书等职。是清末负有才能清誉的官员,在中国教育史上亦有一席之位。

廿日(1906年1月14日) 铁仲出所藏书画,招毓子坤宗室、曹君直[①]同品评。寄家信及龙溪信。

廿一日(1906年1月15日) 义兴昌皮局邀饮琼林。访陈静斋,未遇,正号小坐。杏衢[②]来。

廿二日(1906年1月16日) 大风。

廿三日(1906年1月17日) 傍晚,霏雪片刻。容易光阴,今又是醉司命日矣。

廿四日(1906年1月18日) 竟夕大雪,衾寒瑟缩,懒于早起。朱寿丞来,始知已交午刻。匆匆推被,世界铺银,别饶兴趣。晚沽酒消寒,约荃侄来叙。

廿五日(1906年1月19日) 龙溪信来,知慈闱初六日安抵厦门,小住一天,初八进署。风平浪静,足纾孺慕。

廿六日(1906年1月20日) 至蔚老寓,至正号。归,率森儿赴伯荃之约。

廿七日(1906年1月21日) 彻夜大雪,寒甚,滴水即凝,拥衾晚起。

---

① 曹元忠(1865—1923),字夔一,号君直、凌波居士,江苏吴县人,晚清著名藏书家、校勘学家。

② 秦曾潞,字彦俦,号杏衢,上海嘉定人,光绪二十四年(1898)进士,翰林院庶吉士,散馆授编修,曾任法律馆译书处校理官。

廿八日(1906年1月22日) 锐庭来。得家信、韶侄信、森儿致戴师贺信。

廿九日(1906年1月23日) 阴雨,尚有雪意。孙子钧吏部、秦杏衢编修、朱寿丞来。

除夕(1906年1月24日) 同寓诸人偕至升平园洗澡,去旧染之汙,发新来之运。归时六街灯火,爆竹喧阗矣。轶甥开筵,畅饮尽欢。

丙午正月

元日(1906年1月25日) 天朗气清,惠风和畅,承平景象,心旷神怡。

二日(1906年1月26日) 出门贺岁,雨雪载途。

三日(1906年1月27日) 游厂甸,红男绿女,毂击肩摩。晴。

是日稿本载:"游琉璃厂,红男绿女,罗列耍货,光怪陆离,较家乡之玄妙观热闹更甚。赢升官钱十千。"

四日(1906年1月28日) 携森儿偕同寓诸君至宝记合拍一照,顺道游厂。

五日(1906年1月29日) 森随大姊至陆宅贺年,傍晚归。

六日(1906年1月30日) 饭毕,率森儿游厂甸即归。

人日(1906年1月31日) 寄家书。

八日(1906年2月1日) 荃侄来同游厂甸,见蒙古福晋服饰,诡异。

九日(1906年2月2日) 江苏馆应凤石尚书之招,例行春讌,所以联乡谊也。

十日(1906年2月3日) 莘耕招饮醉琼林,主人好饮,意兴甚豪,醺醺而归。

十一日(1906年2月4日) 杏衢等招饮长吴馆,流连继烛,余先辞归。

十二日(1906年2月5日) 立春。寄念先信。午后寓所后街松姓火,烟焰冲天,一时馀扑灭,系小孩燃花炮肇祸,毁去房屋六间。

十三日(1906年2月6日) 同寓公备花炮,即荥阳家厨开筵,以赏灯节。

十四日(1906年2月7日) 游白云观即元之长春宫,主持高道士为李莲英义父,势焰煊赫云[①]。晚应顾康民侍郎之招。步归。

元宵(1906年2月8日) 大栅栏看灯,车马阗衢,士女载道,忘其劫火之馀。

是日稿本载:"大栅栏看灯,人山人海,以瑞蚨祥铺为最胜,直忘是处庚子年之劫炬矣。"

---

① 参孔祥吉、村田雄二郎《日本机密档案中的白云观与高道士》,文载《福建论坛(人文社会科学版)》2011年第1期。

十六日(1906年2月9日)　月蚀。看灯，致美小酌。俊侯迁住江苏旅学馆，充庶务之职。

十七日(1906年2月10日)　森至琉璃厂买书。得家信，知七叔将来。

十八日(1906年2月11日)　轶仲同至长吴馆，蔚若阁学之招也。晚归。

十九日(1906年2月12日)　偕辛揆游白云观，遇颖芝、棣威、伯荃。寄家信。

二十日(1906年2月13日)　为森儿就学事至湘学堂，学额已足，新章：他省人不能入肄。虽吾浙开办在即，路途较远，往还不便，森又初出远游，言语尚未通晓。该处轶仲大郎家垤同学，可互照顾。晤提调蔡大令斗南[①]，议援附学之例，订明日到堂。正夜膳，轶仲夫人将分娩，十一钟五分，举一雄，大小平安，同为欣慰。大姊苦节热肠之报也。得植庭函，托验看事。

二十一日(1906年2月14日)　辰刻，森儿入湘学堂，先缴学费半年，贴膳两月每日一餐、操衣等费洋二十八圆。今日先由教习考试，然后再定班次。论题《两汉多循吏》。午后小雪，夜半止。

二十二日(1906年2月15日)　森儿于学堂列高等小学甲班第一，明日授功课。荃侄来。大风尘上。

---

①　蔡传奎(1872—1924)，字斗南，湖南湘潭人。清光绪二十九年(1903)举人，官邮传部主事，入民国官交通部佥事。

二十三日(1906年2月16日) 赴部投供状，补腊月之期。封印停公。至升平洗澡，途遇铁仲，同车而归。俊侯来。寄味泉信。

二十四日(1906年2月17日) 投供。绕道至邹紫东右丞暨荃侄寓，吏部堂榜遇缺先一项，除此月选用外，计：傅鸿诏近；二月用、张裕藻差；又、杨沂近；又、李淑民；又、张炳文、王鉴衡近、卫天爵、陈守谦、高铭金、朱槐之、马骏声、万硕型、李煜、张序。

二十五日(1906年2月18日) 星期学堂通例停课。寄家信。复植庭信。天阴甚寒，夜大雪。伯葵总宪擢署宗伯往贺之。

二十六日(1906年2月19日) 雨水。铁仲第三子生将及期，妪辈饲以桂圆，核哽咽不能出，施治不及，竟殇，惨哉！事已如此，庸妄人亦无如之何。苕孙、荃侄闻信来视。知七叔已抵津，勾留婿家，约月杪到京。天阴仍寒，尚有雪意。

二十七日(1906年2月20日) 吴颖芝太史招谳于其寓，主人雅善烹调，肴馔精洁，且多南味。傍晚散学之时，顺道至湘学堂，森儿、德官同车而归。邢培芝来，未晤。是日晴。耿伯斋[①]农部来，贻石印照片，题诗甚佳，兹录之："尔非是我我非尔，惟我与尔何相似。我即是尔尔即我，我何劳劳尔何惰。我常对客话寒暄，尔顾默默无一言。我常恶醉而强酒，尔则涓滴不入口。有靦面目无闻知，神情非复少年时。少壮不能早努力，忽忽年华越半百。人海丛中久漂泊，犹思道出留鸿迹。我或诣人人未归，尔其留待接光仪。我或怀人千里遥，

---

① 耿道冲(1854—1932)，字伯斋，江苏松江人，清光绪十一年(1885)拔贡生，历任户部员外郎、廉俸司司长。工诗词，善草书。辛亥革命后辞官归里，主持“松风诗社”，著有《炊萸子集》。

尔为奔走毋辞劳。人或爱尔将纱笼,我与有荣亦尔功。人或恶尔投诸厕,尔自逐臭岂我事。莫爱莫恶置闲散,尔仍自保本成面。我生无分图凌烟,又无文字堪流传。仗尔化身百亿为飞仙,从使天下万世咸识我齐贤。”

二十八日(1906 年 2 月 21 日)　旅舍甚闲,偕辛揆宾宴品茗,遇荃侄御者,知七叔已到。学堂课题《邪说诬民甚于洪水猛兽说》,森记九十分。

二十九日(1906 年 2 月 22 日)　赴部投供状。遇七叔,同车至寓,作竟日谈。夜雪。

二　月

初一日(1906 年 2 月 23 日)　投供。至汪水部范卿寓贺六旬寿、陆总宪伯葵寓贺署宗伯。寄家信并森儿照片,寄龙溪信。天晴。

初二日(1906 年 2 月 24 日)　自岁杪迄今遍体奇痒,抓无完肤。询诸知医者,谓血热所致,服药不效。昨换袒衣,虱不胜扪,恍悟幺么作恶。初以怯寒,和衣睡者月馀,受苦不觉。所以西人之论一星期勤易数次,于卫生甚有关涉也。益笑华人之于脉理真是捕风捉影。汪范老来谢。

初三日(1906 年 2 月 25 日)　森儿以星期停课,挈之宾宴品茗,藏修息游也。

初四日(1906 年 2 月 26 日)　辛揆同赴中和听戏,致美小酌。昨森儿学堂课题问题是:孝是不孝反面,如何说便非蛮反。记六十分。朱寿丞来。

初五日(1906 年 2 月 27 日) 寄韶九侄信。所阅《华字汇报》,正月分付送报人携去装订成册。森腿酸,暂停体操,未纯熟故也。

初六日(1906 年 2 月 28 日) 铁甥约同往松树胡同看房屋,旧寓房主欲自用,无如所看之处低陋特甚,殊不适宜。都中比来人烟日密,房价亦增,欲如现住之屋敞租廉,诚非易耳。饭毕,正拟往谒七叔而适来,纵谈至二鼓而归。得润泉信,知择吉二十日悬牌。见葵初致铁仲信,知希实夫妇均赴龙溪署中,则慈亲多陪侍之人,足伴岑寂,为之一慰。

初七日(1906 年 3 月 1 日) 见适恽氏侄女致大姊信,知祥侄旋里纳妾,不待期满服除,背礼之举,为之气懑。不审梦哥何任其胡乱如是?森学堂课作《论忠臣》,记九十分。灯下作书寄苏姬。义兴昌皮局为制狐嵌洋灰鼠外褂成,续制青种羊马褂一袭,比来此皮价极贵。

初八日(1906 年 3 月 2 日) 蔚若阁学、范卿水部来寓手谈。铁仲出旧藏书画品评。潘氏吴中望族,历世风雅,如三松老人、西圃居士大名鼎鼎者也。所收藏均绝精妙。蔚老精鉴,人品高洁,书法冠绝京华。阅各件中,《香光墨迹长卷》为文敏经意之作,杂临诸家,起钟太傅迄苏文忠。向为高江村藏,三松以重值得之,潘氏六叶世守矣,洵非旧家不能出此。余所见董书,此叹观止矣。徐高士画册十二页,图吴中名胜,晚年经意之作也。每页有题识,录之备它日登临参考焉。韶九来信,得巡查差。大风。

上沙在太平、灵岩之间,其地最胜,多高林、古藤、苍松、翠竹,与山家村店相掩映,真画图也。一涧潺潺水,周屋六时。雨既过,则奔流激注如雷鸣。涧之所出,自为一村,余草堂在焉。轩窗四启,群峦如拱,空翠扑人,朝霏夕霭,可卧而游,又不假少文画图矣。

吴中诸山,唯竺坞多幽深之致。一入坞中,迥然绝尘,山鸟山花,若与世隔。昔文文肃公筑庐于此,亭馆泉石,标奇领异。中则有钓矶石,屋外则湘云渡、仙掌峰,而石桥跨于涧上,石幢峙于波心。此又招提之盛概矣。

云岩固吴山之巨丽也,一登涵空之阁,陟琴台之巅,多奇石,多古迹,骚人凭吊,资其风雅。山游士女,咨为故实。每当岁寒,积雪尤为奇胜,琼林玉树,与琳宫瑶馆争晶莹于碧霄翠霭间,恍疑洞天上界也。

天平泉石之胜,甲于吴山。自陟山麓而上龙山,两石夹立,中通一径,而老树苍藤,每于峭壁危峰之上,扶疏荫覆,使游人步步可以憩息。而最胜者莲花洞也,其蹊径之屈曲,竹树葱蔚,诚有所谓"善画者莫能图"也。

华山为吴山最胜,自初地登峰顶,鸟道屈曲,崖树交柯,绿荫覆道。昔赵凡夫、朱白民两隐君为山灵一开生面。凡夫有摩崖大书,白民凿一巨石为接引像,至今犹标胜山中云。天池在华山之幽,四面皆石壁,巉岩崭巇,群峭摩天,中汇一池。遥望绝壁,四围苍翠,树石参天,谷鸟翔鸣,溪山悄然,真殊境也。

七十二峰若在潭山之麓,背山面湖,一望而七十二峰之胜,尽在目矣。至若烟雨空濛,波涛澎湃,咫尺千里,正如鱼龙变怪,倏忽出没,不可方物,每游必尽其奇,吾不能为形容也。过虎山桥,为龟山。龟山麓直接平堤,夹岸榆柳,遥望水面有物如螺,浮庙墩也。长虹飘渺如线,桐坑桥也。每风恬浪息,湖光如镜,则孤帆出于天末,远山浮于波面,一览于此,真移我情矣。

阳山之巅多巨石,此则两岸对峙如阙,故名箭阙。箭阙之上有浴日亭,东则有望海观日出,西则俯太湖观落照,此浴日之所由名也。余向年隐居于此,尝见云海之胜,一世界无非白云,变态万状,真幻观也。

阳山为一郡之镇，亦称四飞山。山之半有支公道场古文殊寺。寺前有台，上即长云峰也。拔地数丈，雄伟磅礴。石罅中多杂树，丹黄紫翠，四时不凋，以掩映于苍崖碧巘间，亦奇矣。山不得水则不雄，若虎山桥在二堰间，戀翠浮空，波光极目。一石梁跨之，正如长虹夭矫，横亘碧落。而梵宇临于山巅，一从登眺，不复知此身之在尘世矣。

吴三山唯立墓最奇，翠壁面湖，又以梅花为香国，山溪水崖，无非梅者。今圣恩巨刹，金碧照耀，与虎山争胜，亦诸方罕俪也。右皆西山胜景。

初九日（1906 年 3 月 3 日） 春寒特甚，明日上丁释菜。又值星期停课，森儿上两课，饭毕，即散学。灯时起风。

初十日（1906 年 3 月 4 日） 风狂似虎，尘沙障空，入夜更甚。携辛揆同谒七叔长谭。上灯归。

十一日（1906 年 3 月 5 日） 大风，黄昏时息，甚寒。得戴师信。余自己丑入都，饮高粱过多，至患便血，淹缠多载。壬寅夏便泄，日五十馀次者月馀，肛门脱出几殆。服药无功，吸鸦片而血亦同愈，因之而素所深恶之物，致不敢去，不知如何。近日便又见红，近日尤甚，抑北地高燥所致耶？亟购服脏连丸。

花朝（1906 年 3 月 6 日） 惊蛰。饭罢，步至大街，雇东洋车，升平园洗澡，迟轶仲，傍晚始到，同至醉琼林。轶与辛揆作东道，高朋满座，酒兴甚豪。余因便血，涓滴不敢入口。覆戴师信。今日大便下血仍多。天气稍暖，归途月明如昼。

十三日（1906 年 3 月 7 日） 晚应同源银号惠丰堂之招。寄家信。久未得南音，驰思綦切也。义兴昌为制青种羊马褂成，此衣珠圈极细,色亦匀,计价京松平百二十两,若在南中,非双柏不办。昨学堂课题《孟子见梁惠王》,森记八十分。

十四日(1906年3月8日) 贾孟文、汪苕生来寓看竹。《华字汇报》装成,旅邸无事,举其关系时事者编目册叶,似易了然。学堂课《孟子》中正喻最多,试除讲义外条举以答。森得八十分,又问史事十条对六,得七十五分,因用笔好,加十分。

望日(1906年3月9日) 七叔、荃侄来,招苕生来弹雀。森儿学堂课记八十五分,题《"权也"义》。朱寿丞即日南旋,托带归蘑菇、杏仁一包。报载江西又起交涉巨案:南昌法国教士衔怨邑令,赚至教堂,出条约要挟签押,邑令被逼自刎,教士遂剚刃其腹,激成民怒,将教堂焚毁,杀毙教士,波及邻近耶稣堂,并伤英人。吁!愚民激于义愤暴动,上贻宵旰之忧。所望当轴者调停得宜,若再事敷衍,动以赔款了结,不严订恃外肆横约章,它日仇杀愈深,积不能遏,地方官吏更左右为难矣。《汉报》载日本要路一览,录之以备东游:自上海至横滨游船价二等卅馀圆、三等十馀圆。横滨至东京火车上等九角、并等三角。东京每月房饭约十馀圆。上海招待处中国公嘱村学堂王培孙、湖北特设国民丛书社王慕陶招呼上船兑钱一切。东京招待处:清国留学生会馆,或由上海招待处函知,或由船抵长崎时自行函知。日会馆同人亲至横湾招待,招待员盘费均由该员自理一切妥当,除学陆军外,不要官文。

既望日(1906年3月10) 轶仲同游小市。晚至惠丰堂,正号之约也。

十七日(1906年3月11日) 星期学堂停课,森儿随大姊游护国寺。荃侄宴余于其寓。得味泉信。锐庭内阮来。今日京师维新志士潘宗礼开追悼会。通州人，愤宗邦之积弱，蹈海而死，遗有《变法自强章程》十四则，事实具详各报。到者不少，梨园则假湖广馆演戏三天，名角齐集，移助杭州贞文女学经费。驻防惠兴女士所创，限于经费，身殉焉。京师巾帼中慕其义，数日前在陶然亭亦开会追悼之，一时名流题咏，播为美谈。足征民气渐振，苟能上下一心，自惕危亡，力求奋发，未始非补牢之计也。两日天气和煦，春意盎然。

附：潘烈士变法十四则 目：去发辫，改服制；改用阳历；多设电话以省往来之便；减送迎跪拜之礼；颁预算决算表；设会计检察院；设市镇区役所；设培养森林专官；多设译书官局；编小学堂浅易教科书；开游学预备科；多设实业学堂；设女子师范传习所；清查官山、官地、海滩，充学堂经费。

警部批：惠兴女士创立贞文女学堂，经费不支，难偿初愿，竟以身殉，大义凛然，深堪嘉尚。该职员等拟仿各国慈善会办法，开立妇女匡学会，实为筹款接济该女学堂经费起见，事属可行，自应照准。该职务当实心办理，以完惠兴女士未完之志，庶于女学界前途足资裨益。所请演戏三日照准，不得逾限。开会日派捕，妥为弹压可也。

十八日(1906 年 3 月 12 日) 阅时报载有通州罪犯习艺所拟章，酌录数则，以备采择。

估建平方六十间，楼房上下共廿间，应需工料费约洋一万二千元。

估计置备器具费约二千元。

楼房十间，下为管理员住室，罪犯听讲室，及紧要案牍物件储藏室；上为工艺成绩陈列所，楼上之北面东西隅设瞭望所。

罪犯住室四间，皆坚厚砖墙，设小方洞，树铁栅以通空气。东西平屋各七间，略仿天津式，一室分为两区，每区宿犯十人。中为室中通行路，路两旁为每室之出入门。中一间之前一区分半为监察所，半为入口通行路。路前后皆设铁栅，为总关键。东西一律，东为拘禁监,西为惩治监。除去监察所三两区,实住室二十六区,容二百六十人。

工作厂东西平屋各十五间,每五间为一厂,共六厂。厂皆隔以砖墙,设两门以通出入。每厂容三十至六十人,以作工艺器具之大小为差。楼房十间,下为病室、浴室、戒烟及御火器具等处。上为物料储藏所,楼上之南东西隅设瞭望所。

平房八间为厨、厕杂用等所。所内浚井多口。员役须朴实勤慎,不染嗜好。管理须常川住宿。司事一司簿记,一司工料。

巡察勇丁置长一人,统属各丁司住宿室及工厂之锁钥,随时启闭。官长到所,调查司引导各丁至少十馀人,额满时多至二三十人,分班轮值大门、住宿室、工厂瞭望巡更监视杂役等事,各专地段。未落班时,不准暂离。另拨练兵一二棚,护卫所之四周。

教习、伺应夫役、杂役厨厕挑运粗工,以监禁人供役,惟须勇丁监押,厨夫另设。罪犯服饰,日本衣赭,有病灰色。惟惩治监人,本未定有罪名,似可酌用浅蓝。编列字号,务宜洁净。罪犯寝具、用具,住宿室惟置席被,不准堆积它物。饮盥皆有定所,器具不虚抎移。罪犯行止,上落工厂,由巡察勇丁导押,列队成行,宿所不准点火,工作所不准吸烟。罪犯膳食各就工作厂次,不别设会食处。罪犯身体之检查,初入吸鸦片者入戒烟室,限一月戒净,有病者入病室调治。察其身体膂力宜作何项工业,如经费充足,分别酌提存攒,为各犯艺成释出营业之资。

此事为吴颖芝太史奏请饬办,法良意美,民之率而为匪,类多无业游惰者流,若此,亦犹强迫教育也。苟艺成而自食其力,何致作奸犯科哉!诚牧民者当务之急。闻天津章程完备,容再探访。徐君善、孙复生来寓手谈。

附:此事实以警察得力为要。聚群不逞之徒于一所,一不经心,易滋流弊。余意必警察先着成效而后举办,员役司事宜优其工俸,严其稽察,尤以诚朴廉正为急,疏防贿纵,在在堪虞。

十九日(1906年3月13日) 森儿升入中学，监督以其程度较高，俾使鼓励。灯下作家书，命苏姬放足。余志行新政，不得不本身作则也。都中风气大开，朝贵于此端，恰多能祛其顽固。便血不止，脏连丸无效，嘱寄苦参子来。都中无此品，抑命名有异欤？致念先信。

廿日(1906年3月14日) 旅舍无事。辛揆同赴大观楼品茗，遇七叔、荃侄，致美斋小酌。晤邢培之，渠曾患便血，服槐角白蜜炒，晨用开水加糖送下而痊。姑如法试之。

廿一日(1906年3月15日) 轶甥同至前街相宅。得韶九保阳来信，奉本道檄往领饷，不日来京云。求蔚老书屏对。

廿二日(1906年3月16日) 时报载赵次帅定州县收讼费摘录此款作为书役办公：查直隶讼费章程，上户限交判钱八吊，中户六吊，下户四吊，和息之案十吊。奉省民瘠，其讼费一节，尚可商为核定。现拟照直隶定章，各递减二成。若极贫之户，遇有诬告之案，无力交纳，本可援照罚金章程，折为作工，以期并行不悖。至各半交费之文，只可施于和息之案。盖案既和息两造，言归于好，已不愿辨别是非。虽有体者，仍纳半费，亦属甘心。其馀争讼之案，既经官为判断，必有曲直可分，断无两可之理。是在承审者平心研究，不偏不倚，两造自然输服。若因其出于无心，曲予原谅，或以似是而非之理与实在有理者，各半交纳，则以伪乱其真，是非混淆，殊不足服人心而昭平允，自应照定章责令理曲者交纳。

附：奉天兴仁县遵饬办理：一、诬告之案，照上户讼费，酌加五倍，追交被诬之人；一、控追钱债之案，按追出之数，酌提一成，作为讼费。

偕轶甥出城访邢培之，探此月截有几缺。先至正号，适培之亦来，巧极。知有九缺，余或到班，须明晚揭晓。部中办事慎密，非曩时书吏经承，早可漏泄也。琉璃厂下车，周览骨董书肆，步归。韩萃青[1]别驾自保定来现充京畿练兵处文案，留宿焉。

廿三日(1906年3月17日)　连日天气骤暖，晚起风。得家信。南中入春来，雨雪经月，春花受伤。邢培之交示缺单，截有十缺，应选何人候粘序示，须俟明日。所见各缺均未甚佳，且又路远，稍迟铨及为幸。七叔、荃侄来。

廿四日(1906年3月18日)　大风。饭罢，至荃侄寓，灯后归，尘沙扑面。潘斗南[2]来。森儿星期停课。报载南昌教案，误于中丞之示怯，既肇事矣，外部又无力保主权之意，徒知媚外，自固禄位。俄使璞科第劝向海牙万国公会会议，未知梦梦者之人听否欤？所谓是可忍孰不可忍也。又有简专使于罗马，遇事直接教皇磋议之说。

廿五日(1906年3月19日)　邢培之交示序单，幸未次及。其中如山西大宁、陕西米脂、安徽祁门，著名苦瘠；山东之郓城、范县，民情强悍，盗贼繁多，号称难治；贵州则路途险远矣。七叔来，纵谈时局，非立宪难图自强，夜深而归。黄昏后又起大风。

廿六日(1906年3月20日)　韶侄来信，在保定待考法政，如得

---

① 韩云骏(1871—1931)，字邃青，号萃青。江阴南菁书院及苏郡学古堂肄业，光绪二十三年(1897)拔贡。历任直隶州州判、陆军部实缺主事、陆军部承政司典章科科长等职。入民国后，曾任苏州警察厅总务科科长、上海税务总公所所长等职。

② 潘承曜，字日华，号斗南，北京实业学堂专科毕业，部试赏给举人，担任过江苏省议会议员。

与选，二年毕业，可委优缺，薪水月二十金云。刘龙伯[①]舍人来。

廿七日(1906年3月21日) 春分。午后七叔来，约余暨铁仲宾宴茗谈，旅舍亦甚无聊。寄家信，覆韶侄信。

廿八日(1906年3月22日) 连日天气暴暖，忽下大雪，敷面都作黄色，咸诧为奇，实则杂有沙土耳。铁甥新生之郎家骥，小名开官，余为抱薙头焉。七叔、荃侄、苕生来。春寒料峭。

廿九日(1906年3月23日) 刮风，土人云："春雪虽大，麦田无妨，惟继之大风，必致歉收。"七叔来谈，夜分而归。森学堂课作记一百分。

晦日(1906年3月24日) 七叔交来代买《读例存疑》一部，薛云阶[②]大司寇四十年心血所成。价京足纹九两钱，坊间几倍值也。此时纂订新律，奉为蓝本，服官必读之书也。午刻赴吏部验到。

三 月

朔日(1906年3月25日) 投供毕，径出前门，偕同寓诸人三庆园听戏。森儿星期停课，亦与焉。致美小酌。刘龙伯舍人来，约上巳

---

① 刘富槐，字叔声，号龙伯，浙江桐乡人，光绪二十三年(1897)拔贡第一，二十八年举人，为内阁中书，历任京师大学堂、盐务学堂教习，著有《瑟园诗录》《瑟园词录》等。

② 薛允升(1820—1901)，字克猷，号云阶，陕西西安人。进士出身，历任山西按察使、山东布政使、署漕运总督、刑部右侍郎、刑部尚书等职。晚清著名法律学家，廉直大臣，著有《读例存疑》《汉律辑存》《唐明律合编》《薛大司寇遗集》。

修禊。邹紫东[1]右丞来。蔚若阁学邀饮江苏馆，辞之。

二日(1906年3月26日)　七叔、潘筱洲松大令同来。摘录上海罪犯习艺所章程：

改过局改添厂屋四所，一织毛巾，一织线带，一打地毯，一作裁缝。另有制料、纺纱、饭等室。西号为宿舍，能容百人。

朔望上半日停工，由讲生入所宣讲圣谕或劝善书，务以浅近之言，期粗鲁之人均能通晓。但外人不得混进，以慎防范。

入所罪犯，委员问明年岁籍贯，家属现存何人，现住何地址，本人向作何业，详细注册。

备戒烟药，入所知犯如吃食鸦片，察瘾之大小给药，限日戒绝。

所定四项工艺，易于习成，便于行销之物。入所之犯除废疾外，无论押期长短，一律工作，以其性所近，愿习何艺，听其自认。

分习艺、折工两项无业游民。又，无家室者为习艺犯，不论犯事之轻重，必须习成方释。设押期已满而艺尚未成，仍留所学习其本有之手艺。并有家室，偶因犯事入所者为折工犯，入所时先令认定愿入何处，即赴厂工作，押期满日即放。

艺分粗、细、苦三项。毛巾、线带所用之纱，必先纺织成线。地毯所用牛羊毛及棉纱绳线，均须选择，拈推作绳，方能合用。此事最易。编作粗工，令押期较短及甫入所者为之。以包就机织物，打成地毯，并裁缝能剪裁成衣者，编为细工，令学业较深者为之。以煮饭、洗濯、打扫、除秽等事，编为苦工，凡怠于工作、有意犯规、怙恶不悛、屡次犯事者充当示惩。

每厂外雇教习一名，所有该厂作工各犯归其管束。

每厂设大粉牌一，上书作工各犯姓名，每日由教习以各作工多

---

① 邹嘉来，字孟芳，又字紫东，号遗盦，江苏吴县人，光绪十二年进士，历任外务部右参议、左参议、尚书。辛亥革命后任袁世凯内阁弼德院院长。

少，于本人名下一一记载，每晚送由管理司事另登考工簿，比较优劣。

每犯工作一月内所出之货，按时估值，计除去物料成本外，可得售价余利二千文者为十分。逾额者提给馀利六成，九十分者提给五成，七六分者提给二成，不及三分者不提。如系有意怠玩，应令罚充苦工，以示惩儆。如因病停工致短分数者，仍提给五成。

所犯如能勤于工作，成绩精良者，除应分售价馀利外，三节另给犒赏，以示优异。

教习除工食由县捐给外，如所管各犯内核计每月作工可得售价馀利二千文者，即就馀利内提给一成有十八，满二千文者提给二成，以资奖励。

各犯分得馀利，仍由账房代存，积至五元六钱起息，限满释放时，本利悉数算还，庶其资本有着，得自谋生。本犯如欲添置衣履，准向账房支取。

上巳日(1906年3月27日)　修禊于黑窑厂之龙爪槐，宋时兴诚寺故址，旧有龙爪槐一株，三百馀年物也，因以名地，而寺名转隐。庚子之乱燬焉，陈京兆璧[①]修葺之，为游讌之所，与陶然亭对峙，水木清华，鸥凫翔泳，颇有水乡风景。到者为同寓二人及刘舍人龙伯、汪孝廉茗生、贾水部孟文、江舍人隽侯、陶厚斋秋曹勤肃之孙、七叔，竟日而散。得根香、韶九信。

四日(1906年3月28日)　天阴。译艺女学堂考验学生，荥阳大女入肄焉，从此风气大开，文明进步，输及女界，胎教母教，强种强

---

① 陈璧(1852—1928)，字玉苍，晚号苏斋，福建侯官人。光绪三年(1877)进士及第。历任内阁中书、御史、大仆寺少卿、顺天知府、户部侍郎、邮电部尚书兼参预政务大臣等职。著有《望岩堂奏稿》。

国,我华痼疾渐辟矣。刘翰臣①、江隽侯②来。

五日(1906年3月29日) 风沙弥天。得味泉信。

六日(1906年3月30日) 于筱松招饮,春风似虎,深居简出,辞焉。

七日(1906年3月31日) 尚睡未起,七叔来商,伯荃昨夜赴谯,归途有洋车横冲疾驰,撞伤胸际,当时昏扑,今晨咯血,两腕隐痛甚剧。拟延医治邀,静斋介绍日本川田德三郎为诊,据云伤膜,尚无大碍。并偕辛揆至龙伯处,约其按脉,进和营通络之剂。复同出城视杏衢之郎,病正在危急。余先步归,觉甚惫。

八日(1906年4月1日) 七叔来,知荃侄手痛略止,可无妨碍。韩萃青、米③莘畊、吴锐庭来。寄味泉信、韶九信。戌刻大风。

九日(1906年4月2日) 风势仍猛。七叔来。

十日(1906年4月3日) 刘龙伯来。天瑞成荷包店樊姓谈:其家苏州,前月初十日风沙昼晦,对面不辨,车辙尽迷,午至次日巳始息。北谚"春多大风,夏多大雨",识之试验。

---

① 刘启瑞(1878—?),字翰臣,号韩斋。江苏宝应人。光绪二十九年(1903)举人,次年进士,官内阁中书、内阁侍读学士。入民国后,弃官归隐。是近代著名藏书家。

② 江保传,字隽侯,曾任清政府军机章京。

③ 原稿作"米",疑为"朱"字笔误。

十一日(1906年4月4日) 至琉璃厂买译学馆新编《本朝史讲义》、《笔算数学》、《周礼政要》、毛笔、习画帖等付森儿,回寓用膳。隽侯、莘青来。森儿列中学加缴学费连书籍,计十九洋。

十二日(1906年4月5日) 折叠冬裘贮箱,颇疲惫。腰腿酸楚,便血之效果邪?抑精力之渐衰邪?戴师来信。

十三日(1906年4月6日) 清明。得家信,知九曲先陇被窃树株,已将坟丁撤换,兹暂由村人照看云。并寄到苦参子。七叔来。森儿节假一天,具学堂证愿书,邀轶仲作证人。

十四日(1906年4月7日) 风,交午息。七叔、荃侄来,遂与辛揆同游法源寺,唐之悯忠寺,贞观时建殿,后为悯忠台,丛葬征高丽死绥骸骨。明为崇福寺,雍正朝发帑重修,赐藏经,改今名。琳宫绀宇,金碧照耀,松柏蓊郁,有白皮松两株,前代物也。"霜皮溜雨四十围,黛色参天二千尺",此其是已。丁香牡丹尤盛,花时游人如织,都中传为胜迹。古碑甚多,惜漫坏。石晋天福时,经幢已断,字法酷似褚河南,惟史思明之宝幢铭完好苏灵芝书。禅房寂静,花木幽深,僧侣无文,辜此名刹耳。纡道至宾宴品茗,遇潘筱洲大令,同赴致美沽醉,复游北里而归。得苹洲、润泉信①。

望日(1906年4月8日) 得韶侄信。晚应隽侯醉琼林之招。

既望(1906年4月9日) 贺颖芝放潮州遗缺府之喜。回寓饭罢,偕辛揆登城春眺。寄家信,覆戴师及韶侄信。

---

① 此日页眉载:"元锢文信国即此寺。"

十七日(1906年4月10日)　旅邸无聊，春风倦人，午梦回时，儿童散学矣。纪文达句“选人岁月已消磨”，尝此况味，足减雄心。

十八日(1906年4月11日)　暖甚。为张子馨书墓碣两纸。寓主人以榆荚和麦粉作点心，别饶风味，南中无此食品，即榆钱是也。森儿散学归，今日修身讲义述文文山对博啰等语，辞义慷慨，知其不可而为，忠义之气，至死不磨，读之不禁出涕，甚矣，其感人深焉。晚知张子贻观察勤果公子作古，都寓新由南韶连道移雷、琼，此番入觐也，其季弟端瑾及岁送引，特用主事，朝廷优恤勋裔，恩遇稠叠，其可不图报涓埃哉！子贻郎甫弱冠，又将袭爵。

十九日(1906年4月12日)　饭罢偕辛揆、轶仲同游东安市场，近年所新辟者，货物陈列，士女骈集。顺路至隆福寺，遇于小宋，偕至附近之福全馆小酌。

廿日(1906年4月13日)　寓中无事，将各报所载论说之关系时事者朱笔标记，较易醒目。报登乌里雅苏台于上月晦地震，裂陷十数里之长，宽约八九丈，或黑水无底，或水底露石，人民伤毁甚多，自来未有之奇灾也。厦门亦于月初一日连震四次云。

廿一日(1906年4月14日)　饭毕，辛揆同至嘉兴馆，迟龙伯到，约陶厚斋，同步游陶然亭，有辽寿昌五年白石经幢，完好无损，访古留连，书生结习而已。七叔、锐庭来，未晤。韶侄来信，代友求书件。荥阳大嫒入译艺女校肄业焉。轶甥调商部，为之一喜。闻一年期满，奏留提升主事，此较他署为优，月入亦丰，迁擢亦易。

廿二日(1906年4月15日)　偶翻寓所架上书，见有冬瓜熬汁可治血淋，云冬瓜食品常用，性平和养血。余便血未止，当俟其上市时试服之。又，患失眠者临卧以右掌贴胃脘上，胃得热气，血液流行，灌输于脑，几分钟时便得酣睡。二法均平易，颇有至理。

三日(1906年4月16日) 晨，约辛揆至琉璃厂买书。归不逾时，雷声隐隐，未几，黑云密布，风起雨随，有飞沙走石之势。饭毕，开霁，依然春光明媚矣。湘学堂定廿五日举行期考，停课两天，森假归，温习所受各门教科。

廿四日(1906年4月17日) 午后，至荃侄寓谒七叔，同车访邢培芝，遇诸途，立谈片刻。访潘筱洲，未晤。至吏部，知是月知县合上月扣留，告近四缺，共十二缺，其间近省即用者五。余现列第三，大约出月总可到班。得味泉信。

廿五日(1906年4月18日) 森儿黎明应学堂期考试英文、东文、史学。饭后，赴丰泰照相，拟将照片付铅印，一面印名号、籍贯，西人名片式也。辛揆同至宾宴楼品茶。寄韶九信。

廿六日(1906年4月19日) 湘学堂考试算学、理化、国文《春秋用世卿战国用客卿论》、《蔺相如下廉颇论》。饭后，辛揆同至苏学堂，约隽侯游崇效寺，丁香盛开。阁下一株，王渔洋、朱竹垞手植，翁覃溪有《记》。牡丹数十本，含苞未花，有间色及绿、黄、墨、白、赤各种，非近今物也。寺为唐刘济舍宅所建，壁间有唐王仲堪贞元时人墓志，康熙时出土。索观《红杏青松图》。卷为洪承畴部将某作。松山之役，承畴败降，某披薙兹寺，图之命意指杏山、松山焉。僧侣以庚子乱时为无锡杨寿枢所攫答，不获寓目，藉资考证，不胜怅惋。寺亦颓废，安得有力者舍金修葺之，以存胜迹。牡丹开时，尚拟载酒往游。轶甥同去看屋，庭院宽敞，房廊屈曲，惜散漫无归宿住家，不适于用，租金异常昂贵，作为罢论。

廿七日(1906年4月20日)　阴,饭后谒七叔,杏衢亦至,常【长】谈至暮。辛揆散衙,同车而归。寄闽、苏两信,挂号去。湘学堂期考毕,试舆地、经学、图画。明日放假,后日星期,均停课。

廿八日(1906年4月21日)　谷雨。往荃侄寓,知偕七叔出城听戏,未晤。昨为耶稣难日。

廿九日(1906年4月22日)　阴,大风。刘龙伯、潘斗南、吴锐庭来。竟日不吸烟,一无所苦,始信尚未成瘾。今日始立志戒绝之。

三十日(1906年4月23日)　七叔来,同赴吏部投供毕,应刘龙伯舍人斌升楼之约。便血止,倘能截然,幸甚幸甚!

四　月

朔日(1906年4月24日)　赴吏部,见堂榜列余前者添到二名李庆恩、陈秉衡。回寓用膳。为同源写牌号两纸。报载意大利国火山喷爆,房屋、人民伤不计数。彼国两千年前曾罹此奇灾。

二日(1906年4月25日)　晨起果腹。辛揆同载,赴崇效寺探牡丹花信,春寒较迟,与僧侣约期十三日,即其香积厨,安排蔬肴谳赏之。至荃侄寓,遇朱象甫竹石方伯郎,来京分部。长谈,饭罢,七叔、荃侄同观大学堂大运动会,鼍鼓声逢,龙旂影耀,各式竞走,大可振懦。本京各学堂均列队而来,导以军乐,步伐整齐。来宾非持入场券不得入,更寂静无哗。尚武精神,于吾国之前途文明之先导者,将于此觇之矣。森儿以学生亦与焉。

三日(1906年4月26日)　仍至荃寓,约齐诸位赴运动会场。

是日为特别大会，西宾到者不少，诚盛事也。危坐终日，腰背为痛。归寓，晚膳毕即睡。大风。

四日（1906 年 4 月 27 日） 寄家书。潘斗南来，年少勤学，佳子弟也。今日略觉喉痛。北地高燥所致。

五日（1906 年 4 月 28 日） 得家书，附来苹洲、根香信，得戴师信。

六日（1906 年 4 月 29 日） 森儿因星期停课，挈之赴升平园洗澡。凡人必常清洁其体，衵衣尤须勤易，卫生极有关系西医发明之理焉。学生须使有活泼之机，终日伏案，最耗脑力。每日须闲两小时，鼓荡天机，最宜旷阔之所，吸清气为多，得花草精神尤妙。连日喉痛，时作时止，今复牙痛。北地风燥日烈，南人不甚相习。凉药如鲜芦根、茅根又不易得之。锐庭内阮来。

七日（1906 年 4 月 30 日） 七叔来。

八日（1906 年 5 月 1 日） 杏衢招饮醉琼林。患头痛，辞焉。

九日（1906 年 5 月 2 日） 七叔回南，送之车站。二点十分钟开行。荃侄、辛揆同至宴宾茗谈。归，顺道琉璃厂买书。

十日（1906 年 5 月 3 日） 寄韶九信。轶仲招饮醉琼林。在寓看报，迁延未赴。自汴来候选，来谈。

十一日（1906 年 5 月 4 日） 酉刻，雷声隆隆，云浓泼墨，势将倾盆，须臾仅洒数点，依然天空月出矣。森儿学堂课题《汉高祖赦季布斩丁公论》。

十二日(1906年5月5日)　薄暮,偕辛揆顺天时报馆印西式名片,反面印己照相,备千里怀人、寄声无恙之用。

十三日(1906年5月6日)　崇效寺赏牡丹,置谯,会者刘龙伯、贾孟文、江隽侯、汪茗生、王毓才及同寓诸人,僧人出示其祖师《训鸡图》,始知寺建于贞观中,因其地宜枣,名枣花寺,宋改名崇效,圣祖曾临幸焉。题咏虽多,殊鲜当意者。循吴俗秤人,余重一百又六斤,森儿六十六斤。

十四日(1906年5月7日)　寄苹洲、念先信。

望日(1906年5月8日)　为锐庭写折扇。荃侄来,知得葵初信,梦哥被控离任,大致委员家丁贻误,用人之难若是。

十七日(1906年5月10日)　寄韶九信。饭毕,辛揆同往听戏,到园始知停唱,因至宾宴,遇韩萃青。昨密雨,未申之间开霁,凉甚,可御两绵。今仍凉,晚又雨。

十八日(1906年5月11日)　竟日阴雨,较前日更凉。

十九日(1906年5与12日)　铁甥同至石虎胡同看屋,虽尚适用,而闲房既多,租价甚昂,颇非易易。余于荃侄寓留膳而归。

廿日(1906年5月13日)　锐庭、荃侄来,代味泉售去梅道人《渔隐图》一帧,曹君直以秦关相易,今先交五十金,将画携去。为萃青写扇,笔墨久芜,腕生荆棘。

廿一日(1906年5月14日) 得家信。

廿二日(1906年5月15日) 至正号晤静斋。黄昏雷电,阵雨即止。午夜大风。

廿三日(1906年5月16日) 孙子钧铨部函知余已到班,邢佩之亦来,嘱明日清晨赴部,验到过堂。乃黄昏,忽又来属不必去,是月九缺遇缺先用五,竟列入一未投供者,将余挤去。吏部自裁书吏动曰舜文美弊,不知此辈司员本系腐儒,一旦得志,贪狡更甚。故今年选单时有错误,安知非有别情耶?

廿四日(1906年5月17日) 辛揆同至庆乐听戏。寄家信、七叔信。

廿五日(1906年5月18日) 枯坐寓斋,岑寂特甚,独至庆乐听戏。

廿六日(1906年5月19日) 轶甥同至广和楼听名角崔灵芝唱《女子爱国》折,为梁巨川侍读所编,颇堪感动痴顽。遇朱慕蘐、程学川嘉府桐乡,均伯荃同年同座焉。义兴昌友袁姓坚约斌升楼便酌。

廿七日(1906年5月20日) 辛揆、森儿偕至广和听戏。

廿八日(1906年5月21日) 刘龙伯来约至光和,荃侄后到,《女子爱国》戏今日演毕。

廿九日(1906年5月22日) 小满。

闰　月

初一日(1906年5月23日)　为铁甥写扇一页。森儿学堂请假一日。

初二日(1906年5月24日)　仲范致铁仲信,知梦哥回将乐本任,风波平息,为之一慰。

初三日(1906年5月25日)　答李敬儒,未晤。天气渐热,旱甚,出门尘沙扑面。

初四日(1905年5月26日)　饭毕,至升平园洗澡。广德楼听新排《惠兴女士兴学身殉》一折。先由北京诸报馆主笔演说,劝立学堂,育人材,国民捐,每至中綮处,拍掌雷动,足见民心未去,民智渐开,中国前途之幸福也。归时阵雨,大栅栏一带车马塞道,泥泞满途。余冒雨走杨梅斜街,始雇得车,衣履尽湿。元侄媳固安来,暂寓其姨姚宅。

初五日(1906年5月27日)　辛揆、斗南、森儿、荥阳子女偕往广德听戏,较昨更挤。晚致美小酌。

初六日(1906年5月28日)　邢培之招饮惠丰堂。秦仲翔无锡人持味泉介绍书,托招呼应考法律学堂事。

初七日(1906年5月29日)　写直幅、楹联各一。得苹洲信。

初八日(1906年5月30日)　答秦仲翔,未晤。张紫东表弟、汪茗生来。得味泉信。

初九日(1906年5月31日) 寄家信,属将夏衣交芷芳侄孙带北,附复味泉信,挂号去。

初十日(1906年6月1日) 大栅栏一游而回,时西风雨点,参半阴晴。

十一日(1906年6月2日) 刘龙伯来,偕至广德听戏。

十二日(1906年6月3日) 施星衢亲家来,以观察指分江苏赴引。

十三日(1906年6月4日) 荃侄来。朱寿丞自南来,说苏地米贵,闾里不靖。

十四日(1906年6月5日) 亢旱,闻近畿一带麦苗尽枯。午后大风。

望日(1906年6月6日) 芒种。写扇一页。答施星衢。寄家信。

既望日(1906年6月7日) 天气闷热,北方旱象已成,兵燹之馀,拟赔偿款,横征暴敛,若再加之天灾,真是民不聊生。南中亦米谷翔贵,盗贼肆行。世变亟亟,衮衮诸公犹然醉梦,可慨也已!

十七日(1906年6月8日) 辛揆同访龙伯,遂偕至荃寓长谭,薄莫【暮】归。

十八日(1906年6月9日) 至荃侄寓,同至洪媛媛家北方南班中之翘楚也。看竹,晚酌,归已更深。秦仲翔来。

十九日(1906年6月10日)　铁仲赁租城外教场五胡同万藕舲尚书故园。午前偕大姊往看,屋舍甚精。申酉之交,似有雨意,霎时间,风起云散,依然杲杲日出矣。

廿日(1906年6月11日)　答紫东表弟、秦仲翔。森儿昨感冒发热,今腹泻,粪黑色,舌苔亦黑,热未退,邀龙伯诊治。天气甚热。

廿一日(1906年6月12日)　辛揆同至松筠庵杨忠愍故宅,有园亭之胜,在谏草堂流连半日,壁嵌石刻二疏稿。森儿今日热解。

廿二日(1906年6月13日)　午后风。森热净,学堂中续假两天。天甚热。

廿三日(1906年6月14日)　曜灵匿影,觉稍凉适。饭罢,升平楼洗澡。

廿四日(1906年6月15日)　辛揆、铁仲同游北里。约杏衢、茗生看竹。

廿五日(1906年6月16日)　铁仲回南,托携归帽合一件。午初,偕辛揆送之车站,顺访汪范老,烈日当空,已如盛夏。森儿昨销假到学堂。

廿六日(1906年6月17日)　黎明雨即止。皇上今日大高殿祈祷。若及早大沛甘霖,尚能播种。北方户鲜盖藏,遇有偏菑,虑易浮动耳。潘斗南来竟日谈。

廿七日(1906 年 6 月 18 日) 晨阴,午后乌云薄布,俄顷即散,热更炽。

廿八日(1906 年 6 月 19 日) 午后似有雨意,风起云散。得念先信两封,久望南云,乡思稍释。入夜风更大。

廿九日(1906 年 6 月 20 日) 至东城,竟日阴云密布,雷声时作,傍晚忽起大风,又被吹散,夜稍凉。

三十日(1906 年 6 月 21 日) 赴部投供,连日似作雨势,今则杳如矣。赵盾行政,可畏哉! 每一出门,黄沙映目。照相铜版铸成,自日本寄到,即前托顺天时报馆者也。

二十八宿砚斋日记

序

旧藏端砚,方广仅寸,纵倍之,石质腴润,作香灰白色,背面鸲眼错落,数应星象,因以名斋。

朔日(1906 年 6 月 22 日) 夏至。赴吏部递互结。代姊氏致轶仲信。

二日(1906 年 6 月 23 日) 至进士馆,访杏衢、苕荪、伯荃,俱晤。升平楼洗澡,归用膳。天气酷热,寒暑表升至百一十二度,仰视长空,毫无雨意,云霓之望切矣。锐庭辞,回南。轶仲津来廿六信,待船羁滞,信亦迟。

三日(1906 年 6 月 24 日)　晨兴,闷热更甚。未刻,阴云四合,狂风号怒,沙飞尘上,天地变色,急雨随至,逾时即止,顿觉凉生,天心其转机耶。致七叔禀。

四日(1906 年 6 月 25 日)　薄晴。昨密雨竟夕,晚稻或及播种,惟尚未霑足耳。

端阳日(1906 年 6 月 26 日)　偕辛揆率森儿至小蓬莱品茗,消磨半日。傍晚归,凉风习习,颇快人意。访杏衢、隽侯,均未晤。夜半大雨。

六日(1906 年 6 月 27 日)　午、未之间,大雨一阵。刘龙伯来。得家信,知佩鹤闽归假住我家。慈亲结伴同归,廿八到沪,日上计可安抵矣。南中雨水过多,阴寒时作,南北两地,炎凉特异。

七日(1906 年 6 月 28 日)　雨。饭罢,辛揆同访龙伯、伯荃,晚归,得家信。

八日(1906 年 6 月 29 日)　轶仲来信,初二抵苏。

九日(1906 年 6 月 30 日)　朱寿丞来,同至广德楼听戏,致美斋小酌。

十日(1906 年 7 月 1 日)　潘斗南来。代大姊致轶甥信。

十一日(1906 年 7 月 2 日)　阴。辛揆同至升平园洗澡,顺道至正祥盛小坐,致美午膳而回。荃侄来。傍晚小雨。

十二日(1906 年 7 月 3 日) 铁仲来信，南中苦雨，阴凉如三月天气。申、酉之交，忽昼暝，雷电风雨一齐并作，杂以雹，如豆大。

十三日(1906 年 7 月 4 日) 二更雨，枕簟凉生。

十四日(1906 年 7 月 5 日) 黎明雷。饭罢写对四幅。

望日(1906 年 7 月 6 日) 昨黄昏时阵雨。晚应荃侄醉琼林之约，归已更深。云合雷鸣，又有雨意。苹洲来信，知初四日慈亲安抵佩鹤申浦小住。今日天气闷热，湘学堂提调蔡斗南舍人送来森儿同学合照相片。

十六日(1906 年 7 月 7 日) 昨就枕，雨即至，琤琮达旦。

十七日(1906 年 7 月 8 日) 小暑。午、未之间，大雨，院中积潦及阶。铁仲回京，芷芳侄孙同来，知佩鹤全家寓我处。

十八日(1906 年 7 月 9 日) 得苏姬及岳叔信。上慈亲禀。寄植庭表兄信，覆托查捐事。又孙景濂心夔表兄信，为催其弟润生归款事，当年系余保荐至镇大钱庄作伙也。晚间同寓诸人醵赀剧饮。

十九日(1906 年 7 月 10 日) 荃侄来，得七叔信，嘱托邢培之报贵州游幕。

二十日(1906 年 7 月 11 日) 夜间闷热。

二十一日(1906 年 7 月 12 日) 汪茗生来。申刻阵雨，片时即止。

二十二日(1906年7月13日) 刘龙伯来,辛揆同问隽侯病。升平园洗浴。荃侄回南,邠如病笃,电促之也。

二十三日(1906年7月14日) 至元侄媳处,才出前门,遇韶九自固安来,遂同至其寓。至邢培之处,正祥盛迟轶仲同至宾宴楼,辛揆、韶九已先到,遇吴寄荃[1]同年昨自蒙古归,随肃邸也。

二十四日(1906年7月15日) 初伏。至韩萃青、秦杏衢寓。法律馆开考。

二十五日(1906年7月16日) 韶侄来,饭罢,偕辛揆、森儿看荷十刹海。竟日阴,归遇小雨,薄暮甚凉。

二十六日(1906年7月17日) 雨。轶仲邀斌升楼晚谯。天气凉甚似中秋,不知又是何处发水。同席孙云裳同年,谈及南中十四日大风雨,平地积潦盈尺,大木为偃,中江侦船、洋房损失尤多云。

二十七日(1906年7月18日) 旅舍无聊,昏闷特甚,独至大栅栏散步,一无聊赖,宾宴小坐而归。拟待月朔见堂榜,如尚有添到占余前者,决作归计矣。

二十八日(1906年7月19日) 阴晴参半,时霏雨点。潘斗

---

① 吴燕绍(1868—1944),字寄荃,号悔迟、固圉叟,江苏吴江人,清光绪二十年(1894)进士,任内阁中书、藩理院主事等职,后执教北京大学,是我国著名史地专家,著有《西藏史大纲》《清代蒙藏回部典汇》。

南来。

二十九日(1906年7月20日) 赴吏部投供,还寓用膳。辛揆同至广和楼听戏。

六 月

朔日(1906年7月21日) 到部递互结,天暑人挤,牌示巳刻点名,迟至正午,司员始来。中国官场事无画一,即此细微,亦见腐败。值列强环伺,衮衮诸公动曰痛除积习,徒托空言,毫无实际,仍是粉饰敷衍,但保禄位,不顾君国。贾生所谓"可痛哭长太息者"也。傍晚,辛揆同出城消遣,致美小酌。初更时阵雨。

初二日(1906年7月22日) 闷热特甚。未刻雨仍不觉凉。贾孟文、秦杏衢、汪茗生、韩萃青来。

初三日(1906年7月23日) 潮闷,晴雨不定,仿佛南方热梅天气。午后,贺孙子钧升郎中,之喜山会馆,访陈俊卿大令绍兴人,名祖培,顺道过杏衢,同至南班看竹,藉此消磨客里光阴耳。寄家信,附上七叔函,并投供单。

初四日(1906年7月24日) 大暑。昨方就枕,大雨如注,至今未止,院中水积没踝。

初五日(1906年7月25日) 正伏。开霁。午后,辛揆同听玉成班戏。临睡时,云合雷鸣,又将大雨。

初六日(1906年7月26日) 昨二更时,阵雨即止。饭罢,倩闽人陈顺龙补蛀牙孔二,便道至正号归,适黄慎来寓,报元侄妇申刻举一雄。吾母得抱曾孙矣,为之一喜,惟痛先公不及见耳。命名曰启汾。

初七日(1906年7月27日)　逛护国寺,较数年前,萧条殊甚,亦见民间生计之蹙矣。先付包车银十两。上月廿三起,月十九金。

初八日(1906年7月28日)　至正号,晤静斋。寄家信,报添丁之喜。

初九日(1906年7月29日)　张景川来。旅舍无事,长日如年。同至小蓬莱消遣半日。隽侯、仲翔来。昨今两日,天甚热,较诸南中伏暑郁蒸,则此间觉凉适矣。

初十日(1906年7月30日)　饭毕,轶仲、辛揆同至南河泡彰仪门外,老屋数椽,四面环水,杂英满院,荷花弥望,槐阴覆地,软红十丈中得此,如服清凉散也。流连半日,归途过工艺局,游览一周。夜半大雷电以风。

十一日(1906年7月31日)　洪庆堂洗澡。

十二日(1906年8月1日)　至韶九侄处,同车回寓用膳。龙伯约游高庙德胜门,登日下第一楼,俯临积水潭,荷芰交横,果木丛茂,大可涤烦荡虑。夕照送红,驱车绕十刹海一周,庆云楼小酌而归。

十三日(1906年8月2日)　夜半大雷雨,不逾时即止。

十四日(1906年8月3日)　无事。

望日(1906年8月4日) 月蚀,末伏。龙伯来。晚应隽侯庆云楼之约,归途人头簇聚,金铁喧呜,盖救护月蚀也。陋俗相沿,抑何可笑!自新学发明地球之理,知旧说之尽谬。西儒之于推算测量,都实验得来,故碻可信。

既望日(1906年8月5日) 拜蔚若阁学夫人五十寿,杏衢、茗荪、斗南、隽侯来手谈,留宿焉。

十七日(1906年8月6日) 仕学馆毕业给凭之期。晨间密雨,待止而往,适终礼毕,不及参观,怅怅而返。竟日阴,甚凉,大有秋意。韶侄来。

十八日(1906年8月7日) 虞渭卿、陈静斋来。政法学堂揭晓,熟人中七得其六。

十九日(1906年8月8日) 立秋。近日凉爽,今稍热,尚可穿一衫。答秦仲翔,未晤。

廿日(1906年8月9日) 独游隆福寺,旅人无聊之极思也。

廿一日(1906年8月10日) 龙伯来,仝至小蓬莱茗谈。晚,阳春居小酌。

廿二日(1906年8月11日) 韶侄来,遂与辛揆同至广德听戏。午后小雨,入夜未已。

廿三日(1906年8月12日) 雨。吏部长班来报,余坐选湖北通城。入夜雨甚。

廿四日(1906 年 8 月 13 日) 辰刻赴吏部,过堂验到。鄂垣距家乡较近,轮泊汽车,水陆俱便。通城首府所属,迎养慈帏,江程平稳,较告近省分,反觉简易。纡道至电局,发报知家中。韶侄寓午膳,归后,大雨如注。得念先信,南方久雨,低田尽淹,米珠薪桂,灾象已成。

廿五日(1906 年 8 月 14 日) 寄家信。镇日时有阵雨,积潦及砌。

廿六日(1906 年 8 月 15 日) 午前,访龙伯,未晤。遂至进士馆,及荃侄寓。申刻,应静斋招饮同源,酒兴甚豪。得家信,即寄覆。得植庭表兄信。

廿七日(1906 年 8 月 16 日) 龙伯招饮庆云楼。酉刻,墨云万叠,紫电四射,阵势猛武,急雨随至,席散,待雨歇,剧谈。归已二鼓。连日大雨泥湿,轨迹极深,车行颠簸特甚。积水深处,几及马腹。

廿八日(1906 年 8 月 17 日) 辰刻,趋赴午门验看,遇同选之陶旭泰,阶平,南昌人,新选济阳。籍隶江西,通城与之连界,得悉其详。据说缺况甚佳。

廿九日(1906 年 8 月 18 日) 至大栅栏,买零物。

三十日(1906 年 8 月 19 日) 赴部投供。铁仲邀游南河泡,挈榼而往,坐地藉草,对酌绿阴丛下,荷风送香,尘襟涤净。到者辛揆、龙伯、隽侯,不速之客王毓才也。

七　月

朔日(1906年8月20日)　至吏部递互结。龙伯、紫东来。

二日(1906年8月21日)　隽侯来。寄闽信。

三日(1906年8月22日)　嘉兴馆访陶厚斋,用膳毕,偕辛揆广德楼听戏。锐庭自南来,于宣武门外途遇之,致美晚酌而归。天气潮闷。

四日(1906年8月23日)　辛揆同至鸿庆堂洗澡。

五日(1906年8月24日)　锐庭内阮来。连日甚热。

六日(1906年8月25日)　用张厨酒筵,即在正号请邢培之及诸号友。

七日(1906年8月26日)　申刻赴颐和园,在宗人府公所住宿。

八日(1906年8月27日)　辰刻引见,两宫御仁寿殿,袁宫保[①]亦是日召见,会议立宪事。荥阳移寓。

九日(1906年8月28日)　大姊五旬正寿。林长班送引见绿头签来。

十日(1906年8月29日)　天气已凉,早晚更甚。湘学堂暑假

① 袁宫保指袁世凯。

后今日上课。

十一日(1906年8月30日) 辰刻赴鸿胪寺谢恩。午后至法律学堂看榜，辛揆首列焉。龙伯来，约余及辛揆晚酌庆云楼。

十二日(1906年8月31日) 孙子钧吏部邀广和居晚酌。汪范老来贺。

十三日(1906年9月1日) 拜客竟日。昨得家信。杏衢太史来贺。

十四日(1906年9月2日) 东城拜客。晚在斌升楼请子钧铨曹及诸熟人谯饮。凤石尚书来贺。

十五日(1905年9月3日) 辛揆东道花丛。元侄媳假寓荥阳。午前拜客，龙伯来，留宿焉。伯葵总宪来贺。

既望日(1906年9月4日) 刘翰丞舍人、潘经士工曹来贺。饭罢，辛揆同至长发栈探听南轮，安排归计矣。

十七日(1906年9月5日) 陶厚斋主政、朱小汀舍人来贺。未刻应范卿郎中同丰堂，申刻应吴寄荃同年福兴居之招，顺道拜客。写对六付。

十八日(1906年9月6日) 长发栈友来，谈定包费官舱、统舱票各一，行李约廿件，二、三等车票各一，上下水脚。一应在内，计洋卅元，准廿一日启程。午后，护国寺买物。

十九日(1906年9月7日) 晨大雨。邢培之招饮。是晚,属商部厨房备膳数品,宴寓主人,不及分身,辞焉。龙伯荐其弟富松号紫敷,愿任杂项小席,人才庸弱,无奢望也。

廿日(1906年9月8日) 辰刻赴午门吏科画凭。未刻赴吏部领凭,收拾行装。晚,轶仲寓中饯行。

廿一日(1906年9月9日) 晨发行李,赴正祥盛,将用馀银票换洋。与静斋谈。归已匆匆用膳,登车,辛揆同伴,龙伯、轶仲送至车站,展轮而别。五下五十分钟到津,寓长发栈。知泰顺明日南下,安排行装。辛揆同往天仙听戏。

廿二日(1906年9月10日) 游览各处,亥刻上轮。

廿三日(1906年9月11日) 巳刻开轮,丁沽屈折,行驶极缓,承平进口,略一闪避胶浅一钟时馀。

廿四日(1906年9月12日) 未刻抵烟台,停四钟,时夜半有风。

廿五日(1906年9月13日) 风未止,货少,船身轻颇震荡。午后风息。

廿六日(1906年9月14日) 波浪不惊,一碧万顷。卢仑山同年过知府班回省,同坐官舱,颇不寂寞。亥刻抵沪,黑夜不便泊埠,即停碇口外。夜甚热,用番菜,费一洋。

廿七日(1906年9月15日) 清晨起岸,安排行李于鼎升栈,命仆人看守,候苏轮搭载,余与辛揆先乘早车回苏,十钟三刻到家。

廿八日(1906年9月16日)　辛揆来。

廿九日(1906年9月17日)　徐俊卿招饮小陈水窗。

八　月

初一日(1906年9月18日)　展拜祖先神佛,谒庄饭毕,至岳家与味泉长谈。诵范甥来,寄森儿信。

初二日(1906年9月19日)　天气潮闷异常。卢仑山来。

初三日(1906年9月20日)　贺问潮署遂安之喜,应陆叔俊水窗之招。

初四日(1906年9月21日)　润泉来。连日天时酷热,挥汗雨下,不减盛伏。

初五日(1906年9月22日)　昨夜半大雨雷电交作,今稍凉爽,诵范来。

初六日(1906年9月23日)　寄轶仲信,寄赓娱哥信。

初七日(1906年9月24日)　秋分。夜复大雨,城外一带,湖水平堤。

初八日(1906年9月25日)　宋仁山溧阳人,味泉之妻兄。招饮清河寓，归已夜深。

初九日（1906 年 9 月 26 日） 大放晴曦，心胸一畅。潘秉夫以渔舫招游留园。昨寄潘子欣妹倩信，询其东游情形，邮局挂号去。东京北丰岛郡王子泷之川村字西个原八百七十八番，又江苏同乡会东京神甸仲猿乐町二十二番永兴馆内。

初十日（1906 年 9 月 27 日） 横塘恭谒先陇，谢湖水高，船不能过，展望梧楸，潸然涕下。灯时又雨。归得闽电，梦哥调署建安，为之雀跃。骥群弟招饮。

十一日（1906 年 9 月 28 日） 问潮来，留之午膳。应张申伯同年邀饮。

十二日（1906 年 9 月 29 日） 佩鹤姊丈归自嘉定，多年阔别，丰采依然。午后拜问潮夫人四十冥寿。至顾选青妹倩襄阳县丞处，询其鄂中情形。辛揆、骥群、立群两弟来。寄森儿二号信。天阴，时飘雨点。

十三日（1906 年 9 月 30 日） 天阴。恽兰荪观察来。

十四日（1906 年 10 月 1 日） 立群弟来，同至阊门。代佩老写堂匾一方。寄闽信，挂号去。

中秋节（1906 年 10 月 2 日） 密雨终朝，灯时雨止，东北风大作，嫦娥懒捧冰镜而出，辜此良宵矣。夜，鸿翥请节酒。

十六日（1906 年 10 月 3 日） 天气顿寒，谅从此可老晴矣。夜色如水,月明似昼。汪茗生北上,托其带交森儿书包、操靴、夹裤各一。荫玉姑丈荐仆,复以东归再定。

十七日(1906年10月4日)　得森儿初八一号禀,近作四篇,说理明確,用笔清腴,颇有进步,并饭量加旺,可喜也。晚下塘谳客。蒋企于荐司账胡子藩,辞之。

十八日(1906年10月5日)　买棹石湖,从同人之兴也。

十九日(1906年10月6日)　伯渊内弟邀饮。

廿日(1906年10月7日)　李友鹇来。佩老患痁,延李彤伯,与之略谈。灯下作铁仲函,附致季孺信。

廿一日(1906年10月8日)　辛揆、彦修来。晚陆仲英招饮。

廿二日(1906年10月9日)　小楼谳客。七叔来长谈,偕往焉。李彤伯谈及丹方,有治黄疸病极验者,用香瓜蒂研末,略加麝香,时时嗅入鼻观,治瘧;用官燕一钱,冰糖少许,文火炖一周时,临服,再入生姜三薄片,略透,先一时服,无绝火。

廿三日(1906年10月10日)　彦修兄、立群弟来。黄宾秋丈方鸿自禾来。

廿四日(1906年10月11日)　骥群弟邀饮,向振源永置织金蟒服一袭。

廿五日(1906年10月12日)　检点衣笥竟日。

廿六日(1906 年 10 月 13 日) 得轶仲信。

廿七日(1906 年 10 月 14 日) 寄陶心云年丈书,催写陆介眉观察墓志,曩年余所转求者。晚应李丈彤伯筱楼之约,在座朱砚生[1]京兆、吴子和叔岳年均七十四,汪吉甫年兄暨主人均六秩外,序齿以余最少。酒兴甚酣。七叔、赓哥同与会焉。九曲港先陇坟丁因事黜退,以本村人□□[2]承充,今由地保张百生及坟邻担保立承揽。天气甚热。植庭表兄平望来。

廿八日(1906 年 10 月 15 日) 吴子和叔岳来。梦哥自闽贻余漆器两小件,制作极精。陆叔俊邀晚酌。天更热于昨。

廿九日(1906 年 10 月 16 日) 写对两副。汪吉甫招饮小楼,辞之。傍晚偕念先散步观前,即归。省泽子姓助祭者,先来四人。

三十日(1906 年 10 月 17 日) 路镜湖邀饮同泰和馆,辞之,未果,因约植庭偕往。西风紧作,宵行瑟缩。继高侄来汴信,报添丁,命名启漳。

九 月

朔日(1906 年 10 月 18 日) 晨起,家祠,各处拈香。午后至义庄陈设祭品。盛川来助祭者到五人。子封叔在吴江,为镇上公事羁绊,不果来。

---

① 朱以增,字礼耕,号砚生,江苏新阳人,同治四年(1865)进士,历任江西道御史、奉天府尹兼学政,晚归里,掌平江、正谊、紫阳书院。

② 原稿此两字空阙。

二日(1906 年 10 月 19 日)　义庄举行秋祭,到者三十一人。得潘子欣①妹倩东京复信,节录备忘:东京天气较暖于苏,皮衣亦宜略带。客栈上等月六十至四十元,中等三四十元。包雇人力车一辆,月廿元左右。请翻译一人,月约七八十元。酬应费无一定。游历无定章,大概到后先见公使,次谒外务省,参观各处,皆由外务省介绍。烟酒、绸缎税极重。鸦片进口时严查,违者罚甚重。顾行先三四日先寄到神户后,再发一电报,届时便有人招待。如由横滨登岸,无须电报,发一邮片可也。

电报式:トーキーフカ ニシガハラ 八七八 ハンシキ
ミョニチ ゴゼン クジ シンバシ オシオ

译国文:東京府下西ヶ原八七八　　潘志憘
明日午前九時到新橋　　王次欧

三日(1906 年 10 月 20 日)　恭祭上沙祖茔,会者七人。询昨夜发寒热,未与弟妇任孺人十周忌,就近在大乘庵诵经。傍晚偕庚哥、孙根香云露阁品茗。

四日(1906 年 10 月 21 日)　恭祭九曲港谢和桥先茔。晚归,城外船挤争渡,与七叔、庚哥步行回家,已二鼓矣。顾选青妹倩来信,述晤同年王幹臣太守,云鄂中大吏近于是任人员出洋不甚注意,现署通城之陈君急欲交卸,属余早到,即可履任云。七叔谈及治黄,治黄新得戒鸦片烟方极验,录于卷眉②。

五日(1906 年 10 月 22 日)　上沙坟庐前轩圮损,召张源顺益记

① 潘志憘(1876—1951),字和仲,号子欣,江苏苏州人,为潘世恩、潘祖荫后裔。曾留学日本,从事革命活动,后在天津创办实业。

② 不知何故,是日日记卷眉并未抄录此方。

木作森玉哥处工头，估工开账定夺。灯后希实侄倩邀饮持螯。覆继青信。殷文若表兄来。植庭欲归，留其多住一日。

六日(1906年10月23日) 黎明即起，偕淮海甥看祭纛。胡绥之[①]同年督署文案奉学部调归自鄂，往访之。七叔邀饮画舫，同席者朱砚生京兆、李彤伯、汪吉甫、吴茀卿司马暨庚哥、骥群弟。寄子欣妹倩信。助祭族人归盛。

七日(1906年10月24日) 霜降。秋高风燥，两目感热痒已连日，以携归之定州眼药治之。

八日(1906年10月25日) 眼痒稍止。应陆仲英、骥群弟之招。买东洋漆匣，其光可鉴，价值甚廉。我华凡事苟且，即工艺一门，个人生财之大源，因陋就简，遑问其推陈出新，任利源之外溢，可慨也已！

重阳日(1906年10月26日) 得森儿朔日二号禀、轶仲信。内子率儿女至外家。晚徐培芝招饮。月明人静，同潘秉夫、张福申步回。眼恙愈。

十日(1906年10月27日) 寄森儿三号信。灯下为根香写对一副。

十一日(1906年10月28日) 至狮山祭亡弟椒舲及文儿墓。彦修、念先兄同往。得立群弟到鄂来信。辛揆来，未晤。

---

① 胡玉缙(1859—1940)，字绥之，江苏元和人，近代著名藏书家、学者。

十二日(1906年10月29日) 辰、申两时大雨，竟日未住点。贺森玉哥孙剃头。午饭而归。复立群弟信。

十三日(1906年10月30日) 阴。陶心云年丈来复，陆《志》允即写寄。

十四日(1906年10月31日) 天甚和煦，时而阴云昼暝，雨点纾飘，西风将紧之兆也。

望日(1906年11月1日) 各处敬谨拈香。秋雨连朝，戌刻西风怒号，屋瓦皆震。李彦修表兄来。

既望日(1906年11月2日) 天骤寒嫩晴。偕淮海诸甥马路散步。厚生庄邀饮，辞焉。张润泉来。适河东表姊昨自北库来，商其家东壁族人开设当铺，被火燬包楼，诬其肇祸控官。慨自浇漓日甚，孤寡拥厚赀，不仅外人垂涎肆侮，本根之庇谓何？乡居不可无势力如是，书香世家所以重也。灯下缮轶仲函，明日发。

十七日(1906年11月3日) 辛揆来贺伯渊内弟抱孙之喜。晚陆仲英昆季谦余于半园。严皃芗观察、刘羲年大令、马协戎及庚哥同席。

十八日(1906年11月4日) 饯葵初于聚兴馆，托其带交森儿四号信，并操靴、食物各种。二林堂仿制乌龙水笔，尖齐圆整，颇应手，每枝百钱。

十九日(1906年11月5日) 在紫阳寓谦客，到者陆叔俊、潘笙诗、吴伯渊、徐俊卿，亦无谓之周旋也。七叔来，未晤。午前唁陈药农表弟丧。颠狂多年，圈禁已久，至是到【倒】亦脱离苦海。秦培莩侍郎以跋濠叟墨迹《祖考资政公墓志》见赈。

廿日(1906年11月6日) 葵初、辛揆入都供职。

廿一日(1906年11月7日) 官报房来报，令其缮写五十分【份】，通报戚友。

廿二日(1906年11月8日) 立冬，阴雨，送李表伯母入殓。高年患痁，正气不敌所致。

廿三日(1906年11月9日) 彦修表兄来。晚应潘笙诗之招。

廿四日(1906年11月10日) 玉臣侄倩来谈，江宽于初三开，买办与伊相识，招待较好，约余同行。前寄森儿布操靴，脚寸不合，今由王君住大仓口带回更换。江宽买办施子香湖州人。

廿五日(1906年11月11日) 官报房送来报单，自填写称呼，约其后日来开报。越昨右脚低忽起一泡，大如鸽蛋，痛难着地。今晨以针拨破，脓出甚多，痛稍止，可无后患。此湿热下注也。致沈旭初年伯书，为方谦初欠款事，拟访绥之同年，知赴宁谒午帅①，未果。

廿六日(1906年11月12日) 淮海家报，葵甥等廿三上轮。

廿七日(1906年11月13日) 苏慎翁手汇到姚处例洋一千元，按月息八厘，出汇据一纸。得森儿十九日三号禀。苏慎钦、徐笙巢、

① 午帅，指端方。

蒋镜之来。辕门抄:今日始穿珍珠皮。

廿八日(1906年11月14日)　寄立群弟信,知照启程日期。骥群弟以经手保人险公司轇轕事来商。致闽信,托玉臣附寄。

廿九日(1906年11月15日)　骥群来。至观前备送礼物。味泉函知仲榆二婿均在鄂。任桐琴甫,知县班,现住梅院街王公馆内;王祖钱景彭,县丞班,现借署汉口仁义司并洋场巡警差。

十　月

朔(1906年11月16日)　晨起,各处拈香。午刻祀先暨张勤南公。竟日收拾行装。晚汪吉甫为余祖饯,同座豪饮,酒兴甚浓。余幸未醺。天气和煦,小春节序。玉臣侄倩来,交到招商轮票。

二日(1906年11月17日)　命王福押行李先行。晚应李丈彤伯之饯。

三日(1906年11月18日)　辰,玉臣来,匆匆启程。九钟至车站,越十五分开车。遇七叔,为催捐。赴沪,十二钟到。坐洋车上船。正午膳用讫,骥弟来访,约同玉臣北西安坊李红玉家,酒叙。七叔同席。散后,寻芳数处。杏花楼吃鱼粥。十一钟回船高卧,舱位宽敞,极舒服。二钟展轮。江宽官舱元号最敞,六号最窄,且两面无窗,启闭颇闷,暑天尤非宜,如家眷多,二、四号合用。

四日(1906年11月19日)　竟夜酣睡,江程安稳,起身已交午牌。饭菜极可适口,路菜以后大可免带。通州、江阴、泰兴各处略停轮。风甚大,若航海则震撼难堪矣。斯行匆促,家事均未就绪,有不能轻去其乡之感。益羡"面团团,作富家"者,与世无求,终老牖下,有似散仙。余少颇有大志,历经磨折,英气渐销。此时出宰,亦有不得已苦衷,知我其谁乎?骥群今日回苏,托带交念先一椷。此番船价官舱、统舱各一,计洋十四元四角。家中今日起限收租,折价三千六百文,洋价一千卅文。发森儿五号信。铁仲信亦托骥群带交念先,因有附件也。

五日(1906 年 11 月 20 日) 昨夜二钟,至镇江起货,停驶至四点钟。今十钟,至南京。十一半钟开行。江风浪浪,寒欲御裘。两岸崇山对峙,庐舍错落,风景颇佳。五钟至芜湖,桅樯林立,米艘居多,出产之大宗也。

六日(1906 年 11 月 21 日) 晨,八钟到安庆。玉臣鼓兴至汉一游,沿路可解寂寞。午后一钟馀,过小姑山,涌出江面,亭亭矗立,秀削天成,想见彭郎当日英姿。何道州《金陵百咏》有句云:"十万健儿齐拍手,彭郎夺得小姑回。"彭郎,刚直也。今日风日晴和,江山如画。五钟过河口县,遥望石钟山。七钟至九江,停片刻。同舱遇谢黼庭,就鄂督刑席,谈及乃弟榜名昌期,号宝田,为余同年。船中消息,知江新胶浅于黄石港,水溜沙拥,寸步难移,人货俱由江永驳载上驶,须春水涨时,方能出险云。玉臣乘兴至汉,原船回皖。

七日(1906 年 11 月 22 日) 午后一钟抵汉,立群弟率厂中红船来迓,将行李搬运进汉阳门。至仲彝侄处暂息。陆荷展①大令同寓。屋舍迫隘,已看定警察南局读书堂街一号门牌一所,即日迁移。汉江春晚酌。立群不及渡江,留宿焉。鄂垣街路崎岖,人烟稠密,时有火患,连日被灾数处。

---

① 陆藻,字荷展,苏州人,清末贡生,曾官军机章京。

八日(1906年11月23日)　命仆赴各署禀到,并请假三天。到藩署访潘兰台太姻叔,托其缴凭。寄家信,附致念先函。立群回汉。

九日(1906年11月24日)　写履历。西风刮面,势欲作冷。晚雨杂雪珠。

十日(1906年11月25日)　竟日密雨,雪花间飞,寒御重裘,尚不觉暖。寄森儿六号京信,告知寓址。

十一日(1906年11月26日)　雨。省垣无沟渠,泥泞满途。黎明即起,赴藩、臬、道、府署禀到。谒汪太尊、张望屺,均未见。潘兰台太姻丈处晤谈片刻。

十二日(1906年11月27日)　晴。晨起,赴督、臬宪处禀见。在文巡厅许仲青宝芬处候传。至首邑杨葆初大令、程听彝观察、沈申伯大令处,均会晤长谈。归已午后两钟矣。

十三日(1906年11月28日)　晨,赴各署臬,过江道留手版,均未见。藩台首府均见。督辕因为时已宴,不及往,归途便谒新简襄阳道傅观察。沈升伯荐仆,复以奉饬后再议。天气稍和。

十四日(1906年11月29日)　晨,赴督、臬署,均传见,谕赴东瀛,退至张望屺寓,商递呈请咨。顺道拜客,归寓午膳,稍憩。偕荷展、仲彝汉江春茗叙。遇古彝姑丈,知姑母亦在鄂,各署号房纷来求赏。沈申伯来辞行,未晤。天气更和。

望日(1906年11月30日)　至督署,顺道拜客。各署均挂号。张望屺、程听彝来。潘兰台来,交缴凭批回,计费卅金,付五十洋,即托其合算。寄家信，森儿七号信[①]。

既望(1906年12月1日) 迁寓，楼高窗敞，卫生甚宜。府尊来谢步。荷展得土药局文案，今日到差住局。

十七日(1906年12月2日) 昨四更时，警锣乱鸣，今知草湖门民房失慎，毙一人。鄂督巡捕刘姓，于十日前寓被燬，毙六人，状甚惨。午刻，至望屺寓，托代递学务处请咨出洋禀。夜，望屺在汉江春招用番菜。潘兰台乔梓、丁禹臣、詹□□[②]督署翻译同座。寄潘季儒暨轶甥信。兰台交还馀洋四元，计缴凭四十二洋，投文四洋。仲侄奉薇垣传见，命其禀谒宫保，大约可有佳音。

十八日(1906年12月3日) 偕仲侄观图书馆标本陈设，仿佛外洋博物馆之类，憾尚未全备。复至劝业场百工居肆，贸易甚便，四九任妇女游览，禁止男人，以示防闲。其间仿洋式椅桌，有漆面刻花者甚精巧，价亦不甚昂。明年挈眷来时，木器竟不必携带。寄闽信，暨韶侄、玉臣、麐儿信。

十九日(1906年12月4日) 仲彝同登黄鹤楼，唐人句"晴川历历汉阳树，芳草萋萋鹦鹉洲"，尽列目帘，极江山一览之胜。汪太尊、陆荷展来。梁廉访陛见，盐道童观察署遗缺，曾道广镕署傅道，饬赴新任，署事之刘道委总牙釐，均饬丁挂号致贺[③]。

---

① 是日页眉记载:"南皮宫保银币局联:'楚国以为宝;天用莫如龙。'"

② 原稿此处阙两字。

③ 是日页眉记载:"张香帅黄鹤楼联:'昔贤整顿乾坤，缔造皆从江汉始;今日交通文轨，登临不觉亚欧遥。'"

廿日(1906年12月5日)　赴督辕略晚,衙参已退归。仲侄同往汉江春品茗,尝仿苏点心,可适口。立群弟来,饭毕,同渡江汉口,市面热闹异常。莫济臣、徐焕章花间招饮。《群芳谱》里都是无盐,宵行胥虑,百花仙处借宿焉,和衣而睡,甚觉不惯,年来无此兴矣。

廿一日(1906年12月6日)　晨回寓。程听彝招饮,在座均是观察,因辞焉。

廿二日(1906年12月7日)　臬道受篆,往贺之。顺道上藩辕接见,谈知提学已到。傍晚仲侄同至汉江春饮茶,四如春吃面。张仲吉大令来。连日甚暖,今阴,似有变意。

廿三日(1906年12月8日)　大雪。昨夜雨,风起即止,今稍冷。夜,梦见先考丰采如昔,题画作楷,姿态遒媚。醒来,时钟报三下。自见背迄今,九载于兹,色笑长违,每求得诸寤寐间,而询又不善梦。此时游子他乡,在天灵爽,或难恝置,实式凭之欤?抚枕悲呼,迄无得应,亦徒涕泗纵横而已。立群遣仆来,索南腿一肘,此间值昂于苏。

廿四日(1906年12月9日)　冷。寓中无事,专守咨文,以笔墨消遣,书小册八叶。在京时,辛揆属录徐俟斋隐君《西山胜景题画记》,屡索,未应之也。莫济臣来邀渡江。寒夜少睡,有碍卫生,辞之。仲侄则同伴而去。曾观察来谢步。程听彝送清华公司招股章程来。

廿五日(1906年12月10日)　至督署,遇荷展。傍晚,偕仲彝散步司门口。是处为鄂垣最热闹所,极毂击肩摩之盛。汉江春洗澡而归。骨节轻暖,如释重负。

廿六日(1906年12月11日) 晨,转南风,和煦特甚。立群弟来。薄暮渡江回汉。谈及铁厂总办李一琴[①],曾充两任驻日使臣,翻译使馆中熟人甚多,余濒行可往晤之,托其致函招待。一琴为八叔花姨太胞弟,自幼即不喜其家所为,引为大辱,历在外洋,精通语言文字,人极诚恳,当道多器重之,此时累保至监司。莲出汙泥,蝉脱葳蕤,人贵自立如是。灯时,汉江春偕仲侄一茶而归。

廿七日(1906年12月12日) 荷展、济臣来。玉臣皖来信。黄昏时,正与仲侄闲谈,略有睡意,忽门外人声鼎沸,警锣乱打,急向前楼阳台观眺。火光烛天,水龙驰至,逾时即息。是处为西厂口,迫近钢币局。若未移寓,受了惊矣,盖即在曩寓之后街。睡魔因以吓逃。

廿八日(1906年12月13日) 苹州信报:今租务元邑不甚离谱,长之湘太冶一带,向称沃产,相率观望,官力整顿上栈者,仅扯三成,拟出月初二赴乡催收云。

廿九日(1906年12月14日) 陈赞伊来,约仲彝仝过江,纵览洋场。它日铁道四达,富庶正未艾也。海天春用番菜。拟观名妓林黛玉演戏,为同座所嬲,变其方针,至范家红楼夜饮。席散宵深,东风甚作。坚劝毋渡,遂借宿于松韵阁处。韶侄保定来信。程听彝来,未晤。

三十日(1906年12月15日) 阴。凌晨微雨,急渡江归。已交午牌,瞌睡竟日。

---

① 李维格(1867—1929),字一琴、峄琴,江苏吴县人,清末民初翻译家、教育家,中国现代冶金工业奠基人。

十一月

一日(1906年12月16日)　诣督署及梁廉访[1]各署,饬丁挂号。莫济臣、陈赞尹、潘子东来。得家信及森儿四号禀。晨间大雾,九下馀钟始开。天气暖甚。

二日(1906年12月17日)　程听彝观察谯余于其寓。天更暖,竟御薄棉。初更后微雨,有雷电。冬不藏阳之兆也。

初三日(1906年12月18日)　昨夜雨,五更转西风,今稍冷。梦回,闻橹声咿哑,推窗起望,见雁字一行,横亘天半,愧乏诗才,写兹旅景。购熏笼一具,制精,鄂中工艺之擅长者也。

初四日(1906年12月19日)　致张望屺函,询咨文消息。据复,曾为催过,即日上详达院后允催办云。致宾秋、希实函,附念先信中。傍晚,仲彝同步司门口,即回旅处,甚无聊赖。致陶心云年丈信,催写陆氏墓志。

初五日(1906年12月20日)　昨夜西风紧作,黎明雨,天气骤寒。满拟上院,拥衾瑟缩,未果。晚雨杂雪珠,打窗淅沥。造化转移之速若是。致立群邮片,向借忠孝带,禀辞所须。致张仲吉新选利川书,探其东期。

初六日(1906年12月21日)　狂风虎啸,寓楼震撼。房屋虽属新建,然工料潦草,心为之寒,幸黎明即息。立群弟偕莫济臣来。近因湘赣匪警,城门戒严,下锁甚早,不及渡江,留宿畅谈,旅中正苦

---

① 指梁鼎芬。

岑寂。

初七日(1906年12月22日) 昨宵寒甚,重叠狼褥,尚觉料峭,天明方知小雪达旦。午后,立群、仲彝同至汉江春洗澡。今为冬至夜。吴俗,祀先毕,合家团谯,想见雍穆之盛,客里未免辜负,不禁神往。张修甫、陈吉彝来。

初八日(1906年12月23日) 冬至。天仍阴寒,懒于早起,参衙各署,饬丁挂号;友人、诸同僚处,名刺贺之。立弟回汉,属代制西式斗篷,极可御寒,出洋尤宜,计值二十一番。

初九日(1906年12月24日) 阴。同云四合,雪意满天。

初十日(1906年12月25日) 晨,上院。至汉阳谒琦太尊。访立群于铁厂。午膳后,仲彝亦来,约莫济臣同渡河至汉口,水溜湍急,两岸壁立,襄河春涨,水势尤猛。即五湖载美家晚酌,不及归,与济臣联床。

十一日(1906年12月26日) 未刻回寓,济臣同来。张修甫荐仆王贵,随其尊人子密多年,充驿站监狱之责,汴人而家久居鄂,情形较熟云云。亦以东归再定,覆之。

十二日(1906年12月27日) 至立群弟处,午饭毕,周视各处化铁,制造灵捷,不可思议,较诸人力,难相提并论矣。日晡时回,落照沉江,金碧相辉,扁舟容与,一幅好画图也。昨今两日,天又和暖。

十三日(1906年12月28日) 陈赞尹、汪君硕来。旅居无事,专候咨文,殊闷人怀。中国官府,积习牢固不破如是！昨夜半起风即止,今仍暖。

十四日(1906年12月29日) 张仲吉大令来函,问院批消息,亦以坐待焦虑。午后,仲侄同登黄鹤楼,正品茗,见人头攒北,至高处临眺,黑焰冲天,知斗级营失慎,是地迫近藩署,归途所必经。至晚只得遄归。水龙取水,街衢潮涌,人马纵横,寸步难移。遇陈赞尹,同绕道至富兴楼小酌以俟之。昏后,雇洋车而回。

望日(1906年12月30日) 晨,上院,适林军机到鄂,宫保往迓,直候至未刻。退至张仲吉处长谈,知余上学务处公牍,昨始详院,不审何日方领得咨文也。归寓,见箱簏翻动,检视失去五十洋。此中情节,余却了然。灯下致望屺函,请其催咨。归心箭激,此间惮于久居,当初悔未寄寓客栈耳!人心险诈,可怕可叹!仲侄今午即出门,知其过江时,余尚未归。

既望(1906年12月31日) 至织布局谒提学,顺路访陆荷展、任琴甫、汪君硕。周仲芬大令来晤。寄家信,附致念先书。[①]

十七日(1907年1月1日) 北风。午刻,出汉阳门,唤渡至立群处,告知失洋情节。所拟与余同舟,至江心,波涛汹涌,幸渡船底平无虑也。傍晚,厂中红船送余还。任琴甫来,未晤。

十八日(1907年1月2日) 张仲吉来,告咨文数日间可发。答周仲芬。

---

① 是日页眉记载:“织布局两旁门额:‘布衣兴国;篮缕开疆。’贡院门额:‘惟楚有材。’”

十九日(1907年1月3日) 任琴甫来。寄森儿八号信,附致铁仲甥函。

二十日(1907年1月4日) 南风,和暖更甚。立群处作竟日谭。傍晚归,扁舟一叶,荡桨大江,和风拂水,落照衔山,飘飘然有凌云之致。寄子欣妹倩信,知照其明正东行。

二十一日(1907年1月5日) 连日奇暖,余感热,鼻观生疮,随剥随长,略觉痛,拟煎服凉剂。客中诸形不便,较谒选寄寓荥阳时,霄壤之判矣!归思愈切,张仲吉亦焦急相同,书来约偕谒学台,请其催发咨文,答以明日诣商。上午至铁厂,看西人试演灭火药水,积薪灌以柏油,烈焰甚炽,水到火息。若以之救火,其势迅速,其人惶急,我未之敢信焉!

二十二日(1907年1月6日) 至张仲吉寓畅谈。立群来。薄暮仝至富兴楼吃饼,饱等侏儒,晚餐为辍。甚矣,饮食之不可无节也!暖甚,竟御薄棉。天气乖常,卫生宜慎。

二十三日(1907年1月7日) 清晨约仲吉同谒学使,适赴汉阳考学堂,未见。孰意尚在高卧,伪辞以对。中国上司之自由若是!退后同上督院,顺道访任琴甫,未晤。朱心谷、陈赞尹来。森儿来五号禀,甚思归,决俟年假时遣人迓之。今日稍冷。

二十四日(1907月1月8日) 余自九月间湿气下注,右足底溃有一孔,时出脓水,未愈。昨夜甚痛,今稍止,幸行步尚便。张望屺函告出洋公牍,院上已行发房,不日即可颁领云。将原信送仲吉阅,月底江宽回沪,或及附载。游劝业场,买湖南产鸡狼颖,作小字颇腴润。前失洋,立弟查碻,果亿中焉。

二十五日(1907年1月9日) 上院遇仲吉,闲谈半日。归寓,午膳间学务处送到咨文,明日即拟赴各宪禀辞,归期可指矣。致立群邮片,托探江宽开回碻期。西风甚大,稍冷。仲吉约明正偕东,届时互相通函申浦,聚会彼寓。南京旱西门内易驾桥。

二十六日(1907年1月10日) 晨,诣首府禀辞,接见。至督署,仲吉早到,委署利川之吴琳稚英亦禀辞赴任,闲谈半晌而散,顺道至朱心谷大令处谢步。今日风息,仍未见冷。

二十七日(1907年1月11日) 晨,诣学使督院,禀辞宫保,尚未睡觉,候至未刻,始谕令不必进谒,即就道可也。俟明日贺薇垣嫁女之喜即归。天阴寒,雪意满天。闲步劝业场,骨董摊子上见粉定水盂,作一鹅形,口内吐水,并可架笔,爱其玲珑,易以龙圆两枚。任琴甫来探归期,贻余食物四包。

二十八日(1907年1月12日) 诣藩臬署,贺喜、辞行,均接见。渡江,至立群处,约其朔日派厂中红船来运行李。向晚回寓。陈鼎一自苏来,知家乡天气已寒。

二十九日(1907年1月13日) 张望屺、潘兰台、任琴甫处,均未晤。荷展来。收拾行李。江宽今抵埠。傍晚仲侄同步司门口,吃馄饨,甚可口。寄森儿九号信,告归期。

十二月

一日(1907年1月14日) 晨兴,收拾行装。午刻,立弟派红船来,饬丁先押运上船。余至铁厂,应立弟邀便饭。傍晚,立弟、仲侄暨陈鼎一送登舟。官舱张姓家眷全包,与施子香商调坐民舱之明敞者。

知玉臣已上班回苏。八钟起椗，因江新在安庆相近胶浅，须赶往协助。任琴甫来送，托带交其家百洋，并味泉信。竟日南风，暖甚。寄闽信。

二日(1907 年 1 月 15 日) 九钟到九江，待关单，迟至午后三钟始展轮。江新知已出浅。此行船价共计十元五角。与账房同膳，甚适口。十钟到安庆，来者去者，一齐麕集。凡值昏夜抵埠，人多拥挤，起岸登舟，最要谨慎，总以从容不迫为是。江轮停顿口岸处，多宵小，最易混迹，绺窃之事，时有所闻。舱中门窗，至要留神防范。昔王可庄守镇江时，凡获扒手，始刺字于其臂，继刺字于其面，经通详奏定，通饬沿江遵行。而若辈以药物烂去，仍不见悛。嗣有正法者，始稍敛迹。盖行客旅赀及或有紧要物件，一被所窃，容有性命之虞，不得不严惩，以示儆焉。夜半，到大通，好梦初回，但闻人声嘈杂而已。

三日(1907 年 1 月 16 日) 清晨薄雾。九钟到芜湖。一钟五十三分到南京。四点二十三分开行。澄波万顷，青山一抹，闲鸥几点，游泳于夕照遥渚间，信足游目骋怀也！八钟三刻，安排欲睡，知到镇江，极慕金焦之胜，披衣出望，昏不见影，惟有灯火万点而已。十一钟三刻开行。

四日(1907 年 1 月 17 日) 昨夜大雾，停轮，天明开行。本计午刻可到，经此一滞，抵埠约在昏黄后矣。天阴，有风，稍冷。舟中与包官舱张姓之司账杨君闲谈及其居停某观察现充萍乡铁路总办近患病，自毗陵邀费纯甫[1]来诊，日赠二百金，即来回而计，已须二十日，已费四千金，若非中饱盈橐，焉能挥霍如是？国计至斯，而官府之养尊处

① 费承祖(1851—1914)，字纯甫，亦字绳甫，江苏孟河人，清代名医费伯雄长孙，精于医术，医价昂贵。

优,岸然不顾,可胜浩叹！并悉所病,无甚沉重,当此淮扬岁歉,何勿移以赈彼哀鸿欤？余尝谓此时据要津之候补道,处常则似尽能员,处变则无一忠臣,盖有感而言也。七钟抵埠,不及赶乘火车,暂寓鼎陞栈。杏花楼吃火锅,饱暖胜常。今日风起,驶近吴淞,便觉震荡,此江程所以安稳也。

五日(1907年1月18日)　昨夜半,两闻警钟。栈中人多声杂,颇难安睡。五更朦胧,深入黑甜。梦回,天已大明,急起身,用早点。乘二次车,由铁路回苏。十一钟二刻馀到家。家乡天气与鄂相仿,官府正在祈雪。轶仲来信,并胡绥之同年《东游日记》二册。

六日(1907年1月19日)　阴。仆人运行李,趁小轮到。午后小雨,入夜未息。森来六号信。

七日(1907年1月20日)　阴。润泉来。

八日(1907年1月21日)　阴,稍冷。寄云亭信待发。

九日(1907年1月22日)　饭罢出门,满拟各亲友处图晤。先至陆仲英处长谭,不觉薄暮,只得遄归。轶仲来信,以森儿隆冬南下途中风雪,大姊不甚放心,且归家甚暂,仆仆长途,殊属无谓。若留学苏垣,此间学堂习尚浮嚣,亦非上策。不如留京,俟实业招生时应考,余履任再往迓归云云。语甚中綮,容婉谕之。黄昏雨甚,亢旱已久,田间盼雪正殷。根香、彦修来。黄宾秋前为森儿作合盛太史沅[①]嫒,

---

① 盛沅(1845—1935),原名恺华,字子彬,更名沅,字萍旨,晚号剩叟,浙江嘉兴人,光绪十二年(1886)进士,授翰林院编修,曾任山西夏县知县、江苏候补道。归里后,任嘉兴学堂监督,有《江南水道纪要》等著作行世。

索复。

十日(1907 年 1 月 23 日) 根香来。寄云亭信,今发局。

十一日(1907 年 1 月 24 日) 至玉臣及岳家、味泉长谭。留夜膳,归已二鼓。傍晚雨。作森儿十号书,已报三鼓,明日发递。

十二日(1907 年 1 月 25 日) 傍晚希实、念先同至云露阁,熟人不期而至者甚多,纵谈极快。寄子欣东瀛信,告准行期,由日本邮便处发。收宾秋信,并寄还庚帖。

十三日(1907 年 1 月 26 日) 午前大雨。致轶甥及七叔信。兰生弟自盛来,因前有三百千钱存永大正,该号亏歇,先公体念孤寡,允赔偿年支息,留分给其子女。以此人不通世务,易受人赚。近年屡来絮聒,不堪其扰,不得已先付百千文。函致赓娱哥,由盛镇冬季房租付它时清偿时,伊于初迁盛,曾欠永和米款六十□[①]千文,须划抵也。雨夜无事。希实闲谈,不觉更深。

十四日(1907 年 1 月 27 日) 阴。陆仲英来荐仆。

望日(1907 年 1 月 28 日) 雨。晨起,各处拈香。近日有不如意事、不明理人,无可晓谕,奔驰终岁,暂时遄归,反不如作客之乐,悔未迳行东渡耳。寄七叔、轶甥信。紫封来信。七叔有山西交城、湖南临武之信。

---

① 原稿此处空阙一字。

十六日(1907年1月29日)　月蚀。雪。夜较寒。致尤鼎甫[①]舍人书,为长元学恤贫儒岁米事。今年米价翔腾,减去二石。曩年先公在日,伊所经募,允助廿石,嗣减助至半。今年来价日涨,善事难为,不能体先人好施之意,徒自引疚而已。

十七日(1907年1月30日)　晴,寒甚。希寔同至云露阁,半属熟人,纵谭甚可遣闷。时钟报十下,始各散。

十八日(1907年1月31日)　心绪欠佳。植庭表兄平望来,偕步阊西寻芳遣闷。遇伯渊内弟张静卿,命酒闲谈,更深踏月而归。苹洲解账来城谈,知今冬租务元邑尚可,长邑异常棘手,冶长泾尤甚。饭毕,即赴乡约,醉司命日可竣事云。与希寔谈至丁夜。

十九日(1907年2月1日)　薄暮,希寔、植庭同至云露阁,遇陶簪杏、孙上之、陆凤初暨伯渊,偕往其昌沽醉,飞字行令为乐。归时已更深。

廿日(1907年2月2日)　贺汪吉甫孙女出阁。晚作东道于花寓。

廿一日(1907年2月3日)　竟日雨雪。陆叔俊招饮。张申伯同年、董玉泉、邢明远、费叔雍、陆仲英、骥群弟同座。

廿二日(1907年2月4日)　阴雨。子和内叔来。植庭回平望。

---

① 尤先甲(1843—1922),字鼎孚,亦字鼎甫,号遂盦,江苏吴县人,光绪二年(1876)进士,曾任内阁中书、苏州商务总会总理,辛亥革命时,力劝江苏巡抚程德全和平光复,热心公益,多有善举。

近日多勃谿事，妇人不明理，反不如作客之乐，当时悔未迳行东渡。所以连日外出，以免淘气，实非余心所喜。更深，归自阊门西。此时大兴教育，女学尤当务之急。读书所以明理，古人岂欺我哉！俊侯归自京，询知森儿、轶仲合寓均好。

廿三日(1907 年 2 月 5 日) 承露内弟自问潮任所来。夜送灶。梦哥来书，灯下作复，不觉鸡唱。

廿四日(1907 年 2 月 6 日) 寄闽信。仲英招饮，心绪欠宁，辞之。任琴甫鄂中归，晨来访，余尚未起身，未晤。希实即寓中夜谯，王元韦、恽玉臣、许伯阳、江俊侯、程颂臣同席。檠侧致望屺函，明日寄。

廿五日(1907 年 2 月 7 日) 俞曲园[①]先生于前日作古，寿八十六，病由食滞，误服猛剂，滞下而元气不复。从此海内失鲁灵光矣！闻其今岁梦一僧约之，易箦时，书一绝而逝。殆生也有因，故来去了然若是。其诗云："七尺桐棺三尺土，此中埋却万言书。"已刻，印传送佩老[②]挽联："东洛衡文，西湖主讲，著四百馀卷春在堂全书，后学景从，硕望争推韩吏部；鹿鸣重宴，凤诏优褒，数二十□[③]科馆选录前辈，词流晚进，遗型痛失鲁灵光。"海内名流诔词必多，俟得闻见，当备录之。任琴甫赠食物，函约廿七一钟顾访。陈伯玉来，属将陶心云年丈为余书名片印，放大重镌。俊侯谈及都中实行戒烟。张福申来。向患湿气下注，前烂脚，中旬忽愈，而小便时作隐痛。今晨尿管出脓，

---

① 俞樾(1821—1907)，字荫甫，号曲园居士，浙江德清人，道光二十四年进士，曾任翰林院编修、河南学政，罢官后专意学术、教育，是晚清著名学者、教育家。

② 指秦绶章。

③ 原稿此处空一字。

继以血,为之狂窘。幸痛止,殆管中热蒸成瘰欤?阅时报,载梁廉访回任,十八日任事。

廿六日(1907 年 2 月 8 日) 阴,午后雨。七叔北归,得电选授山西交城。佩老谈及闽漳州丹厓书院佛寺改建者,左文襄督闽时联云:“经始问何年?记从逃墨归儒,天使梵王纳土;筹边来此地,大好修文偃武,我从瘴海班师。”录之,见英雄吐属,自是不凡。淮海家假厅堂祀神。

廿七日(1907 年 2 月 9 日) 阴雨连日,异常愁闷。任琴甫饬丁来道爽约之歉。亥刻,祀神过年,礼毕,已交寅刻。吴俗,过年或諏吉日,我家准期廿七,相沿已久。设廿六日吉于廿七,尽亥刻送神;廿八日吉,则是日子刻迎神,总之以廿七为率。与希实谈心,酌福酒。就枕,晨鸡已唱。

廿八日(1907 年 2 月 10 日) 密雨日夜不休,心绪烦恼,更厌人听。灯下作闽信,切劝梦哥弗服鹿茸。并致鄂中潘兰台太姻丈、陆荷展信。佩老闲谈京华旧事。付各店账。妇女但务浮华,不知节省,并不体谅,为之闷怀。中国女学不兴,至可叹也!青芸斋裱画店主孙宝卿自南京来,端午帅招之去,兹来收店挈眷。余有书画多件,不及装潢,因属其拣出交还,另倩他手。

廿九日(1907 年 2 月 11 日) 雨止,天仍阴。午后恭悬历世遗容。夜祀先及张勤南公,祭毕,侍膳慈闱,合家团坐一席。为希实写门对六付。

除夕(1907 年 2 月 12 日) 忙碌竟日。忆上年谒选京华,劳逸为何如耶?夜祀先,礼毕,本房围炉团谯,颇忆森儿及京寓诸君。子刻，义庄辞岁接灶。希实全至云霞阁品茗，遇高载之、吴伯渊、孙上之、潘笙诗。归时已近五更。循俗例封井。诸事毕，就枕，天已大明，鸡声高唱矣。

丁未春王正月

元旦(1907年2月13日) 昨夜睡迟，朦胧片刻，起盥漱毕，盛服恭诣神佛喜容前叩拜，义庄神位前拈香毕，叩贺慈亲新禧。义庄用午膳。希实、赓哥同由临顿路至观前，喜神方位在东南也。

二日(1907年2月14日) 栈友及诸侄婿、彦修表兄等来贺岁。今日来客甚多。观前希实、念先、丹秋同往云露阁品茗。森来信，客腊十九所发，知学堂放假，寓中温习旧业，间学吟咏。是儿颇肯向学，进境甚速，为之一喜。湘学堂须添聘教员，今于英文外加专门文法一科。

三日(1907年2月15日) 晨起揽帐，觉银光耀目，始知彻夜大雪。巳刻安灶。颐吉、鸿翥执事来交红帐，均沾利益，备筵谳之。王华伯来，谈及其友，可结伴东渡，容至沪访之。华伯寓上海新马路昌寿里五十一号门牌，江苏候补县王少山崇厚公馆内。寄森儿丁字一号信，附致荥阳寓中诸君贺卡。佩老出示二律，其跋云："偶阅《春在堂集》，有反正体诗，谓是章一山庶常梫自出新意，取篆文反正如一之字云，亦诗中之别格也，戏效其体。""吾曹时会亦无常，且幸闲中乐未央。本业固非营富贵，赏音只合品文章。交留车笠来空谷，景带亭皋入草堂。土美泉甘林木古，田园幽兴共商量。""要向行生索会心，星为箕毕雨为霖。同文齐上中兴策，典乐宜留太古音。未必高才异行辈，莫言坐困累山林。天容小具琴尊乐，率尔闲闲不自禁。"

四日(1907年2月16日) 融雪,檐溜如注。承露内弟来贺,留之午膳。铁仲来信,有志东游,随作复。子刻迎财神,礼毕,晨鸡初报矣。

五日(1907年2月17日) 黎明大雪。慈亲率儿妇辈至老宅贺岁。灯时祀先及张勤南公。夜邀诸友饮,合上房共三席。谚所谓"路头酒"也。寄张仲吉信,与约行期。寄立群弟信,托其催索李一琴允致钦使署中友人书。黄昏后,满天星斗,可望大晴。

六日(1907年2月18日) 嫩晴。出门贺岁。任琴甫来,未晤。

七日(1907年2月19日) 出门贺岁。味泉邀饮春酒。寄仲彝信。

八日(1907年2月20日) 雨水。诸侄女来贺岁。致翼亭四叔信,托探东轮廿后有无放洋者。

九日(1907年2月21日) 伯渊内弟邀饮春酒。潘理娱同年、张福申、潘笙诗、江隽侯、希实同座。

十日(1907年2月22日) 希实同至云露,遇伯渊、簪杏。

【附录一】

复旦大学古籍部所藏王祖询相关文献,除日记三种外,另有书法扇面、信札及贡卷等,兹附《贡卷》于下,以备研究王祖询家世与科举之用。

王祖询贡卷

臣王祖询，年二十四岁，浙江嘉兴府秀水县人，由廪膳生考取光绪十七年辛卯科优贡，十八年壬辰科，恭应朝考，谨将三代脚色开具于后：曾祖元松未仕，故、祖师晋未仕，故、本生祖朝佐未仕，故、父伟桢未仕，故。钦命阅卷大臣：经筵讲官、太子太保、头品顶戴、协办大学士、吏部尚书、国史馆会典馆正总裁、上书房总师、翰林院掌院学士徐；太子少保、头品顶戴、兵部尚书、方略馆总裁、国史馆副总裁、军机大臣、总理各国事务大臣许；户部左侍郎、兼管三库事务、总理各国事务大臣廖；理藩院左侍郎、正蓝旗、蒙古副都统凤公阅，进呈御览，钦定一等第一名，礼部带领引见，奉旨以知县用。钦此。

汤之盘铭曰

商王借物以自警，铭词犹可考焉。夫铭者，所以自警也。而著之于盘，汤之铭尤切矣。传者故援汤以为证，且《大学》首章言明德，既引《书》而及《帝典》矣。夫运由帝而王，而继乎帝之后者，闻知必归于哲后。书以典为冠，而存于典之外者佚词，可补夫史官。伊惟商王本懋敬之心，矢精勤之意，其寓于物以自警者，至今犹能揭其辞焉。今夫谨小慎微，即物而胥存其义，循名核实，因人而特重其词，则由明明德以进，释经言试，先征诸汤可也。宽仁智勇之资，天事先焉，人事后焉，而夙夜弗遑之志虑；若有憬然而常惺者务其大，并不遗其细。故端型在旒纩，早怵其神于至纤至悉之馀，服御起居之节，常人忽焉，圣人严焉，而昧爽丕显之精诚，若有皇然无所寄者鉴于外，藉以惕于中。故垂戒有箴规，已懔其意于一物一名之际，此汤盘所以有铭，而铭所以有取于盘也。夫铭何自昉哉？人情于所显著之端，往往处之若忘，不屑援以为借鉴。惟是假一器焉，俾触于目者动于心，而彝训所传，遂与球图而并贵。人情于所习惯之事，往往漫焉不察，何由倍致其悚惶，若既著一说焉，俾顾其名者思其义，而遗文可识，且偕钟鼎以常存。且夫盘,小物也,而重之以铭;铭,常事也,而系之于盘。汤固有深意寓其间焉。大抵宸修之敬肆,每以左言右动,显于简册,著其端究之,纪载过繁,不尽为见闻所及。若盘则躬亲御之,而习以为常,为用固甚切矣。古圣王离明作覩,其斋居惕励,本非形迹所可拘,乃刻责弥严,不独禹之铸其鼎,训词具在;何殊尧之戒于杆,惟危惟微,惟精惟一,是即羹墙之慨慕,用示夫端倪。盘特其寄焉者也。式其训,实以奠亳都六百祀之基已。从来典物之流传,每以颂德褒功,下与金石同其例。究之铺张失实,亦复于惩劝何关?若铭则质实言之,而借以为鉴,命意尤深矣。圣天子乾惕为怀,其宵旰勤劳,亦岂言辞所能罄?乃三风儆众以来,志惩玩物,六事责恭而后,语更关心。念兹在兹,释兹在兹。是即旂钺之精神,隐为之维系。铭尤其显焉者耶,揭其旨,可以括《商书》十七篇之要已。试递详之,非自新新民之一证欤?

《赋得地湿莎青雨后天》

得青字五言八韵

雨后云犹湿,天心酝酿经。
遥山连树碧,大地布莎青。
屐齿霑泥滑,檐牙滴溜停。
绿黏芳草岸,红罨夕阳汀。
蜗篆侵诗槛,螺峰展画屏。
阶前生意满,屋外薄阴冥。
馀润蒸苔础,新晴映稻町。
休征诚感格,丰乐庆郊坰。

【附录二】

王祖询在《蟫庐日记》封面、卷首及日记中钤盖了一些用印,计有十一方。丙申初夏,余访书吴门,偶于旧肆见一册印谱,店主云此谱自苏州潘家后人手中流出。随手翻看，赫然见最后几页中剪贴王伟桢、王祖询、王大森祖孙三代用印十馀方，其中尤以祖询印为多，惊喜不已，征得店主同意，摄影而归。一月后，苏州博物馆李军先生偶于馆藏书画中觅得王祖询临摹何绍基书法册，其中亦钤盖用印十二方（其中两方从形式判断或为联珠印），可谓印缘殊深。兹将三处所见印蜕，集附《蟫庐日记》后，以存前人铁笔朱迹，且亦足为文献之征也。按，苏州旧肆所见印蜕，从黏贴形式看，有些闲章很可能也属王祖询用印，但未有边款文字等信息可资佐证，故慎重起见，仅收确信为祖询之印者共计十方（其中两方见于日记）。丙申仲夏　卢康华记

复旦大学藏《蟫庐日记》钤印

秀水王且(祖)询印

祖询长寿

次欧

祖询私印

宋沂国公后

花桥水阁人家

祖询

受福富昌(竟)镜室

鸳湖旧钓

差酬捧檄心

熟思审处

苏州旧书店所见印谱收录王祖询用印

次欧

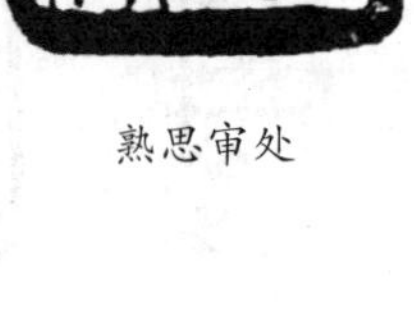
熟思审处

王祖询

受福富昌竟(镜)室

蟫庐又字敩欧

沂国公后

王

受福富昌竟(镜)室

蟫庐

祖询长寿

苏州博物馆藏王祖询书法册钤印

祖询

臣询长寿

次欧

玎(璞)菴

祖询印信 · 次欧

次欧墨缘

鸳湖鸺钓

书画癖

守虚

秀水

以学愈愚

北上日记

周长森

十载西江望帝畿，此身无翼不能飞。
风尘鞅掌君休笑，也算金门待诏归。

酒楼燕市夜灯红，曲谱梨园子弟工。
行过直沽三百里，万里海水接天风。

金阊门外荡轻桡，沪上笙歌款客轺。
消受二分明月夜，碧栏干外玉人箫。

黄流曲折绕雄封，鲁国巍峨仰岱宗。
记得蒙城山下路，碧畦青嶂绿阴浓。

车马奔驰趱日行，扁舟涉险劳魂惊。
山长水远征人苦，珍重题诗纪日程。

知己天涯一笑逢，聚无多日感萍踪。
酒醒逆旅灯残候，时有吟声答砌虫。

半年荏苒逐风尘，客舍留题字字新。
谁是临邛沽酒处，闲花野草爱撩人。

文字颓唐面目黧，年来足迹惯东西。
莫夸李氏南来录，此亦飞鸿爪上泥。
同治六年丁卯秋九月跋于江右寓斋

丁卯(同治六年) 孟春，江右需次，时饷需孔亟，奉方伯檄委解固本军饷万金。固本者，京师召募团防，仿前朝三大营之例，饷则分派各省，此其创始也。余奉委系第三次。先二日，与李小圃别驾同奉粮道委运驳船经费十二万四千两。克日束装时，小圃差次饶防，迟之又久，始获同行。募船添仆，船则文家班红船，仆则新旧六七人。预日，装鞘司事者苛派陋规，踵门需索，参谒辞饯，日不暇给。将行之前一夕，同乡狄曼农大令招饮极欢。

(1867年4月16日) 次日，微雨，登舟泊广运门外，时三月十二日也。

(1867年4月17日) 翌日巳刻解缆行十五里，抵扬子洲，天色晴明，西风渐紧，与小圃登岸闲步，归舟阅《说唐野史》全部，漏下四下，始就枕。

(1867年4月18日) 次日，行四十里，过樵舍，北风送雨，野泊荒寒。申刻金蔼云大令继至，各谈陆路行程，廉纤不止。灯下过访，见案上有《都门纪略》新刻本，偶一翻阅，则帝京景象宛然在目，大有望长安【西】[①]笑之意。归舟，阅褚稼轩《坚匏集》。夜来北风大作。

(1867年4月19日) 次日仍泊老鸦洲。阅《坚匏二集》。日晡风息，东山月出，波明如镜，登船头四望。回忆去冬十一月望夜舟泊

① 原稿“西”字以朱笔点去，味其语意，当作“而”。

鄂渚,清光烂然,今四阅月矣。灯下谈张天师事,有任君者亲见吴中丞甄甫抚江右时,久雨祈晴,延天师,出小匣[①],设道场,携法官二,坛上焚香一炉。天师出小匣,中有指甲,按符画之,焚炉上,青烟一缕,直透层空,黑云莽荡中,忽穿一洞,日光纵洞中下注,渐推渐阔,而云散天明矣,其灵异有如是者。然粤匪构逆,上清宫一炬焦土,则大劫有不可挽者。附此以志异闻。

(1867年4月20日)　次日,午刻泊吴城,雷雨大作,舟中逼仄如蜂房,赋《即事》云:"一日川途四日行,峭风吹雨阻征程。西江何处寻春色,万叠寒云拥灌城。""望湖亭在雨中间,高下帆樯四面环。安得凌虚持玉杖,拨开云雾见庐山。"午后,又成一律云:"百日真虚掷,扁舟阻雨时。消闲惟觅睡,遣兴偶吟诗。食饱翻愁饿,身慵只觉疲。离怀兼客况,撩乱鬓如丝。"

(1867年4月21日)　次日,稍晴,行二十里,旁风甚急。午后入黑甜乡,睡味正美,忽大声訇然,船舱破碎,橹亦中断,则来船相撞,遂泊德安河口。庐山青冥高耸,云拥其巅,瀑布一线,明如白练,令人游兴顿发。护送炮船之武弁殷康林晤谈半晌。灯下读《坚匏集》至第五编。夜深闻邻舟家室聚谈,感赋云:"频年作游客,浪迹楚与吴。故乡荆棘归不得,折腰五斗胡为乎?束装拜高堂,出门增踟蹰。简书可畏惧行役,缁尘易染惟京都。青春结伴道路远,白云在天神魂俱。君不见榜人一棹浮江湖,全家载得妻与孥。东西南北任所适,烹鱼置酒亲心娱。今我皇皇何所图?噫嚱乎,榜人之乐我不如!"

(1867年4月22日)　次日,日午抵南康,步入彭蠡门,颓壁断

① 推究此句语意,疑原抄本此处"出小匣"三字乃涉后一行"出小匣"三字而衍,当删去。

垣，居人零落，琢砚售者数十家，盖庐山石也。山居郡城之背，五老峰突兀高出天际，东向彭湖，春夏水涨，一白无际。绕城叠石为闸，碑刻宋朱晦庵知南康军建。对岸白沙满山，舟泊闸下，一更后月光皎然，屏嶂苍翠，令人有拄杖香炉之意。

（1867年4月23日） 次日，北风大作，行三里复返。小圃约游白鹿洞，遂偕往，由彭蠡门出匡庐门，行十馀里，至则众山回复，涧水琤琮，遍览胜地，五老峰高出，屋后去天不盈咫尺。日将晡，始返。灯下作《白鹿洞记》，并赋记游诗。附楹联："厓树俯凭，绿云泻壑；山门半掩，白鹿窥人。"又："泉石千里堪老我，云烟万色欲窥人。奉新帅芳蔚集紫雾真人字题。"又："能辨陆象山之义利，乃依朱徽国之门墙。广陵周兆兰题。"又紫阳讲堂有塑像，旁有对云："鹿豕交游，物我相忘之地；泉峰交映，智人独得之天。"其他碑版林立，涧中刻石磨崖题句，不可胜计。

三月二十日（1867年4月24日） 未刻顺风抵湖口，泊澄清门外，晤殷月樵礼大令，遣人导游石钟山惠忠祠。循城而上，栋宇林立，户牖玲珑，中为正殿，祀阵亡将弁，其西曰芸芍轩，旁有观音阁，凭江有亭，西望浔阳，坐眺彭蠡、匡庐秀削，烟岚层出，极山川之胜概，为彭宫保玉麟创始，有记泐石，并画梅兰石刻，曾爵相序其缘起。登正殿则阴风飒然，忠魂毅魄聚集其中，楹联美不胜收。轩中幽净，花木点缀，几案清妍。入江右佳境无逾此者。

二十一日（1867年4月25日） 南风大作，泊湖口一日，夜间风更烈。日长无可遣闷，得野史《说岳》一部，翻阅至漏三下。

二十二日（1867年4月26日） 风和日暖，放船由湖口至彭泽县。县东别筑一小城，为粤匪新建。山口与小孤对峙，贼据为门户，今时平险失矣。顺风至马当，即王勃梦神人助一帆风顺处，日将晡，复行三十里，抵望江之华阳镇，至此入安徽界。中途见轮船驰若奔电，因念内地口岸，为逆夷占踞将十年矣。无平不陂，天其或者待中原肃清，为荡穴扫巢之举？犬羊之性，方且梦梦！偶仿前人《十二辰诗》赋云："黠鼠窥人昼作怪，牵牛蹊田越经界。负嵎虎踞孰敢撄，狡兔岂惟三窟在？安得神龙奋鳞爪，挥剑斩蛇靖当道？马蹄蹴踏清中原，羊酪腥膻归绝岛。呜呼，犬夷狡狯终成擒，屠伯至矣猪一群。"

二十三日(1867年4月27日)　行三十里，抵东流县，为池州属。乘风六十里，泊黄石矶。明宸濠师攻安庆，至此问土人，曰："此王失机也。"后攻安庆果败。舟中阅《西厢传奇》。

二十四日(1867年4月28日)　辰刻抵安庆，入城晤同乡石子嘉昌猷大令，石以任南康罣误谪新疆，羁留皖省三载矣。己未仲冬，余漂泊万安，苦无归计，适子嘉摄邑篆，款留至再，继以归志甚决，赠川资百千，次年始返锡山，苏、常告陷，挈眷以出，穷途知己，此其一也。今子嘉年逾半百，罹此罪罟，一子侍侧，而平生故旧，无能为援手者，为之恻然。解囊得二十金，遂以赠之，珍重握别。午后行九十里，过拦江、太守等矶。炎曦送暖，一波不兴，泊枞阳镇上十二里。二更后，大风作，成《江行竹枝词》十首，其一云："鸣金伐鼓江船开，船头巨炮轰如雷。一日扬帆三百里，为烧神福顺风来。"舟人索酒肉祭江，祭毕享众，水手谓之"烧神福"。其二云："邪许声中众戒严，转蓬捩舵一身兼。篷窗闲□[①]舟人妇，白昼常将针线拈。"其三云："是处青山可泊船，湾湾港子近人烟。无端夜半狂风起，客子惊心不敢眠。"其四云："篙工袖手泊江湄，羡煞来帆疾若驰。为语篙工莫相羡，明朝也有顺风时。"其五云："风紧江心不敢过，拏篙一步一腾挪。舟人厌问前

---

① 原稿此处缺字。

头路，五里常言十里多。”其六云：“关津吏卒狠如狼，丈尺纵横任意量。买快更需筹一只，百钱添与又何妨。”船泊关口纳价，谓之报船，高下一出胥役之手，报明给票放行，值商贾辐辏，则加钱一百给一筹，谓之“买快”。其七云：“助饷抽釐有定章，搜查前后捉迷藏。一分漏网十分罚，莫怪今时物价昂。”其八云：“舳舻排列水师营，夜□[①]喧喧鼙鼓声。僻处依然停不得，劫江有贼半官兵。”近时遣散兵勇，流落无归，往往行劫维扬、金陵两地。其九云：“渔舟来往若穿梭，傍晚波平举网多。买得鲜鱼更沽酒，醉眠时听榜人歌。”其十云：“倦便梦腾饥便饱，阴晴一日互暄寒。行人历尽风波险，纵有奇峰不爱看。”

廿五日(1867年4月29日) 夜雨，黎明风息，舟行八、九里，风浪大作，急返故处，询之土人，则地名大拐，去桐城县百二十里。今春二月捻风逼近，居民迁徙，安庆亦然。日晡潮落，舟滞浅岸，数十人喧呼救应，至三鼓始移近中流。《即事》云：“北风渐紧江波皱，山色暝暝失清昼。归帆攒集如栖鸦，正是千林日落候。此去海门千里馀，朝潮夕汐随盈虚。人间防备不到处，往往意外来忧虞。推移费尽舟人力，夜静波平风顿息。残星闪闪月无光，自起推篷看天色。”

廿六日(1867年4月30日) 风逆，仍泊大拐一日。夜中无可遣闷，作《感怀》二律：“茫茫身世转风轮，镜里犹存面目真。万事输人都为懒，半生结客讳言贫。盛名易享修来福，元气难回劫后春。只恐樗材终见弃，空山雨露月轮圆。”“黄鹄矶边载酒游，萍踪屡被故人留。云山一别浑如梦，花柳三春不解愁。涉险始知行役苦，济时何敢为身谋。凉风天末如相忆，千里长江一棹舟。”

廿七日(1867年5月1日) 行廿馀里，避风新开沟，登岸看贵

---

① 原稿此处缺字。

池山,山色排青叠翠。午后,行三十里,泊王家套,南望九华山,奇耸秀削,插入云际,与匡庐不相上下。日内得野史《五虎平西》、《平南》等传,荒唐可笑,藉以遣闷,至漏四下。

廿八日(1867年5月2日)　三十里抵大通镇,泊荷叶洲,一名和悦洲,铜陵县界。洲本荒山一片,咸丰六、七年间,徽、宁避乱者踵至,遂成聚落,今则商贾辐辏,与大通夹江而烟户多数十倍。阴雨继至,与殷都戎小饮,畅叙历年运事。复出野史《粉妆楼》一部,俚鄙无可采者,然其剖别贤奸,取义惩劝,亦作者之志也,惟不经之谈为可哂耳。

廿九日(1867年5月3日)　三十里抵铜陵夹【峡】,去县城二里,风浪大作。未刻风定,行三十里,泊丁家洲。闻金大令翥云饷船亦到。是夜,狂风复作,急浪打船,更鼓戒严,螺声巡逻,秉烛默坐,如穷塞主,身入边关,愁听觱栗景况。赋五律云:"划江沙岸陡,晚泊艇纵横。云暗月无影,风狂潮有声。荒村知警夜,归梦醒残更。为惜春光去,和衣坐到明。"

四月初一日(1867年5月4日)　风利直下,过荻港,鱼鳞重叠,背山临江,下接板子矶,突出水浒,江水洄溜,东去如驶。矶上有塔,仅存二级,去繁昌县城五十里。晚泊芜湖,登岸闲步。是日行百五十里。

初二日(1867年5月5日)　以仆人赴繁昌取印文,仍泊芜湖。登岸行三里入城,街衢洞达,想见盛时辐辏景象。城内兵燹荒凉,循雉堞而上,纵览城外,长河环抱,江光自西南直下,明如匹练。隔江蟂矶庙丹垩焕然,昔梁末徐嗣徽据此,列槛至七矶,盖鸠兹国古形胜地也。是夜繁星满天。

初三日[①]**(1867年5月6日)** 公事羁迟，南风送暖，泊舟苦热，无书可读，倚舵楼望江光山色，忽忆别豫章时，倏更令序矣。《即事》云："青山拱列招我前，那能结屋栖云烟？长江浩淼催人去，但见征帆指前路。村鸡喔喔明朝暾，故乡迢迢系梦魂。山川是我旧相识，何不归卧掩柴门？韶华一去无颜色，啼老鹧鸪行不得。君不见上古之民守乡国，凿井耕田忘帝力。名利牵人傀儡形，江湖憔悴头先白。"

初四日(1867年5月7日) 自芜湖解缆，一日抵白河口。长江水师提督驻南岸，炮船成队。江中八卦洲亘绵数十里，直达草鞋夹【峡】。昔金陵未复时，难民蓬栖者数千家，对江棉花堤兵勇云集，帆樯周匝，大营饷道也。今大胜关仍设鳌局粮台，屋瓦如故，馀则荒洲一片。南望山冈，曾沅帅驻节之地，营垒相望。当时廓清豺窟，不知费几许心力矣！呜呼，剩水残山，馀腥犹在；沉沙折戟，此恨未消。寂寞空城，凄凉夜月，河山无异，风景顿殊，丁令威之伤心，岂待千年化鹤哉！是夜北风大作。

初五日(1867年5月8日) 风逆，泊白河口南岸。日午冒风浪夹江登江岸，由江东桥入水西门，行青石街十馀里，居民零星结屋，守兵跨桥扎营，盛时景象，百不存一。入城则街市渐复旧观，府署改为制军驻节之地。吴补愚大令启英时驻工程局，为藩司修复衙署，谈甚惬。旋谒孙海岑太守云锦，时总查城南保甲。黄冠白观察、刘彤陔直刺，先数日晋省，寓江西会馆，别久重逢，喜出望外。座中为杨子穆太守、万总戎泰，皆江西人也，款留至再，余以公务羁辞。是夜，宿补愚处。览瞻园旧址。

初六日(1867年5月9日) 侵晨，张冶东上舍过访，各述景况。

---

① 原稿作二日，笔误所致，今改。

旋谒曾爵相,询江西近状,并北上行迹,娓娓甚悉。驻节之地即伪英王府也。出府至三山街,谒潘伊卿观察,时总办粮台,叙上年汉上勾留情事。旋至武定桥访刘宝之家善孝廉兄弟,未晤。刘,故姻家也。宝之设帐他所,盛之家炘以胞叔菊庄柩至省城,料理丧事,菊庄孺人张氏近由兴化返故居,孀妇、幼女,艰窘可伤。咸丰十年四月,余由上海至姑苏,迎春之时,菊庄夫妇携两女一女孙,僦居郡城。贼骤至,阊门火起,仓猝寻余舟,冒雨遍体沾湿,家慈亟舍舟之半以居之。舟小不能容,遂露立篷侧,飞棹出葑门赴上海,复同渡钱塘。菊庄流寓萧山,至此永诀矣。张孺人追述往事,感慨系之。日未午,与补愚作别,以所乘马遣一卒驰送,由北门桥过卢妃巷,登古【鼓】楼四望,钟山郁起,旷野荒凉,麦秀麦【黍】离,故宫瓦砾。鼓楼之南有亭翼然,询之土人,则妙香庵也,遂下马寻路界,略一游览,台榭池沼,依然旧规。往【住】持僧月潭进茗饮,且言故屈子祠,粤匪窜踞,即以此为伪御花园。癸丑季秋,都人士建长生禄位,奉曾沅甫中丞,两庑石刻耆介眷【春】宫保、祁淳甫相国诸公手迹犹存。呜呼!金陵园亭,此为硕果。月潭定约,谓今秋出京,悬榻以待,盖吾乡陈桂伯学博、刘菊庄上舍皆月潭旧交也。复乘马出仪凤门登舟。《途中即景》云:"黑菁迷山暗,浓云压地愁。高城仍虎踞,废邑任蛇游。六代人如梦,三春气似秋。景阳钟在否?一例委荒邱。"《重游妙香庵》云:"亭榭巍然在,人民四面非。虚廊迷夜月,老树恋斜晖。鲛窟馀腥涤,莺花历劫稀。山僧如旧识,邀我掩荆扉。"是日泊下关。

初七日(1867年5月10日) 迟仆人未至。北风复作,金翥云大令、殷生吾都戎入舟手谈,三鼓始散。

初八日(1867年5月11日) 黎明解缆,行五十里,将至殷窑口,风逆退停通江集,先饬仆人陆路至六合,附书与戴注堂、马季良两处。通江集与观音门对,江北行二十里即瓜埠,故乡在迩,先垄久荒,公事羁身,欲归不得。忆童试时,买棹渡江,岸上居民稠密,今沧桑劫转,十室九亡。与小圃登岸茶话,时天久不雨,遗黎望泽孔殷,询邑令贤否,不答,盖小民畏官,由来久矣。安得雨旸时若,使孑馀重登衽席乎?

初九日(1867年5月12日) 翦江行十馀里,逆风折回,渡江泊燕子矶下十里。灯下赋《金陵志感》云:“天堑长江抱郭斜,秦淮烟月斗繁华。如何一夜罡风起,断送南朝十万家?”“兵弄潢池忽蔓延,黎邱老魅噩弥天。笑他伪国春秋注,称年[①]称王十二年。”“兵燹生灵苦被灾,掀天声势起楼台。纷争蜗角今何在?青草丛中白骨堆。”“珠钿零落委香尘,玉树庭花迹又陈。三月流莺啼不醒,碧桃花下断魂人。”

初十日(1867年5月13日) 风便,泊瓜洲内河,去扬城三十里。瓜水为洪泽湖下口,从前漕艘北行必由之路。逆贼占踞,缘岸为营。同治五年,以金陵收复,盐运改道,此地新开一小河,西岸居民贸易成市,而瓜洲旧城则坍入江中矣。沧桑之变,此其一端。

十一日(1867年5月14日) 午刻抵维扬钞关,入城谒何悔馀师[②]、程运宪尚斋,适黄观察冠白先一日至,僦居朱子典观察意园,子典仍住汉上,主人留一饭。遂至田祐之处,素琴女史殷勤款待,出所携酒筒、新茗数种赠之。复与粤东陈汉池寓包家花园。黄昏出城,悔馀师订翌日觞酒之会。

---

① 原稿作“年”,于意义于格律皆不安,疑笔误所致。

② 何栻(1816—1872),字廉昉、莲舫,号悔馀,江阴人,道光二十五年(1845)进士,曾官建昌知府、吉州知府等,一度入曾国藩幕,后经商成巨富,在扬州建瓠园,尽享文酒之乐。著有《悔馀庵文稿》《诗稿》等。

十二日(1867 年 5 月 15 日)　辰刻,以悔馀师招饮,金翥云大令亦至。适晤刘子恕诚忠,别十年矣。子恕昔在六合为文字交,昕夕过从。咸丰壬子入庶常,不数年擢守河南汝宁,调任开封,今奉讳旋里。握手喜极,各谈往事,感念旧游,晨星相望。观其齿与发衰矣,而眉宇间犹露精悍之气,盖子恕以寒士为同乡赘婿,艰苦备尝,卒能树立,官况甚贫,操守概可想见。座客黄观察冠白、吴次垣、介臣昆弟、瞿吉斋孝廉、管才叔茂才。悔馀师新筑小楼,窗槛西北,登其上,则旧城及天宁寺屋宇,一览可竞。是日招十锦杂耍,设女乐演杂剧数折,继之以弄丸跳竿、象声扇戏。灯下三女史翩然入座,其一云金凤,登场演《思凡》一折,流靡婉约,举座尽倾。与诸公角饮,漏四下始别。寻祐之寓馆,作书数函。素琴进香稻粥,食毕,剪灯话旧,促归。青琐幻梦方酣,而三竿日上矣。

十三日(1867 年 5 月 16 日)　归舟,复与田祐之入城晤悔馀师,属致书信。南风大作,翥云先以解缆,小圃以寄眷兴化,便道遄归,未刻入舟,祐之踵至,置酒清谈,珍重告别。黑酣一枕,几忘明月二分矣。夜半起坐,挑灯追忆往事,赋八绝句云:"秋娘颜色如春花,十载飘零苦忆家。为语萧郎休再误,流苏枕上晕红霞。""同住长干各妙年,多情相见更相怜。巫峰不作襄王梦,神女来时每黯然。""一劫红羊两地疏,重逢沪上暮春初。烟江并棹行千里,夜夜论心却异居。""伯劳飞燕几经春,惆怅双江与八闽。难得玉钩斜畔月,照来金粟影中人。""浮萍虽化絮沾泥,冷落朱门燕子栖。啼鸟声声唤姑息,背人弹泪画栏西。""江上风帆懒不开,枇杷门巷我重来。东君无意桃花笑,如此春光忽放回。""才共欢娱晓漏闻,片时惜别倍殷勤。相思味苦卿知否?到得甜时只一分。""憔悴风尘不自知,被人强派作佳期。前因后果分明证,始信人间遇合奇。"

十四日(1867 年 5 月 17 日)　风利,直过邵伯镇,晚泊高邮。途中露筋祠如故，余与同里朱恬士祺安旧游处也。咸丰六年夏，六合筹团练经费，转运淮纲，由邵伯赴天长之秦栏，陆挽而至。余偕恬士首创此举，舟过此间，纳凉高阁，近挹湖光。金陵李君善昆腔，恬士工吟咏，余亦题诗，盖当时逆氛虽巨，而沧桑之变未尝亲历之，今河山如故，而恬士不及见。旧作茫然，盛游难再，怅惘久之。是晚，月明如镜，赋《夜泊》云："烟雾溟濛里，湖光月破开。孤城侵水气，下泽免兵灾。茆盖低头屋，芦飞决口灰。上年新水塘堤溃。推篷□[1]甓社，疑有夜珠来。"

十五日(1867年5月18日) 由高邮解缆，时清水塘堤工未竣，河道阻塞，出湖行三十里，进口河仄如线，水浅不盈尺，行数里搁浅。烈日蒸晒，进退两难，亟询之土人，则界首紫金闸阔一丈二尺，内河农民以天旱去闸板，运河一洩如注，欲客舟畅行，非塞闸不可。遂命家僮驰行二十里至界首闭闸，仍传集封小舟提驳，并派夫役二十馀人，夹河背纤，邪许之声，震动远近，甫及半途而闸闭，水长六七寸，且曳且进，直至东方星明，始达界首。遣赏众役，而南风顿息矣。倦极就寝。是役也，殷弁亦踊跃从事，盖运河为淮水出江之路，前人设堤以救高、宝、兴、泰之民田，沿河设闸，因时启闭，而淮水汇集之洪泽、甓社诸湖，非东西一堤所能保障，于是西面循湖再筑一堤，中为运河，蓄洩淮水，兼利漕运，河督总其事。漕运之兴，岁縻金钱，不可胜计。上年清水堤决口七百馀丈，里下河变为泽国。今堤工将竣，而累月不雨，淮、湖诸水，不足资下游之灌溉，盖天时使然也。沿途祈雨甚殷，禁止屠宰，旅人皆蔬食矣。

十六日(1867年5月19日) 巳刻，东南风大作，过紫金闸，水势渐深，扬帆直进，行八十里，至宝应。入城晤同邑孙鹤笙上舍于朱

---

① 原稿此处空一字。

文定公里第。时孙艾彩明经侍其尊甫懋斋茂才同馆于此,相别八、九年矣,各道契阔,追念文坛诗社,故人黄土,彼此心酸。鹤笙居停置酒留饮,二鼓归舟。赋二律却寄:“长风万里送行舟,系缆河干访旧游。往事沧桑如梦幻,异乡萍梗各漂流。析薪世叶儿能荷,鹤笙令嗣年甫十二而文笔斐然,艾彩子亦入泮。拾芥功名愿必酬。回首当年文字会,三人以外更谁留。”“微官落拓误平生,茹蘖含酸十载情。奇遇都由天作合,澄怀依旧水同清。哀鸣鸿雁思安集,得失鸡虫耻较争。多谢针砭能益我,尊前肝胆一时倾。”是日闻七叔母携一孙归里,以青蚨四十,由鹤笙寄去。

十七日(1867年5月20日) 风利,过淮安,郡城前有所谓古枚里者,殆枚皋故居也。未刻抵清河县,谒漕督,未遇。翥云先一日至,已定计用小车驰驲矣。夜二鼓,忽变计用大车,清河令陈鹏以祷雨相左,小圃未到,又误行期。夜泊安澜门外。

十八日(1867年5月21日) 清河令答拜,复未晤。车价甚昂,天时甚亢,农民祷雨,恐有麦而无禾。舆夫落落,舟中摒挡一切,与翥云往返相商。灯下兀坐,嚣声甫息,狂风忽起,云暗星稀,枨触乡心,低回身世,风尘老我,时事如斯,泛然不系之舟,渺矣沧海之粟,磨人墨在,藉此书怀:“万物竞市途,动极乃生静。云浓天四垂,星隐月孤映。中有历劫人,瞑心如入定。缅怀未生前,何者为命运?洎乎既生后,事事由分定。坎止与流行,达者委心任。斗捷而逞机,巧者务奔竞。究竟天为之,其愚毋太甚?我本蚩蚩氓,作止由天性。自更兵燹馀,阅尽繁华境。盛败只须臾,显荣亦儌幸。转轮悟变迁,持节辨逆顺。敢存奢望心,遂失本来分。抚此驹先驰,屡受瓶藩困。中夜怀隐忧,百感忽交并。要知生人力,悉惟造物听。譬如千潭月,总是一月印。飞鸟共盘桓,潜鳞自游泳。大哉时取随,天高吾不问。”

十九日(1867年5月22日) 车值未定,闷守河干。午后入城,至书肆,阅《清河县志》,乃吴仲宣漕督新修者,叙河防甚悉,惟《人物志》以韩信、枚乘为邑人,盖县界本析山阳为之,城则漕督创造。咸丰十年,土匪骤至,井邑墟荒,今居民较昔只十之五,而漕运中废,盛衰之理,有数存焉。迤逦行过友香茶社,观女弟子演杂剧二折。归途购《白香山诗集》一部,灯下读讽喻各体。

二十日(1867年5月23日) 午后小圃由兴化至,亟征车骑仍不得,盖饷差近岁以湖北不靖,改由清江,舆夫避差,预为藏匿,时值麦熟,农务纷纭,清江令复因公赴金陵,呼应甚难。舟中读《香山全集》。

二十一日(1867年5月24日) 午后殷都戎及小圃、子豫偕赴友香茶社观剧。天气亢旱,风沙四起,祷雨不应,江南北插禾无水,新苗干枯,物价腾涌,旅人亦抱杞忧,借此遣闷而已。

二十二日(1867年5月25日) 清晨,前次押运饷差之卫官朱芝侯维弼由京都至,备言雇人之难,不如驰驲,遂定计,传谕县役,仍用小车由正站驰解,限二日就道。午后,偕小圃至芝侯寓馆,归舟作家书并衣箧零物,嘱殷弁带回江右。

二十二日(1867年5月25日) 摒挡一切。日晡,邀朱芝侯、殷生吾小饮,藉以作别。夜五鼓就枕。

二十三日(1867年5月26日) 车徒坌集,定于明日就道。午后,朱芝侯来话别,留饮至更深。

二十四日(1867年5月27日) 黎明,雨骤作,舆夫裹足。干旱既久,甘泽忽降,上下欢忭。旅人即阻滞三日,亦所心感【甘】。盖今岁若再歉收,则东南民困,有不止于流离颠沛者,恐十馀万饷金不敷赈济也。午后,邀殷生吾手谈,置酒贺雨。未几,浓云渐散,雨细若尘,泽入地未及一寸,岂天意屯膏,使凶灾迭降乎?

二十五日(1867年5月28日)　黎明束装,空车由县驿出城,至半途,有解军饷之武弁拥卒百馀,驱之而走。清河令他往,押车之仆役,相与争执,为悍卒所伤,质之转运局道员钱某,则佯为不知,车徒已扬尘而去。于是签差四出,再行捉车。县仆知事之必欲道地也,再三缓颊,留住一日。

二十六日(1867年5月29日)　束装起程,舆夫不足,则强拉负担之人以备数。延一时许,至王家营,黄河已成平地,清河驿圉人匿马不与,执箠鞭之,得六马以供用,渡盐河,过鱼沟,午饭,漏三下始抵众兴集,饷车入堡,则亡其三,于是传饬汛弁,纷纷搜索,傍皇终夜。鸡初鸣,小圃速驾前往,陆续寻觅,倖而获全。是役也,清河县以西江差务取道于此,颇厌繁杂。前次委员甘出重价,自雇轮车,金大令翥云亦仿此意,皆慎公事。此次勾留七日,而雇大车,出重价而不得,迫而驰驵。清河令潦草塞责,舆夫率饥饿小民,得价不足供一日之食,往往乘隙兔脱,弃车道旁。其黾勉从事者,前途驵站,又驱之他往。小民何辜,疲于道路,寇贼之兴,未必不由于此,可为浩叹。《过王家营口号》云:"地险黄河失,天低绿树斜。放宽平砥路,直走夹轮车。守御千家寨,飞扬四面沙。陆行从此始,翘首望京华。"是日行九十里。

廿七日(1867年5月30日)　桃源曾令惠签役护送,仍派原车前往,循运河而北,长堤加筑土墙如雉堞状,为捻防计也。行六十里,宿扬化集。先一日,金陵驻防善馀生庆大令谒选入都,遇诸途,谈西江近事甚悉，是时先鞭早着矣。桃源瘠苦之区，大镇筑堡自卫，零星村落，仅茆屋三、四家，麦黄遍野，居民蓝褛如故。此去无种稻之田，而天旱望雨，咨嗟道路，盖麦稷亦望甘泽也。逆旅具肴馔，多至十馀品，无可下箸，而索价甚昂，行人苦之。偶成云："干稀两饭饼盘增，恶馔纷罗索价腾。日食万钱难下箸，北来无客不何曾。"

廿八日(1867 年 5 月 31 日) 行六十里，至宿迁顺河集，地方去城二里，县令包家丞兴实，安徽泾县人，世居金陵，遣仆送酒肴至，与小圃命饮。《途次偶成》云："江南将尽路，莽莽去无边。云暗不成雨，沙飞能障天。淮徐杂风气，旱潦叠凶年。寄语封疆吏，流亡早赈蠲。"

廿九日(1867 年 6 月 1 日) 行六十里，驻宿迁峒峿寨，至此始见土山，小车轧轧，行里维艰。申刻，命仆人驰马先往布置。馆舍题壁云："健仆飚驰怒马雄，征途一宿又匆匆。人烟惨淡干戈后，日月消磨道路中。南望乡关馀涕泗，北来山色渐巃嵸。卖刀买犊升平事，何若剽轻袭土风？"

五月初一日(1867 年 6 月 2 日) 小车先行，座车继至，日午过新安镇。自清河以北，凡大镇皆筑堡。新安本牛马镇，居民八百家，捻逆构乱，寨主刘月驹潜谋内应，经僧邸督兵剿洗，居民零落，市井寥寥。又十二里为红花埠，雉堞完固，与山东接界。大雨骤至，亟寻旅舍，雨旋止。是日复行六十里。偶成云："试问红花埠，红花何处开。江南春已去，游子未归来。""两月云霓望，今朝雨泽加。天公休吝惜，不是为浇花。"

初二日(1867 年 6 月 3 日) 行四十五里。午刻，至郯城，舆夫疲顿，涕泣求免，而县差苛索，仍欲驱至前站。于是走谒郯城令李瓜山塽，武健吏也，甫入座，李即坐堂皇呵叱，舆隶立命释放。相见叙近事,郯城土匪蜂聚,去春莅任穷治,党羽诛杀以数百计,而县境帖【贴】然。且言山左官军兴时,艰窘尤甚,盖实情也。是时清河、宿迁、桃源贫民被驱释放者如縶鸟出笼,叩首而别。饷鞘用秤过数,存入库中。与小圃出,宿迎薰门外堡寨。《夜半即事》云:“异乡有梦各还家,街柝沉沉静不哗。酒醒更阑重话旧,地炉吹火自烧茶。”

初三日(1867年6月4日)　驰七十里,日未晡,宿李家庄。阅壁间诸女史诗,清婉有致,因手录一纸。忽忆去年端阳寄寓汉上,流连风景,枨触诗怀,即和江都汪子仪题壁元韵:“榴花照眼黍盘登,梅雨遍迟暑郁蒸。去路瞢腾中酒客,故人安稳在家僧。留连诗酒云同散,归隐乡关我未能。为问工吟诸女伴,挥毫亲见有谁曾?”附子仪诗云:“自笑车中四日登,峭寒如水暖如蒸。离家已是无巢燕,觅句还如入定僧。陶令有官辞恨晚,冯驩作客叹无能。王郎知我云同懒,屡问行装整未曾。”

初四日(1867年6月5日)　行四十五里,至兰城县,即沂州府首邑业。县令以车骑未备,留宿一宵。沂州古琅琊郡诸葛武侯、王右军生长地,郡郭完固,北门外沂水汇为平湖,顷因亢旱,沙田一望无际。其南曰望淮门,是日刑三人于市,盖劫徒也。感赋云:“东海古名郡,于今卧治难。民顽轻性命,岁歉半凋残。积渐成颓俗,迁移视长官。怜渠拚一死,不肯忍饥寒。”

初五日(1867年6月6日)　午刻,行四十五里,至半城。大风卷石,烈日烧云。与小圃匆匆抵旅舍,食麦饵瓜蔬。题壁云:“蒲香谁泛酒,食饱又长征。佳节中天届,劳人触热行。狂风迷日色,崩石走雷声。问询入山路,崎岖第一程。”舆夫惮于跋涉,悬赏不应,强而后可,再行四十五里,山石荦确,车声辚辚,一跌胆碎。薄暮驻青驼寺侧,前有石桥,涧石崚嶒,巨碑林立,大半没字也。膳毕即卧。自清江浦至此，始按站行一日。

初六日(1867 年 6 月 7 日) 尖垛庄蹦龚城，宿蒙阴，共行百十五里。县令沈某，绍兴人。近城十里，平路如砥，黍苗含润，盖得雨未久，岂天之膏泽，有所私乎？何来途千馀里，亢旱如故也。蒙山秀峭，高矗云际，《鲁颂》"奄有龟蒙"，即颛臾所封之地。车行不数里，辄遇荦确。赋《山石叹》七古一篇。

初七日(1867 年 6 月 8 日) 行四十五里，至敖阳。一山尖耸，怪石螺旋，皴岚如黝，即敖阳也。逆旅主人梁绰孚，年八十馀，雅好士类，壁上有道州何子贞太史赠诗，和者十馀人，笺纸盈壁，内有警句云："寒雪压檐灯影瘦，春风开甕酒花香。前途烽火关心问，旧事云烟过眼忘。"小圃作诗未就，余亦用原韵，志感云："山色东蒙堕香茫，征车北上又敖阳。风沙扑面形都变，蔬食还家水亦香。往事沧桑如梦幻，古人宿草半遗忘。同人十馀年前北上维【经】此，皆有题咏，今鸿爪茫然。燕台此去谁知己，一曲歌成自绕梁。"再行十五里，驻新泰县城外，日未晡。县令郑溥亦浙人也，送酒肴至，小圃痛饮。

初八日(1867 年 6 月 9 日) 行二十五里，至翟庄；三十五里，至羊流店。沙河北岸有巨碑，题云"晋太傅羊公完人之墓"。渡河即太傅故里。日方午，以换车故，宿焉。题墓云："三分帝业终归晋，降虏孙吴在目中。密表上陈先定计，封疆无事且和戎。荆襄遗爱如冬日，裘带行军有士风。故国萧条墟墓在，行人洎【泪】与岘山同。""泰山宅畔羊公里，几阅沧桑土岸倾。能使千秋人堕泪，何须三尺塚题名。祭遵儒雅堪同调，谢傅风流起后生。今日蜉蝣满人世，知公地下也伤情。"

初九日(1867 年 6 月 10 日) 由羊流店行六十里，至崔家庄。

午饭,晤江西廖兰恬大令至【自】京回,亦饷差也。同行诸君系泰和旧识。午后行四十五里,至泰安府。中途见巍然耸峙,气象岩岩者,则岱宗也。作《望岱》二律:“一峰透顶万峰蹲,到此方知泰岱尊。万古禋宗隆祀典,九洲俯视渺烟痕。能敷云气为霖雨,直放河流下海门。山岳有灵须效命,早平夷虏靖中原。”“划开尘海荡心胸,神秀宜为造化钟。道冠百王天纵圣,名高五岳岱称宗。火轮夜见扶桑涌,土壤卑由大度容。七十二家封禅毕,秦碑汉碣又尘封。”是日出羊[①],山径龃龉,下车缓步,将近泰安,则松阴绿沍,茆舍幽栖,令人有山林之兴。

初十日(1867年6月11日)　行二十五里,至天牌店,山路险仄。三十里至鱼池,二十五里至肥城,宿城中逆旅。天气亢旱,观壁上题字,知潘岱云懿、朱孟延昌年二君于三月十二日过此。时阖城祷雨,杨枝插户,得句云:“不雨近三月,骄阳亢欲焚。如何近泰岱,肤寸不生云。”

十一日(1867年6月12日)　晓行,浓阴四合,有大雨势,一炊许,天日复晴。过大石铺,登五道岭,石径陡峭,舍车步行,中途与小圃憩大石上。踰二十里,路稍平。《即事》云:“衣带随风舞,轮蹄逐日行。拨沙寻轨迹,撞石斗戈声。山险露奇态,云浓遮晓晴。危途频叱驭,入梦亦心惊。”午后,绕山行高岭,峭壁顶上石笋如林立,周围如城,土名麻山。日晡抵长清县。道中书所见:“一线萦山溜,千盘凿石根。地荒苗黍瘦,水浅井泥浑。高树连村暗,轻车坦路平。风沙塞田地,终日近黄昏。”是日,行九十里,宿县城。

十二日(1867年6月13日)　行四十五里,过黄河,喷砂障起,河势湍急,对岸仅里许,方舟竞渡,北即齐河县城。午刻,住北门外逆

---

① “羊”字后疑脱“山”。

旅。仆夫况瘁,炎热汗蒸。灯下成律句:“孤城界齐鲁,行色惨征轺。沙势半空舞,河声千里遥。奔湍飞鸟疾,落日客魂销。拍枕喧中夜,跑空万马骄。”

十三日(1867年6月14日) 行七十里,宿禹城县。郁日怒暍,惊沙乱喷,车中如入釜甑。县城革固,居民寥寥,皎月在天,中夜不能寐。《即事》云:“严关停鼓角,万树斗风声。禹迹千年杳,齐烟九点横。旱乾民售水,旅困客忧程。独有故乡月,随人直到明。”《中途书所见》云:“南风日夜卷尘沙,祷雨无灵万姓嗟。满地旱苗枯欲死,路旁惟见枣开花。”

十四日(1867年6月15日) 由禹城行馆二十里,平原界地也。壁上题字,大半由女妓张喜魁作,有七古一篇,颇极风尘之苦,惜未记录。午后,热如沸汤。《车行自遣》云:“行路难如此,征人苦若何。贪程愁病仆,恋栈笑疲骡。面目皆尘渍,茶汤半土和。驰驱为王事,筋骨任消磨。”是日行八十里,宿平原郊外。

《山石叹》此首在初六日

吁嗟石兮奈尔何,崭然头角山之阿。或为鸱蹲或虎踞,一一棋布而星罗。两骡负车两轮夹,疾行到此成坎轲。五步一颠蹶,十步一腾挪。车中之人遭折磨,如糠入箕米入碓,如铁受锻玉受磋。上攲下侧却复进,前跋后疐叱复呵。訇然一跌心胆碎,此时性命真幺么。我闻京师朝宗合万国,循程置驿无差讹。东南疆宇渐宁谧,边夷贡献琛赆多。群公效命来述职,多士观光思掇搓。谁能舍车竟徒步,更寻远道由津河。此邦官吏束手视,马瘏仆痛愁日短,尔石尔石徒嵯峨,不为砥柱为盘陀。安得司空以时平道路,顿使万方辐辏无□[①]颇?吁嗟

① 原稿此处以朱笔作插入符号,然未写所脱为何字。

石兮当奈何！

十五日（1867年6月16日）　行五十里，至黄河崖。午后，复行三十里，至德州。车中口占云："日长惟病渴，道远竟忘饥。照影惊身瘦，还家累梦疲。消愁偏废酒，排闷只吟诗。珍重慈帏训，中途强护持。"是晚月色皎然，与小圃欲饮无酒，适瞽童携胡琴过门，招之度曲，音节激宕，颇有燕赵之风。夜阑秉烛，题二十八字于壁："谪仙诗兴半消磨，顾曲周郎感慨多。如此征途如此月，不能饮酒且闻歌。"

十六日（1867年6月17日）　过德州，度运河，水浅不盈尺。廿五里至刘智庙，逆旅清静，馔饮亦佳。壁上有金陵女子白玉瑛题句曰："名花堕溷信前因，奔走天涯剩此身。安得前途逢慧眼，慈航救妾出风尘？"和者甚多，因忆廿年前金陵贡院对面有白玉儿者，年逾二纪，风致洒然，曾于月下过访，乱后杳然。玉瑛岂其所出欤？叠韵和之："板桥风月计前因，漂泊谁怜弱女身？莫向江南寻旧梦，桃花门巷总成尘。""茫茫后会谅无因，那得捐金赎汝身？珍重燕支山下路，莫教红粉委沙尘。"午餐纳凉，再行四十里，抵景州，为河间府属。道旁有碑，一曰"贾阆仙祭诗处"，一曰"董仲舒故里"。中途遇杨子于太守、许宽甫大令，南行匆匆，数里而别。

十七日（1867年6月18日）　（行）四十里，抵埠城县。申刻大雨如注，欢声盈野，惟未知乡关何如耳。赋《喜雨诗》。

十八日（1867年6月19日）　行四十里，抵富庄驿。北风送凉，车行甚适。逆旅送两妓侑觞，皆济南人，曰金环、金枝，平康下品也，赏以青蚨，再三需索而去。日过午，仆从始至，复行四十里，漏三下始抵献县。

十九日(1867年6月20日) 由献县三十里至商家林,午尖再三十里至河间府,城垣空阔,马队住西关。入城觅寓,询纪文达公故居,土人不解所谓。

二十日(1867年6月21日) 至廿里铺,尖后五十里,至任邱,宿西关外,倡条冶叶,络绎而来,皆却之。时阜城以南获甘澍,任邱祷雨如故。车中感赋云:“千锤百炼坚筋骨,六道三途转劫轮。南望有家萦梦寐,北来无日不风尘。苍穹剖别施甘雨,赤甸饥荒累小民。安得輶轩问风俗?不教郑侠绘图陈。”

廿一日(1867年6月22日) 将行,值直隶制军刘常佑过境,时新设六军,为固本计,制军赴河间校阅。县令郑沂,山西人,以驿马不敷,请待明日。闻捻氛甚急,渡运河窜长垣、汶上,黄河以南,处处戒严。杨子于、许宽甫两君均由前路掣回,向使饷鞘未渡黄河,则岌岌殆哉!为之称幸者再。

廿二日(1867年6月23日) 出任邱北门,过郑州,宋辽分界处也。前为赵北口长堤,直亘过十二连桥则雄县界矣。遇雨,宿南关。是日行七十里。口占云:“莽莽燕云黯,平沙四望圆。堤连桥十二,乡阻路三千。急雨催征骑,凉飔入暑天。居民知地利,新绿绽秧田。”

廿三日(1867年6月24日) 七十里至新城县,额曰“古新昌”,南关有碑曰“郦道元注《水经》故里”。中途循白沟河上行,河为通津,舟楫来往,与琉璃河接,有碑云“宋文文山吊古处”,盖丞相赴燕时赋诗于此。山左道梗,风鹤震惊,感赋云:“一线河防懈,千屯警报来。劫馀谁合烬,麦熟转成灾。扰攘中原地,凄凉大将台。旅人归路断,南望日徘徊。”

廿四日(1867年6月25日) 新城汪令以课试,车徒不备,日午饭于街署。敦促起程,过三家店,长役护送者各逃散。夜行十数里,至涿州,三鼓入城,与阍人订约以诘朝齐集。步南关,甫就枕则鸡声喔喔矣。

廿五日(1867年6月26日) 巳刻出涿州,城关险阻,雉堞巩固,黄帝战蚩尤于涿鹿即此处。石桥长二百丈,坊曰"万国梯航",御碑题曰"永济"。过房山界,越琉璃河尖窦店,即宋窦燕山故里也。山势飞腾绵亘,叠秀拖青,长逾百里,盖燕京王气,首钟于此。薄暮大风骤起,卷石扬沙。抵良乡南关。连日患暑泻,节饮食。

廿六日(1867年6月27日) 良乡令以车徒未集,募骆驼运送,日过午不至,入署严催,堂庑朽敝,胥吏寥寥。县为疾苦之缺,而差徭则无日无之。视涿州南关外所悬一联云"日边冲要无双地,天下繁难第一州",其疲玩相等,遂羁留一宿。

廿七日(1867年6月28日) 行三十里,至芦沟桥,渡桑干河,山水怒发,浊如黄流,其源来自塞外。桥内为榷税地,胥吏索费,百计刁难,遂投旅舍。芦沟桥为京八景之一,前人有句云"一片河梁千古月,九州人物五更心",颇为贴切,过此则直达帝城矣。心绪恶劣,揽衣夜起,喧阗鼓柝,旅况惊心,读唐人"帝乡明日到,犹自梦渔樵"之句,为之怃然。

廿八日(1867年6月29日) 行二十馀里,北望禁城,紫气笼罩,一路园林树木,郁郁苍苍。巳刻进彰仪门,门者索费,关吏取状,纷纷诘难。小圃殿后,随座车赴崇文门税务处,余则押饷鞘投户部,经西河沿入正阳门,计数缴纳,派家丁看守。寻逆旅至杨梅竹斜街蕴和店,饥肠碌碌,面目皆非,略一栉沐,颓然径卧。日将晡,小圃至。

廿九日(1867年6月30日) 赴户部投文,吏部投信,纷扰半日。闻许宽甫大令将由海道起程,亟令驾行十数里入顺治门,则先一日行矣。金翥云大令至,欣慰者再。

三十日(1867年7月1日) 以户书索费甚重,赴城内谒大司农罗椒生先生,未晤。阍人询来踪,细述颠末,使之转达也。

六 月

初一日(1867年7月2日) 晤善馀生庆大令,并往拜诸相识者。

初二日(1867年7月3日) 遇刘彤陔直刺,招赴广德楼观四喜班演剧。

初三日(1867年7月4日) 谒江西观察王君德权,未遇。入前门,至东四牌楼,晤朱孟延大令,留饮。过耆相国介春故园,日晡始还。

初四日(1867年7月5日) 赴户部文选司验到,旋赴吏部缴银五万两。

初五日(1867年7月6日) 金翥云大令招赴广德楼观剧。晚赴如松斋小饮。

初六日(1867年7月7日) 吏书王晓山以验到时汉掌印未至,须补验。日午,再赴户书西号。范绍斋邀观剧。

初七日(1867年7月8日) 偕刘彤陔、善馀生两大令、吴赞元太守观剧,饮于如松馆。

初八日(1867 年 7 月 9 日) 赴户部三库缴银八万四千两,遂完全数,掌收者为单地山[①]大司空,前任江西学宪者也,询来历甚悉。

初九日(1867 年 7 月 10 日) 偕子豫赴裕兴园观四喜班演剧,晤冯恩江大令,将赴部而先应秋试,西江诗人子良太守之子也。归与彤陔纳凉闲话。

初十日(1867 年 7 月 11 日) 雨势屡成而炎风吹散,京途尘埃大起,热如沸汤,无可出游,遂与刘彤陔、吴赞元两君赴万福居小饮。

十一日(1867 年 7 月 12 日) 谒蔡紫函琳、唐景心毓庆两刑部,景心以具呈吏部,为出小结。复谒杨雁湖鸿吉勋司、黄守纯心一广文,日暮始返。

十二日(1867 年 7 月 13 日) 偕彤陔赴李芋生鞠大令寓。芋生,湘阴人,投京引见者也。坐逾时,至善馀生、金翥云大令两处闲坐而返。

十三日至廿五日(1867 年 7 月 14 日—26 日) 皆碌碌酬应,酷暑蒸人,间或观剧。熊东美刑部邀饮二次,尽醉而返。是日彤陔赴天津,乘轮船回里,前一夕珍重而别。

廿六日(1867 年 7 月 27 日) 阴雨生凉,偕孔谦山大令闲话,杜

---

① 单懋谦(1802—1879),字仲亨,号地山,湖北襄阳人,道光十二年(1832)恩科进士,历任工、户、吏部尚书、协办大学士,后任襄阳鹿门学院主讲。

门一日，灯下晤同乡张直刺延龄，谈吉林、蒙古风气甚悉。张字寿泉，如皋人，历任山左剧县，因罣误捐复，上年从征塞外，年四十九，盖同送部引见者也。

廿七日(1867年7月28日) 入内城谒郑太仆锡瀛，谈送部仪注甚悉。

廿八日(1867年7月29日) 吏部主政刘云泉招饮于谢公祠，便道游法源寺，院宇宏敞，僧房静闷，为南方所罕见，祠则江右达官祀叠山先生处也。饮馔极佳，同席为刘兼山京堂，本年主江南乡试，馀则粤东二人及同官谭翰臣大令，漏三下而返。

廿九日(1867年7月30日) 以饷差告竣，具领回文，与小圃摒挡为分道计。

七 月

初一日(1867年7月31日) 谢客屏居一日。

初二日(1867年8月1日) 黎明进东华门，由吏部带领至养心殿引见。天威咫尺，警卫森严，殿陛崇宏，班行罗列，跪报履历毕，鱼贯而出。部书王宜亭招饮，日过午始返。是日赴部者京官十八人，分四班，外官八人，分八班，以次引进。江右彭学博遇于吏部朝房，谈中途遇捻，避居泰山七日，彭以孝廉截取，由湖口校官入都，年六十馀矣。

初三日(1867年8月2日) 以触暑抱恙，日晡始出，过琉璃厂，觅《瀛寰志略》一书。

初四日(1867年8月3日) 吏书王晓山招饮、观剧。

初五日(1867年8月4日) 吴赞元太守、善馀生大令邀往万福居午膳,观四喜班。

初六日(1867年8月5日) 赴鸿胪寺谢恩。日午,唐景心秋曹招饮于福隆堂。日晡,谭翰臣大令招饮,阻雨未至。

初七日(1867年8月6日) 以行期将定,赴各处告别,晤郭乐山太史、端木子畴大令,谈金陵往事。入城晤姜由辚姻家。晚间,招饮王晓山、宜亭、杜洛洲、王佐侯诸人饮于东升堂。

初八日(1867年8月7日) 杨雁湖铨部偕令弟鸿典户部设饯于如松斋,座客为宋德人谳部、蔡云峰、云鹤两兄弟,皆同乡也,歌者小芙、砚农、芷衫,畅饮而别。

初九日(1867年8月8日) 雁湖尊堂诞辰,称祝于湖广会馆。日晡,蔚长厚处话别,闻长安警信。

初九日(1867年8月8日) 行期已定,以盐枭乱于固安一带,恐其东窜,遂停车缓行。日午,朱孟延大令招饮于如松斋,伶人芷衫、砚农、佩仙先后至,漏三下罢饮,宿孟延于客邸。浙人王友霞款于轩中,谈至鸡鸣,各就寝。

初十日(1867年8月9日) 阴雨,孟延告归,行期仍未定。

十一日(1867年8月10日) 检行装,排比友朋书札,舆夫促行,遂定计翌日,而固安之警亦解。

十二日(1867年8月11日) 侵晨,金翥云大令来送别,明日将午,登车行过崇文门,出广渠门,行二十里,尖于余家圩,车行泥淖,濡轨没轮。日午,过张家港,至辽故城,土人谓萧太后建都地也。大水暴涨,舆人却步,因舍车而舟焉。

十三日(1867年8月12日) 辰刻登舟,顺风直下,一日夜行三百馀里,夜月皎然,清景如昼,仿佛江乡道中。

十四日(1867年8月13日) 午刻,津门旅寓未定,延至日晡始登岸,而轮船已于是日开程矣。二更后暴雨生凉。

十五日(1867年8月14日) 入天津城,访同乡沈荫溪孝廉樾于道署,别几十年矣,年已花甲而康健如常,闻有五女一子,僦居泰州,近以截取到班,宦兴甚浓,畅叙而别。申刻,荫溪偕桐城胡筠圃来寓,招饮于津市酒楼。漏三下,同访怀宁马松圃刺史绳武于杨家胡同,未遇。西席王菱川孝廉言,今夏自上海乘轮船,必须熟识,方免疑虑,于是嘱松圃为之先容焉。

十六日(1867年8月15日) 津门馀暑郁热,无异都城,夜则海气送凉,必加襆被。所居东厢,明月穿床,终夜不寐,盖去家已四月矣。津门优伶多于穿花蛱蝶,梨园演剧,日三四处,入夜则街衢弦管,纷纷盈耳,然呈材奏技,逊于都门,而夜游则更侈靡矣。枕上得四律赠沈荫溪孝廉:"久客为归计,津门一棹来。君犹蓬梗泛,我已鬓毛衰。桑梓十年别,云帆万里开。殷勤置樽酒,异地得追陪。""老作灵光殿,支持劫后身。谋生儿女累,话旧故交情。知己天涯少,秋光海上新。黄炉莫回首,往事遽酸辛。""君家有庭叔,同作豫章游。谓友山丈。归隐应无恙,飘零我自愁。一官孤注掷,万变此身留。空抱无涯志,何时鄙愿酬。""此地华夷杂,连樯海舶过。蛟氛逼齐鲁,蜃市幻笙歌。漕转东南急，愆期雨泽多。乘时须努力，晚达补蹉跎。”

十七日(1867年8月16日) 马松圃太守来答拜。午后，与谦三大令观梆子腔演剧。

十八日(1867年8月17日) 乘小舟触风行三十里，至紫竹林，登轮舟。午后，偕谦三大令闲步岸上。

十九日(1867年8月18日) 轮船改期廿一日开行。舟中极热，终日或立或坐或卧，心绪如焚。

二十日(1867年8月19日) 午后，晤赖蟠舟军门、廖静山都戎于舟次。军门名镇海，粤东人，咸丰六、七年间，归驻江南，由军功荐升，摄乍浦提督，入都陛见后，分发福建，曾执贽温北屏都转门下，谈六合往事甚悉。廖亦从戎金陵，经数百战，咸丰十年溃军后，回粤西原籍，现署浔州都戎。

二十一日(1867年8月20日) 轮船出津门，行一百八十里。申刻抵直沽场埠，近海盐如山积，河形甚曲。出海后，连夜趱程，南风甚微，洪波不起。

二十二日(1867年8月21日) 未刻，抵山东烟台，为登州境，岛屿环立，水色渐绿。停轮半日，黄昏后放洋东行，溟溟无际，凭高旷览，真不知有九州五岳矣。三更后，逆风大作，舟如箕播，竟夜不寐。

二十三日(1867年8月22日) 行黑水洋，狂风逆浪，震荡天日，舟中伏枕，呕声如邪许，头涔涔不能直立，水深莫测。夜则阴云四合，上下随其所之，心空万念，计程至沪渎尚千馀里。

二十四日(1867年8月23日) 狂风未息,昏闷如昨。未刻,南望隐隐有山形,舟人曰此崇明界也。漏三下风平,扬帆佐进,出船首闲望,水色由青而黄,去上洋不远矣。夜四鼓达黄浦。

二十五日(1867年8月24日) 与谦三大令更小舟抵县之东关,欲赁船,未定。骤雨继至,遂入逆旅曰登莱栈,主人山左余歧周,甚浃洽。午后,偕谦三、子豫行马路,步洋滨桥,过新北门,岛夷楼阁,千门万户,市廛环集,歌管喧杂,青楼妓女凭窗招客,以千百计,视咸丰十年经过气象迥变。上洋自通商后,外夷虎踞此地,累岁晏然,闻近来生息渐减矣。夷人环街市插架燃自来火,竟夕通明,灯下步至聚美园观女优演剧,漏四下始归。戏场,一妓馆也。

二十六日(1867年8月25日) 阴雨,晤朱秋墅初祺少尹、朱茹连逢泰二尹,竹林相见,欢甚。秋墅为同里茂才,别十馀年矣,近赴上海求差委。午后,入城闲步,归寓后,茹连遣人自白莲泾送酒肴至寓,与谦三诸君痛饮。

二十七日(1867年8月26日) 秋墅枉顾,代觅小舟,将赴维杨,便道至无锡,为先君省墓。日晡,步至洋浜桥,等茶楼闲话。灯下入满庭芳戏园观剧,灯火楼台,灿然罗列,观者携妓而至,绮席骈列,香泽扑人,视京师戏剧,人地较胜。漏四下始返。

二十八日(1867年8月27日) 与歧周作别,由黄浦进老闸,行六十馀里,黑夜野泊,一路青溪绿树,秋景生凉,江南景象,处处入画。

二十九日(1867年8月28日) 泊昆山西水闸,两岸田畴,废为草宅。邑令以连岁兵荒,路多行劫,设闸支更。《即事》云:“平野入秋境,新凉生客衣。十年桑海变,百里路人稀。孤塔耸山麓,危桥没石矶。南来惊旅梦,醒眼望朝晖。”

八　月

朔(1867 年 8 月 29 日)　微雨,泊昆山。午刻入城,荒凉满目。晚泊夷亭,灯船鼓吹,沿河赛神,乱后仅见也。

初二日(1867 年 8 月 30 日)　东风大作。巳刻,泊阊门,入城游玄妙观,观外市肆骈列,宛然盛时,惟城隅僻径则弥望瓦砾。日暮出城,晤李小圃。

初三日(1867 年 8 月 31 日)　逆风大作,移泊山塘,竟日闷坐,无书可读。因念七年前由江右至此,时贼氛警急,而居民晏然,未几乱作,仓猝逃散,今南濠一片焦土,皆当时延烧者也。是日欲游虎邱未果。

初四日(1867 年 9 月 1 日)　行九十里,至无锡南水关,入城,泊大市桥,寻旧时寓庐,则荒芜掩径矣。问余绍傅故居,街人指示,门庭犹在,居者杂遝。漏三下,绍傅始返,相携入茶肆,追叙遭乱景况,盖沧桑大变矣。

初五日(1867 年 9 月 2 日)　摇船出北关,晤陈春帆国学,设肆于桥口,相见道故,延至茶楼小憩。绍傅亦至,遂买棹赴惠山,一波不兴,峰峦如画。日午登岸,迤逦行二里许,过周家巷。又百馀步,则先严墓在焉。榛芜没人,荒塚侧卧,春帆为具楮币酒肴,命从者刈草设奠,匍伏痛哭。盖先严自咸丰九年寓居无锡,四月间小病,遂至不起。时森远游江右,含敛【殓】未亲。今萍梗一官,室家完聚,而先严独不能享一日安闲之乐。自十年三月归祭墓所,复苏、杭继陷,音问杳然。

上年冬，游维扬，闻棺椁暴露，亟寄数金，属陈春帆葺以砖石，今又颓圮矣。绍傅为谋之坟佃，重加修葺，赠费十馀千，定于秋后兴工。墓道迎西南，以锡山为向，去山麓约二里。祭毕，过周姓村居，颓屋数椽，乱后景象。日过午，相携至秦园，则泉石芜没，弥望荒凉，狼兔邱墟，腥秽触鼻。又进而南入锡山寺，第一泉碑刻故在，泉流龙口，烹茗小饮。池中红鳞荡漾，右上为昭忠祠，李小泉制军督两江时，以阵亡将士奏建专祠，楼阁焕然，高下相间，然非复旧观矣。赋诗弔之："白日悲风起，凭高万木衰。新祠隆俎豆，荒径辟蒿莱。饮血心原壮，论功死尚猜。精灵应未泯，山抱九龙迴。"出寺门登舟，春帆备酒馔，舟中叙饮，舣棹小金山，旧游台榭燬于兵燹，今栏楯依然，而壮丽逊于当日，亦李宫保重建者也。登其上，四面周览，忆咸丰己未暮春，偕同里夏萼楼赋诗于此，今景物变矣。泊舟北门外，灯下与春帆步至野庵，则二尼款客。乱后孑遗，犹见当时故态。归春帆寓楼，清话终夜。黎明登舟，行六十里。

初六日(1867年9月3日) 午后过毗陵，河干花市，构屋止数十家，入城则街衢零落，瓦屋稀疏，怅然而返。

初七日(1867年9月4日) 自毗陵行八十里，日晡泊舟丹阳东门外。寻咸丰八年避难处，荒草蒙茸，入城则河干瓦砾堆积如山阜，昔之廛市，落落如晨星。《感旧》云："十年辽海鹤归来，满地蓬蒿间绿苔。一片凄凉山上月，了无人见只空台。　　东水关前僦屋时，汪伦情重竟何之？戊午十月到丹阳，戚人汪永林处留住，以屋狭，假寓客舍，时仅孑身。未几，眷属逃至，遂赴锡山。汪姓死丧略尽。薄衾单枕荒寒夜，梦里哀吟醒亦痴。　　故人相见总悲愁，我更辞家断梗浮。难得团圞天作合，车声槛槛过桥头。时遣仆迎眷，逾期望断，忽闻车声而老母至矣。
江淹失路共征帆，老友江禹门同舟赴无锡。行李萧条有破衫。头白故人今在否？重来惟听燕呢喃。"

初八日(1867年9月5日) 舟行河道,冈岭迴江,路人云河自乱后复浚。薄暮,抵京江,夷人楼阁自七濠口迁移排列江岸。波流湍急,倩人牵挽。北风渐紧,泊金山下。

初九日(1867年9月6日) 渡江,入瓜州。日午,抵扬州钞关门。进城骤雨,寻田祐之,值素琴宴客,别置酒肴,欢迎道故。祐之望予甚殷,欲同作江西之游。酒阑,招雏妓度曲,纤腰曼舞。曲终而雨不止,遂留一宿。赋《金缕曲》云:"重唱新词谱,记奔驰燕京,千里了无情绪。今夕相逢新雨后,枕簟凉生如许。又换了、一番时序。灯下催人须早卧,到夜阑、犹自呢呢语。恐别后,浑忘汝。　前番离恨今番补,听鸡鸣,出门洒泪,深情细数。冷落门前车马客,老去风尘无主。谁可作、燕行莺侣?分手罗巾犹掩面,叹山重水复相思苦。卿且住,莫酸楚。"

初十日(1867年9月7日) 偕祐之出城,谦三已移舟东关,匆匆数语,复至东圈门谒何廉师,呈京物数种。是夕留饮,吴次垣、介臣昆弟咸集。夜宿书斋,闻胡蔚之大令心庠解饷,病故于阜城旅次。

十一日(1867年9月8日) 黎明,廉师未起,遂留信而别,祐之出城饯送。午后,由瓜洲出口,以轮船将解缆,乘小舟冒雨渡江。夜漏二下,轮船将近,倏忽起行,触□[①]篙断,篷舟簸荡欲覆者再,危险在呼吸间。稍定,遂返棹,泊六濠口。《纪事》云:"江鼍鼓浪浪如虎,小舟颠狂上下舞。火轮闪电声轰雷,山势倒压帆樯摧。星光睒睒风猎猎,欲前未能却未得,呼吸存亡震心魄。迴舟捩舵泊江浒,口禁无声汗如雨。蛟龙注视不敢逼,护此顽躯留一息,焚香为我江神揖。"遂

---

① 原稿作"触篙断",语意不通,疑有阙字。

登岸，寻其[①]昌洋行，翌日付船价。

十二日(1867年9月9日) 轮船未至，移寓旅舍，蜗居逼狭，偃息终日。

十三日(1867年9月10日) 候轮船未到，闲步濠市，江声汹汹，金焦二山，上下相对，北岸楼阁，拆毁几空。日暮，寻浴池盥栉，三鼓始返。

十四日(1867年9月11日) 午刻，乘小舟登轮船，舱中客数十人。晤陈钦斋大令，亦归自都门，将赴江右需次。日晡，解缆夜行，瞬息百里。

十五日(1867年9月12日) 晴久蒸热，凭栏四望，山势络绎，应接不暇。舟中茶客四五辈，皆宁州人，相与闲话。黄昏，过安庆，波澜壮阔，皎月入波，金光万道。中秋佳节，悬灯塔上，一览而过。天明，抵九江。

十六日(1867年9月13日) 自九江登岸，时夷酋税务司疑橐中江瑶柱为火药，遂攫去。赁居西门外旅寓，晤秦白眉、钱小溪、周小琴诸君，与夷酋关说橐中物，始返。德化张益川大令备车舆，定计陆行。

十七日(1867年9月14日) 北风大作，出九江南关，乘竹兜行州[②]里，由庐山莲花洞之西，山径陡峭，车迟不进。时谦三改由湖路

---

① “其”字原稿以朱笔点去，疑当作另一字而未订正。

② “州”字于意不安，疑为“卅”之误。

舟行,先达德化驿。日过午,即憩于旅次。峰峦回绕,望庐山胜境,蜿蜒迴伏,而归思纷纷,不暇寻真面目矣。夜阑,得句:“山顶吐微月,朦胧烟雾开。寺从深处伏,人自断峰来。清露□[1]如雨,飞泉响若雷。屏风环九叠,拄杖夜徘徊。”

十八日(1867年9月15日)　过德安,晤海竹舫太守。城外清流绕山,岩石作磴,去庐峰渐远,路亦渐平。日暮,投宿逆旅。

十九日(1867年9月16日)　过建昌县,晤沈伟卿大令,时乡试甫毕,士子纷纷遄归。舆夫中途潜逃,觅路人驱车行六十里。

二十日(1867年9月17日)　遇雨。晤袁笏卿刺史,时以差事赴建昌。泥深路窄,倍形劳瘁。

二十一日(1867年9月18日)　冒雨渡河,未刻,入德胜门,抵家。是行也,往返五月馀,跋涉一万里,去路乘危,归途触险。然而帝京景物,齐鲁山川,揽胜津门,畅游沪渎,略一涉想,如在目前。所惜岱宗之游未践,前诺登天门、上日观,当俟诸异日矣。

---

① 此处有阙字,原稿以朱笔标识。

涤庵日记

佚　名

十一月二八日(1897年12月21日)　晨，接汪穰卿[①]信，即至步瀛处，约晚同去申。至仲还[②]处小坐，晤仲坚，辞出城。收拾行李，晚饭后，步瀛[③]来招，遂同下船，睡极晚。晴。

二九日(1897年12月22日)　十二下钟到苏，雇小船载行李赴人和轮船局，两人同包房舱一。步瀛进城，约三点钟许。是日开船极晚，夜过淀湖，微有风。纵谈一切，睡极晚。晴。

卅日(1897年12月23日)　十一点到申，雇车载行李，暂住吉陞栈。饭后，余至《时务报》馆，适穰卿起复，未晤。折回栈，嗣穰卿有函，约八点馀来栈，嘱少待。因时尚早，与步瀛至西门，招沈颉新，伊方游蜀归，同宴于四马路某饭馆。回栈，谈蜀道难，令人心悸。穰卿至，遂同诣报馆，晤曾君敬诒广铨，商报纸体例，伊将《泰晤士报》详细指示。归极晚。晴。

---

① 汪康年(1860—1911)，字穰卿，浙江钱塘(今杭州)人，中国近代著名报人、出版家、政论家和社会活动家。

② 俞复(1866—1931)，字仲还，日记中又署为仲反，无锡人。肄业于南菁书院，后与吴稚晖、丁宝书等人创办无锡三等公学，与杨荫杭、裘廷梁等人创办“励志学会”，又与廉泉、丁宝书等创办文明书局。

③ 王蕴登，字步瀛，江苏无锡人，清末贡生，汪康年等创办《时务报》时，曾任职报馆。

十二月初一日(1897年12月24日)　晨，与步瀛同诣报馆，晤汪、曾二君，商开报琐事。又晤穰卿弟汪君颂谷诒年，嘱凡事一切与伊熟商，因汪、曾二君今晚有东瀛之行也。晚，招谦于永明总会，同席有日本水师副将神尾光臣及副戎游击尾川重太郎游戎，馀客共十馀人，西菜甚丰。谦毕，余与颉新、步瀛先回报馆。晤账房张君绍庭，将来日报馆一切，均伊主持也。同席又有达县吴君仲考，议开办医学会事。归极晚，拟明早移寓《时务报》馆，馆设泥城桥，洋楼极畅亮，沿大马路，终日车声辚辚不绝，开窗眺望，颇豁心目。是日，法公司船到，穰卿等束装以待。晴。

初二日(1897年12月25日)　晨，移寓《时务报》馆。晤汪甘卿同年钟霖、仁和叶君浩吾瀚，均《蒙学报》馆主笔也，略谈即辞去。下午，与步瀛食点于市肆，兼陪伊至某烟室。归晚饭，与穰卿闲谈。

初三日(1897年12月26日)　晨，袁小翰来，云廿七寄叔方一信并附首饰，嘱余代寄澄者，至此方惊悉，果尔则反延时日矣。小翰与步瀛同出门，步瀛去东门外岳家。余终日在馆倚栏遥望，车龙马水，辚辚不绝。下午五点钟，穰卿招坐马车游张园，又约颂谷同去，到园时已晚，打弹子为戏，余与颂谷均胜，穰卿负。晚饭后，悉法公司船已到，穰卿拟以早登轮。余是晚至家大人处问安，归途遇步瀛，复折回，同至某烟室。归极晚。

初四日(1897年12月27日)　早，穰卿来揖别，余付以买书单一纸，购东西文字典各一册。下午至《蒙学报》馆，与汪、叶二君久谈。归馆，与步瀛同去西菜馆，赴沈君缦云[①]之约，复至清和坊吴凤珠寓，

---

① 沈缦云(1868—1915)，名懋昭，字缦云，以字行，江苏无锡人，是中国最早的银行家之一，也是辛亥革命功臣。

询王迈卿堂弟住址。晚久谈另开《蒙学报》事，拟明早作书寄稚晖[1]。寄衡之信。晴。

初五日(1897年12月28日) 晨与颂谷、张君绍庭同去福州看屋，啜茗于升平楼，谈梁卓如与章枚叔议论不合，互相攻讦，枚叔痛哭饮酒，自方于汪容甫，手执《述学》一编，独坐终日，或歌或哭。一日，与卓如议又不合，痛诋南海康工部，卓如愤甚，二弟子助之，几为殴伤。由是愤愤而去，现主《译书公会报》笔政，年约二十许，盖今世之有心人也。归馆饭，同步瀛至烟室。又至新马路《译书公会报》馆，访杨君范甫，坐片刻辞出。步瀛去炜云丝厂，余至家大人处问安，遂饭焉。便道过惠福里，访谈君小莲，同啜茗于升平楼。晚归，与步瀛谈，步瀛作稚晖书，余倦极先睡。寄叔方书，接丹阳王信。

初六日(1897年12月29日) 晨起作稚晖书，封完付邮。高集安来谈，步瀛与之同出门。余与绍庭及戴君恺均同去四马路看屋，洋楼极畅，惜太隘，房价又大，不甚合意。嗣又至大马路询问，未遇司阍者。归馆午饭，再坐车赴西门外招寻，仍未遇，约伊明早来馆领去看视。傍晚，小翰来，又缦云来，招赴小酌，坚辞之。接无锡王信并附对联。天晴。

初七日(1897年12月30日) 晨，向颂谷取到《知耻学会章程》二册，翻阅一过，颇觉心动。又杂阅报纸。午后，裘公葆良[2]来访，坐谈久久。伊云现嘱岐伯女弟将《格致浅说》演白话，于启蒙甚便。余

---

① 吴稚晖(1865—1953)，名敬恒，字稚晖，以字行，江苏武进人，中国近代思想家、政治家、教育家，中央研究院院士。

② 裘廷梁(1857—1943)，字葆良，江苏无锡人，清末举人，参与维新运动，1898年创办《无锡白话报》，是近代提倡白话文先驱者之一。

与步瀛均嘱伊回锡后，另誊副本寄阅，将来《启蒙报》中亦可附刊也。代伊向账房买黄公度《日本国志》八册，价洋肆元。傍晚，汪甘卿来，并招余与步瀛宴西菜馆。步瀛赴小翰叶子戏，未去。同席为王君幹臣太史、魏蕃室中书及同馆祝君心渊，凡五人。步瀛晚归，集安嘱伊交余钞票拾圆寄丹阳。作王丈石泉书。天雨。

初八日(1897年12月31日) 上午，魏蕃室允恭来谈，又沈君缦云来。饭后步瀛与缦云去虹口，余读英文文法浅书，又杂阅西报。晚饭后，冒雨访程君攸嘉，又至后马路家大人处问安，并寄丹阳信，附英快四十圆。天雨。

初九日(1898年1月1日) 晨，与绍庭谈开报琐事。午饭后，小翰来，即去。步瀛与之同出门。又冯君坤圃、江阴陈君星阶同来，略坐即辞。下午，读西文并翻译西报，寻觅数四，不能了了，深自悔也。晚饭后，与同馆许君默斋谈。坤圃招饮于洪校书寓，却之。读西文至十二下钟睡。天雨。

初十日(1898年1月2日) 上午，颂谷云湖北有信来，云香帅见四十八册《时务报》中徐君勉《中国除害议》，痛诋中国，心滋不悦，传嘱钱道念劬[①]着此期报不必分致书院云云。颂谷颇有忧色。又杂谈琐事。下午与步瀛同往《实学报》馆，过访魏蕃室，不晤。余至家大人处问安，嘱步瀛在某烟室以待。陈星阶、冯昆圃过访，步公招游张园，至是遂拉余同去，并携脚踏车以往，择平地试行，时时倾侧，想系胆怯之故。据云非习学两礼拜，不能操纵自如也。略坐啜茗，乘车归馆。晚饭后，访攸嘉，不遇。归读西文，倦极早睡。天阴。接衡之信。

---

① 钱恂(1853—1927)，字念劬，浙江湖州人，晚清著名外交家，也是一位思想开明的学者、教育家。

十一日(1898年1月3日) 早起读西文,苦记性不好,随读随忘,深自悔恨。晨粥后,与颂谷谈,伊云康南海工部入都上书,当道颇有殷殷垂询之意,众议奏明皇上,赏以五品卿衔,使赴欧洲联合弭兵会,未识碻否。饭后,集安、缦云、小翰来谈,步瀛与缦云去虹口,并赴某谯。归极晚。余倦极,早睡。天终日雨,寄望屺信。

十二日(1898年1月4日) 早六点钟,读西文。十点钟,小翰、朔堂、集安来谈。饭时,祝君心渊云:闻某省某解饷委员欧阳佺,回省顺道过曲阜,谒县令某,将文件寄存,诡云有事须他往,讵即于是晚缢于孔陵,县主往验,惊悉即某委员也。于身畔检得一纸,大致谓"时局亟亟,孔教将有垂灭之意,余不忍见其陵夷,以身殉道"云云。下午,与步瀛同出门,向某书肆购西文法书两种。步瀛去某烟室,余去家大人处问安。归馆后,杨生云来访。又崑圃、星阶与江阴陈君公坦来谈。晴。

十三日(1898年1月5日) 七点钟起,读西文,略有启悟。十点钟华君秉晖自福州携眷回,冒雨来访,坐谈杂事。去后,余至《农学报》馆访蒋君伯斧黼,不晤。晤李君洛才智俦谈,嘱伊聘请江宁防事事,又杂谈矿务事,伊向在江宁办矿务,颇熟悉彼处情形,据云用人工开矿所费不赀,且开挖不能过深,出煤亦不甚多,终不如西法用机器之善云云。归馆饭,徐衡山来谈,伊云现仿西法造牛肉汁甚佳,价比市肆亦廉,嘱余撰告白一纸。坐片刻,辞去。又李君洛才来,伊正筹一启蒙文法书,约日撰就体例寄阅,倘渠无宁晷,拟嘱余代觅撰人云云。余允之。晚饭后,与归善欧君云樵笔谈,悉三水徐君勉应东人大同学校之聘,又悉康南海有女公子三人,均通东文,《知新报》翻译即长女公子也,伊与徐君勉均南海门下士。又杂谈琐事。天雨闷甚,早睡。

十四日(1898年1月6日)　早起,读西文。十一点钟,穰卿、敬诒由东邮寄到一书并详细章程一册,翻阅数四,大都议开报以后一切事。饭后,余与步瀛同出门,天微雪,寒甚,余至家大人处问安。嗣又同去鼎升栈访华秉晖,不晤。去三元栈晤翔云,伊杂谈公司招股事,略坐,回馆饭。秦君菉生来,步瀛赴某君之讌,余与菉生去升平楼啜茗。归途又访攸嘉,不晤。十二点钟睡。天上午阴,下午晴。

十五日(1898年1月7日)　正午,步瀛作答穰卿信,附去东瀛,余并付以买书单一纸,因前纸为墨所污,无从辨认,故嘱另开寄。又与步瀛同读西文,较前数日似觉稍有进境,互相喜幸久久。午饭后,同颂谷、绍庭去三马路看屋,访悉此处明来系花窟,废然而返。归途虹庙见烧香女人极多,又遇李洛才,立谈数语。归馆后,秉晖、集安来,崑圃、星阶来。又攸嘉来。秉晖约今晚讌客于某校书寓,嘱余同去,并代招步□[①],余允之。先是,步瀛与缦云同出门,至是拟往招寻,适遇于途,遂赴秉晖约。因客未集,步瀛又在陈寓作主人,由是先去。同席为巨商樊时勋、周舜卿及张某等。九点钟,又与集安、秉晖赴步瀛约,珠翠环绕,肴核纷陈,他人以为寻乐地,余不觉意趣索然,再四思维,不解何故。归途又访汪甘卿于吕寓,不晤。回馆,渴甚,思饮苦茗不得,倦极即睡。天晴。

十六日(1898年1月8日)　上午,叶君新侬来久谈,余并询以东瀛风俗及往来船、车、客寓价如下:由上海之长崎船价六元,之神户船价九元,由长崎之神户船价三元,由神户过大阪之东京火车价三元,中等客寓每日半元。又悉长崎中国领事为张君子豫,系叶君之故交,届时如同渡东海,可托伊照顾一切也。留午饭,又杂谈琐事。二下钟,余至家大人处问安。回馆后,李群泉来久谈,留伊晚饭。伊与

---

① 原稿此字模糊不清,故阙。疑是"瀛"。

颂谷亦稔熟，并托伊订定。广方言馆算学生龚君子英为扬州某书院教习，约今午送聘，故拨冗来馆也。七下钟陪伊去升平啜茗，遇宣俊侯、秦菉生、平泉，旋别去。余与菉生步月至泥城桥外。归馆后，与步瀛谈明年移家事。睡极晚。天晴。

十七日(1898年1月9日) 十点钟起，翻阅各报，略读西书。午饭后，宣俊侯来，又菉生来，又丹阳王虎父来。傍晚，与步瀛同去电报局访徐君啸孙，不遇。六下钟，汪甘卿招饮于吕寓，同席为吴君昌绶、汪君鸥客、徐君衡山及集安、秉晖、步瀛等。席散归馆，惫甚即睡。天晴。

十八日(1898年1月10日) 上午至新马路衡山处坐谈。回馆饭，至家大人处问安，顺道向毛春塘购揸笔一支，价一千二百文。归途复至《大公报》馆访谈小莲，晤剑华道人①，及绮琴轩主②略谈。归馆，知嘉兴沈馨甫世桂投刺来拜。晚餐后，与绍庭去永保栈谒沈君，晤谈久久。余先辞出，坐车去丹桂戏园，赴小莲、攸嘉之约，所演皆昆剧，清款婉转，娓娓动人。十二点钟，归馆，看《各国交涉公法论》一卷。睡极晚。接叔方信。天晴。

十九日(1898年1月11日) 晚起，倦甚。上午与步瀛同去外国印书铺印锡昌碾米公司股份章程票，印一百纸，价洋二元。归途，又晤翔云于鼎春，略坐。归馆饭。余至家大人处问安，并在土栈写敬助都天庙匾额字毕，坐车归。小翰、俊侯、菉生均在馆，小翰送来葆良

---

① 吴广霈(1855—1919)，安徽泾县人，字瀚涛，号老剑、剑华、剑华道人等，著有《南行日记》《石鼓文考证》《天下大势通论》等。

② 徐馥荪，即徐敏，字元芳，号绮琴轩主，是王韬的弟子，清末任《字林沪报》及其附报《消闲报》主笔。

公信并附托买书单，及岐伯女弟裘梅侣毓芳所演《白话格致启蒙》等书。伊等旋别去。步瀛赴昆圃之谯，余在馆晚餐，与馨甫谈，伊亦穰卿所函聘商办日报事者，今午移入馆，住间壁房内。看张在初①《四述奇》二卷。倦甚即睡。寄衡之信。天晴。

二十日(1898年1月12日)　晨起读西文。上午翻《俄史辑译》、《四述奇》等书。下午至家大人处问安。阅家报，知大儿微有寒热，挂虑之至。归途遇步瀛，同回馆，归心如箭，心绪恶劣，拟廿二日与家大人同船返锡。早睡。天晴，微热。

廿一日(1898年1月13日)　上午，电报局徐君啸孙来，久谈。饭后与步瀛、啸孙同去普鲁士洋行买书，嗣复至第一楼啜茗。天阴，微雨，步瀛去丝厂，余至家大人处坐久，冒雨回馆。知龚君子英投刺来拜。十点钟，嘱步瀛推星命。睡极晚。

廿二日(1898年1月14日)　晨起，收拾行李毕，过算学局龚君子英杰，坐谈片刻，揖别。回馆饭后，丹子来行李，余揖别颂谷、绍庭、垲均、步瀛诸君。冒雨至家大人处，待至三下钟，坐车下船，四点半开行，轮驶甚迟，同舟为杜子执丈，由粤返里，细述语友情形，并谈琐事。晚饭后，早睡。

廿三日(1898年1月15日)　上午十一点钟到苏，不及嘱苏常小轮拖带，恼恨久之。风逆，人力不易施，至浒观内，船人户嘈杂，灯火三两，思家念切，百感交并。早睡。天阴。

---

① 张德彝(1847—1918)，字在初，祖籍盛京铁岭，清末同文馆肄业，长期任外交官，著有《航海述奇》《再述奇》等。

廿四日(1898 年 1 月 16 日) 早晨启行,风雪交作。十一点半,到锡,泊东门久之。余冒雪由东门进城。返家后知堂上无恙,小儿身热已退,顽健如常,欣喜过甚。午饭后,坐谈家务,家大人亦冒雨登岸,略拉行李,收拾卧具。晚饭后,倦甚,即睡。

廿五日(1898 年 1 月 17 日) 下午,表弟萧云碧来谈。去后,余至丹桂浴毕即归。晚略饮。天阴。

廿六日(1898 年 1 月 18 日) 晨过仲英,约伊去霭阳食点。至是又招韬莽,坐久,仲英候余渡河,归家后,杨子新来。下午,入城过吕肖①,不晤。过仲还处坐谈,遂同去春源,晤范甫、鉴如、映川、岐伯、叔方、季常、文伯昆仲。归途,遇衡之,向取稚晖第三次日记并《新法发蒙学堂章程》一册。饭后作楹联。晚去春源,范甫出示《俟实学堂招考章程》并堂中简明章程共二纸。叶生自沪归。天晴。

廿八日(1898 年 1 月 20 日) 上午,略读西文,苦无省悟。时届岁暮,丛债蝟集,百感交并,心绪恶劣。傍晚入城,去春源与梅轩、吕肖谈。吕肖已通深浅文法,对之甚愧,然余颇思奋厉也。与芸轩、雪禾同出城,略谈杂事。归,晚饭后,寒甚即睡。天晴。

廿九日(1898 年 1 月 21 日) 上午,与伯云同去都天庙敬献匾额。下午,礼神祀祖。晚倦即睡。

戊戌正月初一日(1898 年 1 月 22 日) 晨起,盥沐毕,衣冠为堂

---

① 许士熊(? —1924 在世),字吕肖,又署侣樵,江苏无锡人。清末曾任驻日本公使馆二等参赞兼留学生监督。后任北洋政府政事堂和国务院参议、审计院副院长等职。

上叩贺，礼成，便衣入城，茗于春源。遇叔言、集安、映川、九如、子新等，略游崇安寺而归，遇雨。是日为日蚀之期，衡之等约往县署看救护仪，附会可哂，不识起于何时也。天上午晴。

初二日(1898年1月23日)　晨起，乘舆往各戚处叩贺新禧。下午去春源。天阴。

初三日(1898年1月24日)　晨起，过杨子新，同过蔡松如，食点于霭阳，毕，余与松如渡河同过王鉴如，因是日同人赠匾于南城，邓星伯先生约会集于王船，至是又与鉴如同去王船。待诸客均集，移船南城将匾鼓吹送去，各即贺如礼，并谯邓君叔侄于王船，另客有范甫、经笙、宗石、子才、味云、寅伯、遇春诸君，谯毕，日已暮。余与遇春、范甫、松如由吊桥登岸去春源，遇裘公葆良，嘱代问糖印机器价目。与芸轩、子新同出城。天晴。

初四日(1898年1月25日)　晨起，倦甚，仍蒙被卧。饭后，祀财神礼毕，因家大人小有不适，未去春源。天晴。

初五日(1898年1月26日)　晨起，过仲英，蒋声扬丈招食点于霭阳，同去者仲英之兄焕之及邹丈筱和，又遇莫秋谷丈，坐谈久之。归家后，吕肖来谈，伊见为俟实学堂西文教习。晚，去春源。天晴。

初六日(1898年1月27日)　晨起，过杨子新，同过张少和，又同过王子柳，子柳约食点于聚仙楼，坐谈久之。余辞归，子新陪行之河干。下午，子新来，遂同入城，至裴礼房处取咨文并公车费，未晤。回，至春源。天晴，风暖。

初七日(1898年1月28日)　下午，许文伯来，取望屺扇，略坐，同去春源，与范甫谈学堂事。天晴。

初八日(1898年1月29日) 晨，侍堂上与儿妇去岳家。下午，看会，与诸友游邑庙。傍晚，去春源，仍回岳家。晚餐略饮，已酩酊，遂宿焉。天晴。寄丹阳信，附英十元。

初九日(1898年1月30日) 晨回家，接步瀛信，述叶浩吾闻岐伯女弟梅侣撰有《格致启蒙》白话书，允代为提唱刊入《蒙学报》中。傍晚，持信与岐伯阅，并晤葆良公、范甫等。小翰携有保人险凭单之纸，嘱吕肖译其大意。天晴。

初十(1898年1月31日) 下午，步瀛自沪归，来舍谈，同去春源。岐伯女弟允将所撰白话书另誊副本，交余带申。茶散，与芸轩、子倪由崇安寺踏月归。天晴。

十一日(1898年2月1日) 晨，吊钱子佩丈丧，并代为知宾。归饭，范晋臣来。傍晚又去钱宅襄题，高映川招饮喜筵，因事却之。夜，阅申新报。天晴。

十二日(1898年2月2日) 晨，去西门送殡车。进城，过衡之处，拾汉砖二方，拟携于小嘉者。午归家饭。渡河至江尖，问吴企峰[①]丈病，并晤声丈，坐谈久之。病状似较前略好。汪医云系中虚风，须用补剂。茶晤曹翼臣，询之，伊意与汪医略同。又闻芸轩新得咯血疾。归途遇步瀛，立谈数语。晚饭后，写日记，阅各报。倦甚，即睡。天晴，风暖。

---

① 吴企峰为吴稚晖父。

十三日(1898年2月3日)　晨起,大雨。仲英来,又余丈立本招食点于拱北,遂与仲英同去。余丈絮谈家事久久,先辞去。余与仲英坐避雨,稍止,入城祝周仲野太夫人六十寿,仲反在焉,同过步瀛,并出稚晖去年十二月廿五日所发覆信,拟开译话书局事。傍晚,同去春源,小翰将稚晖书带回与葆良公阅,希几伊入股也。出城,雨已止,略有月色。归阅《申新报》。

十四日(1898年2月4日)　晨起,至江阴巷祝赵鹤年尊人六旬寿,又乘舆祝杨藕芳观察六旬寿。与味云谈,拟商藉公车费,允之。下午,至衡之处语,友均在,啜茗后,与仲反、子侁、岐伯等掷升官图二次。出城时已晚。天阴。

十五日(1898年2月5日)　晨去江尖问企峰丈病,又与仲英入城,过虞研铭处,不晤。遇芸轩,啜茶于拱北。午前祀财神,傍晚去春源,又至衡之处观仲反等掷骰①。天晴。

十六日(1898年2月6日)　晨过味云,取到公车费洋三十二元,当即送至缸尖,借给稚晖付会项所用。晚赴杨经笙喜筵,遇葆良、范甫、味云等,久谈,归极晚。天晴。

十七日(1898年2月7日)　晨,吕肖来谈,同入城,过衡之处,归饭。下午往俟实学堂,招范甫,未晤。啜茗于崇安寺,遇杨君瀚薮,嘱代寄与稚晖信,因伊子被同学所累,旅居客馆,川资无着,嘱送洋稚晖府上,就近稚晖可划付也。至春源,范甫来,携俟实学会捐款题名摺,步瀛书助壹会。归晚饭即睡。天晴。

---

① 原稿此字只写出偏旁“骨”,据文意推测为“骰”。

十八日(1898年2月8日) 晨,杨翰薮送来英洋二十元、伊子谟棠信一封,嘱寄津交稚晖。余作稚晖书毕,渡河至江尖,送洋至稚晖家,封寄津信,交仲英。归家饭。下午过俟实学堂,晤范甫,同登新筑藏书楼眺远,颇豁心目。遇步瀛、岐伯,招之登楼,赞赏不绝。又至西空场一览,与范甫同去春源,略谈学堂事。天晴。

十九日(1898年2月9日) 傍晚,去春源,与吕肖同赴华秉常喜筵。归家,略坐即卧。天晴。

二十日(1898年2月10日) 晨,仲英招赴市肆食点后,同赴陆船,设谳于网业公所,代稚晖圆会。晚,泊船于河干,诸亲友各尽欢而散。天晴,是日风大。

二十一日(1898年2月11日) 午,范甫招赴拱北,晤薛南溟、吴俊夫,伊等谈茧捐事,南溟允捐俟实经费二千元,分五年缴清。说妥后即散。余复去三皇街李宅视太姨母丧,并代购槥具一,饬人去取回。至春源,茶散即归。天晴。

二十二日(1898年2月12日) 晨雇小舟,侍家大人去荣巷扫墓携礼物祀山神,因前年失树,故卜者云祀之可保平安也。礼毕归船饭,傍晚归家。天晴。

二十三日(1898年2月13日) 是日为大儿承祖生辰,书帖并略备礼物,送至俞仲还家,为伊寄子并延仙坛友礼斗祈福也。晚,去春源。曹翼臣借余《大生要旨》二本、《达生编》一本。天阴。

二十四日(1898年2月14日) 下午赴俟实学堂,是日到者共二十多人。傍晚散,经笙招宴于王船,同席为华若汀先生、裴仲若、秦政臣、范甫等,共十二人。冒雨归。

二十五日(1898年2月15日)　终日大雨,晨出门,赴拱北翰薮招食点,伊嘱译电码寄津。

二十六日(1898年2月16日)　晨,赴江尖问企峰丈病,与仲英略谈及归。家大人于是晚去申。阴雨。

二十七日(1898年2月17日)　晨,去拱北招月丈,还伊洋十元,遇范甫、友梅,略谈。晚去春源,冒雨归。

廿八(1898年2月18日)　午后过周雪禾借书,略坐。去春源,冒雨归。

二十九日(1898年2月19日)　下午,入城去春源,独坐久之。步瀛与岐伯在某烟室,步瀛失去宝戒一只,群去烟室哗闹。与翰薮同出城,闻北洋轮本月初六日开行。天雨。

卅日(1898年2月20日)　晨,冒雨入城,过芸轩处,与伊同去春源访友,步瀛、岐伯相继来,议失戒事,毫无头绪。嗣九如又来,余即出城,晚复去春源,归,大雨。拟寄信张绍庭,告以行期,拟于初六日与步瀛同赴沪。

二　月

初一日(1898年2月21日)　下午,作惠卿传部信,并附托买试卷名单。晚去春源,向顾亦船供到《知新报》二十册。雨。

初二日(1898年2月22日) 上午,去春源,拟招吕肖问捷三中式名次,后因事未去。遇步瀛、集安,略谈,归家饭。作寄张绍庭札,傍晚付邮。复去春源,嗣叔方招饮于天丰,同座为江阴祝君味三、仲反、芸轩、岐伯、集安、赞卿等,饮毕,同岐伯过赞卿处坐。与岐伯、祝三出城,送伊上船,为赴沪考北洋二等学生故也。天阴。

初三日(1898年2月23日) 晨,芸轩道午来,取去朱果亭花卉册页一部、秦逸芬论画一册,均纲孙物也。午,雪禾来,嘱伊代写书根若干册。晚,去春源,与味三谈杂事。归,阅陈文恭公手札,颇觉□□[1]。天晴。

初四日(1898年2月24日) 早晨坐船,与吕丈赓飏去张山老坟,拟添种柏树,嘱伊指点。归,至五里街登岸,略买零物要货。归,接穰卿信,携至春源,与步瀛阅。天晴。

初五日(1898年2月25日) 晨,过晋华,遇菉庭,略坐,同去聚星食点,又遇华湘卿、范邠臣等,同啜茗,散,余又过王岳生,坐久,又过薛□[2]庵。归家饭,晚入城,遇叔方,送伊登航。去春源,又至衡之处,与仲还久坐方归。天晴。

初六日(1898年2月26日) 晨,翰薮招食点于拱北。归家,仲英送到稚晖信,阅后,渡河问企丈病,病势大好。又付以洋快四元。归,作答稚书,又携俞丈所送程仪洋五十元至西门,坚却之,不可,仍携归。入城,去春源。晚,接穰卿信,催去申,因急欲开报故也。涤阳石怀瑾来访。华秉晖由闽归。天晴,暖甚。

---

① 原稿两字模糊难辨,故阙。

② 原稿此字难识,故阙。

初七日(1898年2月27日)　晨,秉晖乘舆来拜,同去拱北食点,归收检行李。下午,仲反、步衡、衡之来啜茗于最宜楼。又与仲英、子侁、步衡小饮于鸿升楼。又陪步衡之丹桂浴。余归家辞别堂上后下船,仲英与声扬丈冒雨来,声丈又送余程仪洋三元,却之不可,盛情厚意,可感也!是日,天大雨,与步瀛久谈乃睡。

初八日(1898年2月28日)　晓起风顺,睡醒,闻舟子云已到浒墅关矣。约十一点到苏。泊船,另雇小艇载行李赴戴生轮局,安顿毕,陪步瀛至电报局一坐,二下钟出城登船,风利,舟行甚速。天阴。

初九日(1898年3月1日)　十点钟,到沪,遇微雨,载行李登岸,仍住《时务报》馆。下午,送信与杨谟棠,又至家大人处问安。归,敬公嘱拟稟张一纸。晚,雪甚大,文伯、岐伯、祝三、菉生均来小坐。雨。

初十日(1898年3月2日)　上午稟张已就。饭时,小翰来。傍晚,偕步瀛外出薙发,遂同小酌于四马路市肆。又至升平楼啜茗,路遇谷辰、文伯。归途风寒甚。阴。

十一日(1898年3月3日)　终日闷雨,意绪无聊。下午,至家大人处问安。归晚餐,与同馆诸君闲谈。步瀛购《光绪会计录》二册,略翻阅,睡甚晚。雨。

十二日(1898年3月4日)　上下【午】借《中西兵略指掌》一部,略翻阅。晚,啜茗于升平楼。大雨。

十三日(1898年3月5日)　上午,代仲反购《湘学报》二册,随即作札封寄。又作与张戚书。下午,步瀛去东门戚家,余至家大人处问安，归途遇谈君小莲，略谈即回馆，凭栏纵观，又与同馆海宁黄君静荞闲谈一切。天晴，大风，冷。

十四日（1898 年 3 月 6 日） 下午，与步瀛同至四马路沈君颉新寓所一坐，又同至电报局谒沈某。归馆饭，又去一层楼啜茗。回馆略译西文书，二下钟乃睡。天阴，寒甚。

十五日（1898 年 3 月 7 日） 上午，偕步瀛同至春申福过莫轩之刘孟则一谈。午后，文伯来。晚仍偕步瀛去一层楼啜茗。归馆，复与同馆诸君闲谈，夜深乃睡。晴。

十六日（1898 年 3 月 8 日） 晨过《蒙报》馆汪甘卿一谈，又同甘卿去永发栈过文伯、谷辰，久坐。嗣周文甫来，甘卿又与谈，嘱译蒙学书事。晚饭后，甘卿招饮于一品香，偕步瀛同去，略坐，饮咖啡即归。雨雪。李君平泉来谈。

十七日（1898 年 3 月 9 日） 晨，偕颉新去虹口，谒现补金邑事叶公，久谈。叶公略问地方民情风俗，一一答之。归途顺至家君处问安。晚饭毕，偕步瀛出门问书。风冷，寒甚。日中小翰、文伯俱来。下午，龚群英来拜。阴雨，雪。

十八日（1898 年 3 月 10 日） 久雨得晴，殊快。晨，偕步瀛至纬云厂访岐伯。下午，高集安、沈俪昆、文伯均来。晚，同步，沪园浴毕，绕四马路一游，乃归。

十九日（1898 年 3 月 11 日） 早起，叔方自甬来，偕去纬云厂，招岐伯同至升平楼，步、集已先在，久坐。辰时回馆。下午，偕步瀛缓步至味莼园，余乘马车，与叔方先回栈收拾行李。食晚餐于市肆，伊复去澄江送之益利轮,乃归。接惠卿信。天晴。

二十日(1898年3月12日) 晨去伯嘉寓小坐。辰时,伯嘉来。下午,秉晖、文伯均来。晚,共步瀛冒雪赴集安一品香之招,不遇。向市肆买醉,又买零物。回,接循庵信①。电信催伊来。天雨。

二十一日(1898年3月13日) 晨,冒雨过伯嘉,拟嘱其代写轮船票,因诸友未集,松商局船未到,届时再嘱其弟代为料理。归馆饭,文伯、小翰来。下午,冯昆圃来。天阴。

二十二日(1898年3月14日) 上午,过秉晖寓,不遇。过刘寓,遇之,略谈即出,至家大人处问安,略买寒物并食点而归。晚,偕步瀛赴穰卿万年春之招,同座为黄岩陈、王二孝廉、同郡谢钟善大令。是晚,穰、敬二公趁轮去湘、鄂。晴。

二十三日(1898年3月15日) 早晨,过秉晖寓小坐,并晤其尊翁。乘车至高昌庙李平泉寓,久谈家常事并饭焉。下午,又至新桂记栈,晤杨经生父子、味云、涵若、湘臣、振新,略坐。归晚饭后,知叔方已到,与步瀛招之于茶肆,又遇过沈菊庄寓②,略谈。早睡。文伯、岐伯俱来。晴。

二十四日(1898年3月16日) 早起,许吕肖自里来谈,少许别去。杨味云、顾涵若来,拟偕访蒋伯斧,因专待平泉,未去。午后,沈曼云来。晚,小翰招饮,余先至升平楼晤仲反、叔方、维新等。席散,复与叔方至纬云厂,送岐伯返锡之行。晴,晚雨。

---

① 原稿"接"字旁注"生□"两字,因字小模糊,故阙之。

② 原稿如此,疑"遇"字衍。

二十五日(1898 年 3 月 17 日) 早起,食点于市肆,毕,坐车之高昌庙,一路风沙甚大,至平泉寓略坐,偕访顾君南浦,不遇,从新马路坐小车至十六铺,复至新关寄信。饭于仲反、吕肖寓所。平泉又至升平楼,招顾君,仍不遇。天微雨,急坐车归。晴,雨。

二十六日(1898 年 3 月 18 日) 早起,代叔方、吕肖代购《湘学报》二分。饭后,送之仲反寓所,晤顾君南浦,久谈,陪伊之第一楼啜茗。余又与平泉同过家大人问安。回仲反寓晚饭,与叔、平、仲、吕去升平楼茗谈。阴。

二十七日(1898 年 3 月 19 日) 午饭,至仲反寓,不晤。买零物,归馆。是日下午为西人放假之期,天又晴朗,凭阑纵观,见西商团练兵一队,步伐整齐,军乐悠扬,适去跑马场操练,观者如织。张君翔飞招饮于某校书寓,却之。叔方招食西菜于万家春,同座为小翰、文伯及诸公公车等。十一点归馆。天晴。

二十八日(1898 年 3 月 20 日)

二十九日(1898 年 3 月 21 日) 晨,去佛照楼,与叔方、仲反、小翰、吕肖等至新北门外天主堂观礼拜,因时已晚,教士尽散。归途买笔。回栈饭,久坐待顾南浦不来。傍晚回馆饭,重去仲反寓,知已定新裕轮船,伊等行李饬仆搬移上船,叔方宿焉。十点钟,魏君蕃室招饮于某校书寓,同席为李平泉、汪甘卿同年等。席散回馆睡。晴。

三　月

初一日(1898 年 3 月 22 日) 早饬仆将行李搬上新裕轮,余等至招商局买票，仲反、吕肖相继登轮，余坐车至家大人处辞别，复至馆与颂谷、步瀛、绍庭等辞别。遇裘公葆良，嘱带《白话报》，同坐车至伊厂取信并报，匆促登轮，时已十二下矣。步瀛、绍庭、藩室相继来送，一一谢之。二下钟启椗出吴淞口，风浪平静。与仲反、维新、集安另出洋买到房舱一间，四人同住。舟行颇稳。风稍大，阴。

初二日下午(1898 年 3 月 23 日)　过黑小洋，登柁楼眺望，见无数飞鸟尾轮行或扑水，颇可观览。叔方自煮菜汤招饮，欢呼甚乐。舟行甚稳。晴。

初三日(1898 年 3 月 24 日)　午过渤海，水作淡绿色，见山岛无数，奇峭可喜。叔方仍招食饭畅饮，谐谑几忘身在重洋也。晚十点半钟，泊大沽口待潮。天晴。

初四日(1898 年 3 月 25 日)　七点钟，泊定塘沽，饬福照楼接客，将行李搬至岸上，余与吕肖向火车局买票，每人需二百四十文。十一点开行甚捷，一点钟到紫竹林，住定福照楼，久待行李不至，适遇雨，箱箧尽湿。作书招稚晖久谈，稚晖不赴春闱，劝之不听。是晚即宿于寓所。晴，雨。

初五(1898 年 3 月 26 日)　早起，收检行李。同人咸食点于赵桂兴，归寓，饬仆人移行李，渡河安置货车内，稚晖送余等之车上，十二点钟开行，凡停车数处，略购食物充饥。约下午四点到马家堡，另雇轿车三、大车二，进永定门。傍晚，至前孙公园锡金馆卸车，无空房室，即宿于蔚云堂上，同人谑笑为乐。天晴。

初六日(1898 年 3 月 27 日)　早，搬行李入内城小寓，同住者仲反、集安、吕肖诸君。下午，钮君惆生来，久谈武备事。晚饭后，早睡。

初七日(1898年3月28日) 上午,收检行李,装载考箱,偕仲反向贡院前购买场中应用物。下午三点钟,惠卿搬入寓内同住。又钱叔懋丈、唐若川年兄均同室。寄家信。天晴。

初八日(1898年3月29日) 晨起,略检零物。下午二点入场,坐东文四十九号。晚餐后补写前数日日记,略翻时文。早睡。夜屡醒,寒甚,约十二点钟,首场题纸到,照录如左:子曰放于利二章,不诚无物、所以动心二句,诗"云补苍山缺处齐"。

初九日(1898年3月30日) 早起作文,至午后三点钟,三篇告讫,誊至八下钟,即睡。半夜起大风,人声如沸,号帘等均为风破。

初十日(1898年3月31日) 早起誊诗毕,收拾待开号门。同号遇钱君宝镕,伊为日本裕星使随员,去夏为横滨代领事官,久谈东瀛风俗。八下钟纳卷,出龙门,遇惠卿,回寓啜茗食面,毫无名心,舒服之至。下午,同寓诸君陆续出场。晚饭后即睡。晴。

十一日(1898年4月1日) 晨起,收检考具毕,饭。十二钟,领卷入场,坐西馀陆拾玖号。晚餐后即睡。夜未半,题纸下:君子以除戎器二句,厥贡璆铁银镂二句,吉日维戊、叔孙豹至于宋襄公二十七年、命太师陈诗二句。

十二日(1898年4月2日) 早起作文,至下午告讫,誊至夜分乃睡。是日风极大,寒甚。号中灰土如积,帘帖等物均为风吹去。

十三日(1898年4月3日) 早起,寒甚。默首场起讲毕,收检考具,待开号门,归寓,惠卿已先出。食点后,偕惠卿步行出城,坐车之南横街寓,晤吴念康久谈并谈[1]焉。三点钟坐车进城,一路风沙,目为之眯。晚餐后,偕同寓诸君久谈,即睡。晴。

十四日(1898年4月4日)　早起,检理书籍,饭后一点钟入场,坐西师肆十六号,同号遇常州钱君梦鲸及同乡沈俪昆,久谈。晚餐后即睡。号帘中月色射入,光明如昼。夜未半,三场题下:经旨、史志、学校、军制、钱法。

十五日(1898年4月5日)　早起翻检书籍,至午后成策三道,梦鲸又作两道,至是遂誊真。约至八下钟,真草一列讫,食晚餐,步月于号门首,见古槐萧森,皓月当空,风景绝佳,快乐之至。是日为清明佳节,思家之念,不觉怦然矣。

十六日(1898年4月6日)　早收检考具,赴至公堂纳卷讫,归寓,维新、仲反陆续出。傍晚偕吕肖步于观象台傍,远柳未绿,尚无春意,不似吾乡千红万紫,烂漫撩人也。归饭,钮铁生、汪纫安来久谈。作寄上海家书。晴。

十七日(1898年4月7日)　早起收检行李,偕仲反诸君移寓锡会馆,余与仲反同住一小屋,知李君平泉两次投刺来拜。午后,惠卿来。晴。

十八日(1898年4月8日)　上午,怀刺谒同乡京官,遇陶端翼、杨石逸、许静山诸公。谒平泉,不遇,投刺焉。是日,仁山、石渔等设宴于后孙公园安徽省馆,名曰接场,凡同乡赴试者均预焉,畅饮欢时,颇极宴会之乐。下午,平泉来,久语,至十一点钟,方辞去。丹阳魏君

① 原文如此,疑有笔误。

阆屏投刺来拜。

十九日(1898年4月9日) 晨起,偕仲反、吕肖过惠卿传部寓,惠卿留饭焉。秉晖招观剧,即别惠卿,坐车去大栅栏。是日,四喜部演,同馆至者共十六人。晴。

二十日(1898年4月10日) 午,偕仲反等赴便宜坊请传部兄弟及其君仲文饮,席散返馆,适杨荫北[①]来,群哗议公车事。晚饭后,平泉来久谈。

廿一日(1898年4月11日) 上午,坐车去兵马司中街拜魏阆屏,不遇。饭后,偕同馆诸子游琉璃厂,购买零物。归,知镇海夏香孙、江阴张少虎、郁漱之来拜,不晤,投刺焉。晚,传部招饮于万福居,归时略酩酊,即睡。

廿二日(1898年4月12日) 下午,偕仲反、吕肖等置琉璃厂,购买零物,过丰泰照相馆一游,洋楼颇洁静,后又偕平泉、念康过荣宝斋,拣对纸,与念康同归馆饭焉。晴。

廿三日(1898年4月13日) 上午为叔懋丈作书,终日未出门。晚饭后秦中杨君静山来谒。杨君遇场中,一见如故,人颇忼慨,略坐即辞。早睡。

廿四日(1898年4月14日) 晨,过朝邑馆杨静山谈。回馆,偕仲反去西河沿荷包巷前门内买零物,归,下午,钱君冠英□□[②]来拜。

---

① 杨寿枢,字荫伯、荫北。

② 原稿两字模糊难辨,故阙。

傍晚,复之琉璃厂一游。天晴。寄稚晖书。

廿五日(1898年4月15日) 晨,之琉璃厂买物,归,下午得上海王君步瀛信,知馆事已就绪矣。是日为常州府同乡官接场,余与仲反等均未赴宴。钮君铁生来谈,是晨,赴津践稚晖相招之约,招余同去,亦未允。傍晚,念康、平泉均来谈,饭焉。天晴。

廿六(1898年4月16日) 晨,偕仲反、维新游琉璃厂土阜,细草浅绿,远柳萌青,颇有江南风景。到京二旬,盖尚未见春色也,至此不觉心目一爽。归馆饭,维新招往观剧。是日春和部演,同馆至者共六七人。傍晚归馆,知江宁王□[①]平、铜山王省三投刺来拜。晴。

廿七日(1898年4月17日) 因昨接王步瀛信,嘱赴新招访事陈某处一谈,遂坐车入城,至草帽胡同,未晤。出城拜冯志先,不晤。又顺道至魏阆屏处一谈。归馆饭,仲反招往观剧,是日,春和部演。

廿八日(1898年4月18日) 晨,偕仲反、吕肖至琉璃厂吕祖庙一游,又向铜作购买零物。归饭后,吕肖招往观剧,是日,福寿部演。下午,雨,道泥泞,与平泉坐车归。

廿九日(1898年4月20日) 陈午清来坐谈,出示报馆信,已嘱其购买各报寄沪,大致已算订定。饭后,叔方仍招饮往福寿部观剧。是日,大风颇冷,阴。

---

① 原稿此字模糊难辨,故阙。

卅日(1898年4月21日) 晨,作书送冯志先处,询问托招访事,未覆。作步瀛书并家书付邮。是日,余招仲反等仍往福寿部观剧。天晴。

闰三月

初一日(1898年4月22日) 早起,偕仲反、吕肖游琉璃厂土阜,绿树青葱可爱,群孩取榆钱食之,立观片时,绕走一周而返。归馆后,冯君来回拜,谈访事之难招,嘱寄书步瀛,允之。饭后,秉晖仍招往观剧。天晴。

初二日(1898年4月23日) 寄步瀛书、稚晖书。午,许静老偕惠卿来谈,许公拟上禁烟条程,嘱同馆列名,同人皆不愿,哗然訾议之,静老不悦而去。饭毕,仲反仍招往观剧。傍晚归馆,知魏阆屏于初八日申刻招宴万福居。天晴。

初三日(1898年4月24日) 晨,作书招平泉,约往观剧。午,惠卿来,平泉亦到,遂偕平泉、仲反等同去,是日,仍春和部演。傍晚回馆,铁生来,出示讲武会章程,伊立志颇大,以今日外侮内患,变乱将兴,拟集同志设立讲武会云云,久谈至夜分乃去。天晴。

初四日(1898年4月25日) 上午,唐传部来,出示条呈,大致以不能将土地专与一国,须作为各国公共之埠云云,又谈杂事。饭后,去安徽馆观剧,是日为甲午,因拜,维新、惠卿等均在座。约十二钟归,即睡。天晴。

初五日(1898年4月26日) 终日在馆,傍日偕仲反、吕肖等步至安徽馆,游花园一周,又过琉璃厂而归。天晴。

初六日(1898年4月27日)　上午，惠卿来，饭毕，偕仲反、维新等去大栅阑闲步，维新招往春和部观剧。傍晚归，同馆某接锡信，知小麦为水所淹，颇有荒象，闻之忧甚，晚大风。晴。

淮海日记

佚　名

壬戌[①]**四月初四日即阳历五月十九日（1923年5月19日）**　早九点半，趁沪宁特别快车，偕许健云[②]兄转镇江，由内河赴海州及涟水县之陈家港，为调查大源公司圩工及督促春扫也。余及健兄各率一仆江成、李升，内地旅行不携仆从，势有所不可。龚定庵往返东大道，一身兼作仆，宜乎其以“独往人间竟独还”自豪也。下午两点二十分到镇江，昆虫局技师张海珊景欧[③]已在站接。张为调查蝗虫，同行赴淮海一带。下车即至内河招商（局）。先一日有张彝仲函关照定舱，局中有卓瑞伯接待，包定官舱、房舱各一。官舱每票至清江四元五角，酒贯五四文；房舱每票三元五角。官舱共五铺，买票四张，作为包舱云。在码头遇许鹤丞世叔鼎年，壬午久香[④]年伯之六弟，赣榆人。约渠同住一舱，畅谈淮海情形。昨午，在上海美丽川餐馆段季维座遇

---

① 原稿所记“壬戌”有误，当为“癸亥”。参见本书“前言”。

② 许鸿宾（1881—1927），字健云，灌云县板浦人，近代实业家，曾追随南通张謇、青口许九香（许鼎霖字九香）等人从事实业活动，担任大源盐业公司经理及淮北盐业七公司总经理。

③ 张景欧（1895—1954），字海珊，江苏金坛人，我国著名植物检疫专家，民国时曾历任东南大学农学教授，江苏昆虫局技师，中央大学农学院昆虫组主任，复旦大学昆虫学教授。

④ 许鼎霖（1857—1915），字久香，清光绪壬午科举人，赣榆青口人。历任晚清内阁中书，秘鲁领事官，庐州、凤阳府知府，奉天交涉使，资政院总裁。为清末著名实业家，与张謇并称“南张北许”。

沈仲长,雨人侍郎之子,为言海州三害:蝗虫、荳丹及土蚕。蝗虫倘遇连年亢旱,则必大发,须有大水以后,始可间数年无蝗患。土蚕之治法,于日中张伞于田,则土蚕聚于浓阴之下,可搰而歼焉。又用麸子二斤、白砒一两同煮熟,下种时同种。余初意荳丹为病菌,询之鹤丈,荳丹乃为昆虫,颇大,能食,大约为大蚕科之幼虫,然则"丹"应作"胆"矣。由镇江至清江之小轮共六家,每家轮开一日,六日为一周。是日适为招商,于下午四时开行,夜九点钟馀过扬,公司送路菜至,沿途得以不匮。

初五日(1923年5月20日)　在舟中。舟行甚迟,每钟仅十里,沿途停顿,上下客旅。渐至上游,常遇浅处,一搁浅则迁移烟篷客人以减重量。两岸为隋堤,堤高不见湖与田。

初六日(1923年5月21日)　早七点,至淮安,偕健兄上岸。雇胶皮车,讲定到城内一绕后赴清江,每乘价八角,其馀同伴及行李,则随船至袁浦。健兄与余先到城内八字桥黄耳家,各食酡馄饨、汤馄饨各一椀,名品也,问价尚不及两角。至胯下桥,仅一牌坊,木制,桥形则不可考。淮安县署旧淮阴侯韩信府址也,已破败不堪,惟气象尚雄壮。守土者并一街署尚不能整理收拾,其他可知矣。至文楼吃糯米烧买,复至王砚生鸿翔太史家,健兄之表兄,为颉哥壬寅南闱同年。砚生又出于前学部尚书荣文恪师庆门下,叙出同年、同门之雅,谈笑颇欢。别后乘黄包车行,见田畴尽熟,长堤护之,小麦青青大麦黄,极为可爱。杨广运河,衣被百世,而谥为"炀",为亡国之君,不亦冤乎?午后二时许,至清江洋桥畔长庆栈,屋仅二进。饭后,乘桥【轿】至西坝,乘金东公司小轮至时家码头,至时已子夜。过埝换小轮开行,晨光熹微矣。运河沿岸,水高水低之迹,井然有层次。至西坝则为盐河,两岸层次不甚可分。金东停船之岸为熟田,对岸有熟田,亦有不毛沙岸,沙岸上有数顷荒地,间有稀生之草,土人云是地不能种,种则为风吹没。荒地之湿处颇多苍耳。

初七日(1923年5月22日) 下午二时,至板浦。郁章兄在码头候接,乘轿至健云兄家借住。海州人用饭三顿,早十点,下午二点,晚九点。到时恰午膳也。板浦无城而有土围,已坍塌,仅馀基础而已。

初八日(1923年5月23日) 在板浦。下午偕乔中英骑马赴中正观,百馀年大槐及盐廪基地。余马极怯,遇小车便惊跳,极不易乘。

初九日(1923年5月24日) 侵晨坐民船赴大伊市,健兄由此往张店,余则换坐潮河船而待之。下午登岸,望山而未登,山不高而童秃,系石灰岩所成。最近一邱为攻石者所攻,斧劚之痕迹宛然存在。附近一徧平阳,数百里内之用石及石灰,皆于山取给焉。余摄一山景及麦陇,并采集些许植物而归。

初十日(1923年5月25日) 上午,健兄归自张店,候潮不能行。同往拜缉私营长刘汉卿及陆军第二团营长宁秋山,均晤谈。下午,趁潮而行。宿于杨家集。潮河船非潮不行[①]:上水船则趁潮涨,下水船则趁潮落,不容或紊。船行时无论风之顺逆,均张满帆,逆风则屈曲而行,作"之"字式,其名曰划戗。余偕健兄各据一船,适遇逆风,路线每一弯曲,则船身一倾侧,如海轮之乘浪然。

十一日(1923年5月26日) 至响水口,往拜吴旅长,适因公赴海州见其弟幹臣朝栋,健兄之姻娅也。夜,至双港,晤许依民鸿启,健

---

① 原稿此句作"潮河船非潮河船非潮不行",当是衍"潮河船非"而致,今删去。

兄第五弟,因陪县委查烟苗至此。此乃盗窟,去岁该处警察分所长死于盗手,仇杀也。自响水口以东、海岸以西,大都是盗窟。倘能专心致志种烟苗,即是良民,较之劫人勒赎、戕民越货者为愈多矣,又何必查禁其种烟?即查,恐未必能尽,掩耳盗铃而已。

十二日(1923年5月27日) 早,抵陈家港,本公司卫队整旅相迎,军服振振,甚壮观瞻。下午,偕健兄往拜淮北缉私步队第八营营副刘□[①]堂占魁、海防稽查长李象山良生、新南新通垦务公司经理许泽初振、裕通公司坐办黄适庵宏钰、庆新经理洪叔亶德孙、放盐官王子弓德檠、电报局长凌季臧嘉杰、总稽查陈月亭玉明、地主谢舜臣。或见或未见,而见者为多。

十三日(1923年5月28日) 上午,看公平船上盐,并摄三影。晚间为许泽初招饮,借本公司地谳涟水知事尹茂卿荣修,余下午曾往拜晤谈。是午,招各管圩会商增扫奖赏办法。

十四日(1923年5月29日) 沿途至此,颇欲以韵语记所闻见,而未着手,今始补成之,名曰《淮海杂诗六绝句》:

麦陇青青万顷赊,运河衣被泽无涯。无情流水凭谁语,休怨芜城作帝家。运河

侯府名存迹已灰,淮安旧署立崔巍。中原今日佳兵甚,尽是多多大将才。淮南府旧址

不见高风漂母祠,长河南注柳垂丝。如云有女东门路,一饭王孙那更饥。漂母祠

导淮治运各纷纭,总为民生细讨论。袁浦江头寻胜迹,禹台荒圮已无存。禹王台

---

① 原稿此字涂改模糊不清,故阙。

周原朊朊草芃芃，不供粢盛寄盗踪。买犊卖刀遗则在，令人苦忆汉黄龚。青纱障

把桅张帆好趁潮，河潮起伏路迢遥。石尤着力拦头打，百折千磨总不扰。潮河船

十五日(1923年5月30日) 许泽初、谢舜成来谈，许谓蝗虫产生区域可作一线，连结赣榆、灌云县治、响水口、阜宁、盐城、东台、如皋、南通各县治，为此区域之西界，而以海岸为东界。其发生最烈之处为海淤地，业经筑圩而施垦。地上萧苇丛生则蝗虫长养其间甚多也。谢舜成言蝗虫驱除之法，搋子最难，因蝗之下子喜硬土而不喜松土。松土为已垦之田，人所恒至，硬土为未辟之草莱，又为人所不甚至者，其搰掘甚难。是以官府虽出价收买蝗子，而应者寥寥焉。初生之蝻，其小如蚁，而每日侵晓朝霞未晞，往往丛聚草末成簇，若将苇箕，缚以竹竿，就草上而取之，随手刮置小口篮内，满则杀之。治跳蝻之法，相传者为掘沟，宜稍加改作，沟宽至多二尺，深二尺，土出一面，置于无蝗处。沟之长不定，每二丈或五丈之沟底作一塘，塘深约二尺，□[①]长宽称是，二丈一塘一人守之，五丈一塘二人守之。守者持扫帚立沟内，蝗由田中驱入，则由守者随手扫入塘内。塘壁宜峭立，最好底阔而口窄，俾蝗入则不得再上。蝻既入塘，则另由一人于沟外用物捣杀之。一塘一日夜可得蝻二千斤。又法用苇编篱，高三尺强。篱以苇帘为之，苇帘于家中编就，约计所需，携至蝻地，立刻将全地合围，掘地培土，使篱直立。篱围各处留门，各门及围之中央，均掘塘驱蝻入其中而歼旃。据云每一日夜，各塘可得万斤死蝻。谢言二法以作篱为最省工，余则终疑编篱之费过巨，不若掘沟之位愈也。是夜，本公司谳阜宁知事洪述之、涟水知县尹茂卿等，两县皆为新通垦务，公司与庆日新争地来也。此间运盐河为源、裕、庆三家同走之路，我

① 原稿此字涂改模糊，故阙。

居上游，水下泄而浅，与健云公议筑堰置闸以遏之。

十六日(1923年5月31日)　偕江材、健云乘公司开船下圩，先至观水，然后开闸放经过之船，闸底太高，船不得上，今锯开闸底。督率良久，始克竣事。洪、尹两知事亦过此闸，赴庆裕闸，开后赴九排昼膳。膳后观圩滩扫盐、挑盐、车卤等，步行至六排宿焉。

十七日(1923年6月1日)　早，赴五排看捆盐上驳。早饭后看工，绕后堆、东堆而至闸口，复至九排昼膳。夜仍宿六排。

十八日(1923年6月2日)　早，赴盐防营后，由彼至新南公司总店房，沿途见植物之时期，初生于光滩者为盐蒿，而新南公司刘也麟谓第一期为抽心菜，次则盐蒿。盐蒿之始入光滩分布甚稀，继则密，而后獐毛草继之，继獐毛草者为土蒿及蓊米子，而芦苇则于【与】獐毛草期同时，芦苇盛则地熟可耕，苇根之土作黑色甚肥。然蓊米子生则地亦熟，催熟莫如种蓊米子，其时较速苇萧。种蓊米子法为：春不斩草，俾其子因风而播，介乎獐毛草、土蒿、蓊米子之间者为三棱，生于较洼之地。沿途一望坦平，稍有高低不论以三四寸，而植草时期之不同即见，洼则积水，积水多则成光滩。在新南遇刘也麟、王季冰企寒，维丰垦务公司常驻管理人也。此间各垦公司最要之事为宣泄，沟渠既通则地即可耕，而甚肥美，盐性并不足患，盖去海极远，约在二十馀里，潮水除由河而上者不能及。在新南膳后，与许泽初同赴陈港。

十九日(1923年6月3日)　许泽初来谈，言新通赀本二十万元，现拟划半入新南，新南合成赀本五十万元，有地约十二万亩，已用去洋七十万元，其中用于工程者，如掘沟、建闸之类，共二十万元，开办费及三年开支官利等十五万元，馀三十五万元为地价。现负债十五万元，已垦熟者为二万亩。每亩普通收每年三元，每年经常开支官利、客利及新垦费不计外，均须一万元。拟得三十万，以十五万还欠，十五万添垦。

二十日(1923年6月4日) 本公司谦济南场长查抡先济元，七十一岁矣，尚矍铄无老态。

二十一日(1923年6月5日) 赴庆裕招昼膳。许泽初来，言淮丰公司出蝗甚多，乃电告张海珊于南京，皆函板浦八师，介绍渠于淮丰王季冰。许泽初言，新南拈佃，本地人有牛犁者每户可种一顷，通州人无牛犁，全用耜头、铁搭，则每户仅种五十亩，已甚费力，惟能种棉花。又云谢舜成所谓围篱捕蝗，确曾见其实行。又言本地麦田初生穗时，有所谓紫口蝗者，专咬麦穗而不食，断一则去，尚之他，为害无已，无法处治。惟紫口蝗发生两星期，至迟三星期，必有所谓“气不愤”者，专敌紫口蝗，咬断其尾端而杀之。每一气不愤可管三分地，其出也早，则保麦田十分之七，晚则仅保麦收三分之一。聆其描写形状，紫口蝗非蝗，必为鳞翅目幼虫，而气不愤殆步行虫科之一与？

二十二日(1923年6月6日) 下午，往港南访许泽初，见割麦者手持一网如箕，缘有刃，刃之一端有柄，其长与刃等，柄端尚有一把，刃之他一端系一绳，其长与刃及柄相等。其人一手持把，一手持绳，摇荡而割麦。其人身拖一网，网张于架上，如北地之冰床。然随割随行，倾麦于网中，满则覆网于地。更有人驾牛车取麦而载之。牛车用两大木轮，辕端一小木轮，可驾四牛，载千馀斤。其人云每人每日约可割麦十亩。许泽初云此地可种一种美国小麦，每百斤可出面粉三十八九斤云。余十四夜夜不能寐，枕上口占一绝，今补记于左：“惊庬欺客梦，梦尽大江南。反侧消长夜，邻人睡正酣。惊庬”今夜作致韦弟函，并补写数日日记后，不能成寐，枕上口占一律，挑灯书之：

“不寐听群动，鸡鸣夜未央。可怜孤枕短，偏载百忧长。桂棹经长板，盐车上太行。南柯闻有记，梦醒更彷徨。不寐”

二十三日(1923年6月7日)　侵晨，偕许江村叔、西坪兄，乘肩舆赴裕通圩总店，途经盐防营，整队出迎。下舆，至营房少座，与其连长周旋些许，抵裕通已过午矣。裕通各圩水少于我，盐色又黑，水少而急于多，收盐连泥刮起，盐色乃不得不黑矣。

二十四日(1923年6月8日)　上午，与裕通协理张伯寅、坐办黄适庵步行至庆日新圩总店，庆垣各滩缺水，晒格渐有干意，倘干极而裂，则非有透潮不能复用。

二十五日(1923年6月9日)　今早天未明，大雨倾盆，历时两句钟，继以小雨点滴，时落时息，至午而停。昨宵原议今早赴裕通底圩查看所开海河，然后赴庆日新谳，雨阻，庆亦移樽来裕。泥泞不能出门，看竹十六圈。

二十六日(1923年6月10日)　天畅晴，而底圩仍不能去裕通绳，其海河之美而不克一往焉。步行圩滩中，与灶户问答，以雨不甚透，则格子内馀盐不净，土咸而粘，不堪上辊，是以既雨要透，要将格子冲淡，则放水后立刻可以辗格，重行加卤晒盐。晒格一经雨，非重做不可也。早饭后，乘舆至十排跳口，裕通所拟请移闸之处，看视一遍。至九排二圩昼饭，晚至六排三圩宿焉。

二十七日(1923年6月11日)　早起看各滩，问前日雨如何，则答曰雨固耽搁，而雨之多少则恰到好处。问何以异于裕通所闻，则答曰裕通水不足，未能全划，是以其格子尚咸，未冲淡则不能砸，我则一齐划起，放卤入塘，次日雨霁，便可做格子矣。早饭后，乘肩舆返码头总店。是日，路经各圩，格子有尚未齐者，有已齐者，亦有已放卤入格且种盐者。

二十八日(1923年6月12日) 前日得沪电，知余暨健兄任劳任怨，为公司增产，数争主权而不能见谅。今日江叔又得密电，仅以答辞见示，知沪上尚不知几条圩有一管圩，可谓隔阂。江叔不肯以原电相告，其为穷极丑诋可想矣！

二十九日(1923年6月13日) 裕通张伯寅自其圩来，坚以移闸相嬲，余及健兄不得已，允之。庆已在对敌地位，乃不得联裕以拒之。谁生厉阶，至今为梗？

五 月

初一日(1923年6月14日) 海上来二百馀字之长电，既忘却会宾楼拚却一万元息壤之盟，又于圩务纯粹外行，而反以浪费相诋。甚矣，事之难不在对外而在内！拟复电，屡不就，适海弘船来，乃决计以长函复之。

初二日(1923年6月15日) 阴雨终日。响水口吴席珍团长来朝聘，与周旋竟日，伴作雀戏，少赢。

初三日(1923年6月16日) 晴。穷一夜之力，将沪电逐句答辩，凡八行书二十七纸，约五千言，不啻一篇圩务讲义，不知听者尚邈邈否？

初四日(1923年6月17日) 询知前日小雨濛濛，晒格可以不赶，雨霁后即照旧晒盐，毫无妨碍。所耽搁者，只雨时一日耳。

夜,听王淦臣谈清江吴姓妇事:前年冬季,清江附近地名狼山者有一吴姓,农村小康之家也,伊子年近弱冠,为匪徒掳去勒赎。匪首携至巢中,蒙眼缚手足而悬诸梁,更出打劫,嘱其妇守焉。匪妇倦极思睡,乃托此职于小姑。小姑碧玉年华,怀春待字,其地与吴姓相去十里左右。吴姓家世资产固小姑之所熟知,又见吴姓少年清秀,颇有委心之意,乃与之絮絮,详询家常,并问吴姓子:“已缔姻否?”曰:“尚未。”曰:“确乎,能誓之乎?”吴姓子曰:“九天为正【证】。”曰:“郎愿侬相救否?侬确能相救,惟愿郎拔侬出此大坑,侬与匪首为同胞,倘与郎结发为夫妇,则可相携而出,归见舅姑。”吴姓子遂呼祷神祇,与女约为夫妇。女乃亲释其缚,入房检取衣裳一包,银元二百,谓吴姓子曰:“负此,此侬之装【妆】奁也。”更取子弹一盘,自束腰际,钢枪一枝,自提手中,曰:“有此不惧追者矣。”遂行。女足纤,与吴姓子携手而至狼山,夜已昏黄矣。吴姓失子,方仓皇无策,忽见其携得红线归来,群相惊问,女从容自述来历,并言己与郎誓为夫妇,从此是吴姓人矣。于是遍拜尊长,并见邻里。邻里窃窃私语,动色相告,以为吴姓子未待赎而归,已是撄匪首之怒,又复窃负而逃,匪首寻仇,则一村无噍类矣。女曰:“毋怒,匪首若来,侬能应付。刀锯斧钺,侬当其冲,决不贻累他人。而苇蒲纫石,庸或可保此一方。惟诸尊长及邻里鉴此区区。”顷之,匪首率众而来,跳叫漫骂,其势张甚。女先告吴姓人及邻里,切勿张皇,慎毋少动。已乃于暗中乘墙而言曰:“众弟兄听者,此乃侬与阿兄家事,众弟兄请暂作旁观,细听曲直,切勿妄动。有妄动者,慎备钢枪。侬固识众弟兄,钢枪不能识众弟兄也。”女能于暗中射物,百发百中。匪众习知其技,壁立数十步外,莫敢先发。匪首则大骂:“婊子不要脸,跟人私跑。”女曰:“阿兄息怒,侬与阿兄生同父母,年已及笄,必求佳耦。侬随阿兄,终为匪耳。岂有良媒可托终身?阿兄忍乎?吴姓家世清白,侬此来并非低三下四为人妾媵,已谒尊长,正夫妇之分。阿兄何(不)以妹子得托名门为喜为贺,而反加怒詈。众弟兄听之,侬是乎?否乎?”匪众同声和曰:“大爷息怒,姑娘之辞当也!”匪首曰:“何故取我银圆?”女曰:“同胞惟予与汝,阿妹今日出嫁,兄宁不给些少奁赀?祖遗良田,亦有数顷,以二百元嫁阿妹,并不为厚。”“然则,何以窃我钢枪?”女曰:“侬留此本无用,不过暂以防(不)虞,俟弥月以后,阿兄到此认亲,即便相还。众弟兄听之,侬向不食言也!”女辩答如流,理直气壮,匪众均为首肯,强挽匪首而归。女遂与吴姓子合卺,匪首亦言归于好,姻娅来往,而一村赖以保安焉。

初五日(1923年6月18日) 因扫盐重要,电话通知各圩勿来贺节。早晨敬神,卫队索号升炮,余偕健兄、江叔在中堂向神位三鞠躬。

初六日(1923年6月19日) 公平船来,晤其三轨菲列滨人 M. C. Tapia,住#204 Dixwell Road, Shanghai. Phone number 1374。晚间浓阴,大有变意。各圩赶速划盐,所产尚多。

初七日(1923年6月20日) 昨夜迄今朝,大雨以风,沟渠皆满,风自东北来,吹潮上行,各拿潮口门均不敢开,恐开后无法合龙也。

初八日(1923年6月21日) 雨止而晴不甚畅。今春大雨,各格均是淡水,须将淡水出脱,方可晒盐。各排情形不同,有可用水车车水,由格至洼地或大圩者;有欲出水入大河,若出之于大河,则必须将大河水先行放去,然后将格子中淡水注入。惟如此,则碍于运矣。不能因一二排之便利,遂放去一大河水也。于是,不得不思及海河矣。

初九日(1923年6月22日) 晴,各圩正忙出水。

初十日(1923年6月23日) 晴,各圩有已出水完毕动手砸格者。

十一日(1923年6月24日) 晴,各圩均砸格,有已加卤种盐者。

十二日(1923年6月25日) 晚间天有阴意,各圩均赶格,仅抢得盐种。余于是日早趁船偕江叔等往河西观乐群精盐公司,裕通黄适庵今早亦来,已先在。乐群有盐圩二条,去厂房数里,厂房附近有大卤塘,式正方,内有石格之。其原意用砖管引盐圩所晒成之卤入塘,不知砖管并不能引卤,还是人力运卤入塘,然后用唧机取卤入厂,滤过后入长方铁锅,先行温热,更注入一位置稍低之方铁锅中,熬而成盐,则用刀括起,堆于厂内边壁地上,令干且沥去卤汁焉。括盐锅时,往往将盐锅括破,于是时时刻刻要补锅。盐锅共五只,长六七尺许,分置五灶,灶烧煤而各不相连。据云烧时煤烟满屋,热不可耐。灶盖无烟突,云堆于边壁之盐,更取而压作大块盐砖,置铁板上,用火烤之良久,干透取下,近火处全焦,用大斧砍去,费工甚多,所馀者锤碎,研末粉,于是精盐成矣。此项制造之一切成本,他姑不论,只言用煤,每成盐一百二十担,需时一昼夜,用煤六吨半。闻久大每成盐三百担,用煤二吨。久大煤价每吨六元六角,乐群煤价每吨二十元。出盐之值勉占及煤价之半,其他全不在内。王子弓云:乐群小工砍烟砖所得之成绩,其价值尚不及工赀之巨,他更可想矣。乐群机器仅有一小唧水机小压机一架,为制盐砖用,小气锅横直各一,总计全新之时不及五千金。房屋、厂房三间,办事室一所,住屋一所,堆房一排,造价三万金,总共全厂费去二十四万金,所留存仅此房屋而已。观后,在公济海运局昼饭。更赴公发顺杂货店,此店初仅五百钱资本,今已赚五万馀千矣。大半是乐群照顾,今乐群已停工两年而扬州尚续办云。公济码头居冲刷之岸,恐不能久存,码头无趸船,上盐颇费事。码头上有龙王庙,轮奂崇闳。公济有唧水机管十寸,经一昼夜可满一四丈方四尺深之泮头河。唧水时,河中节节打堰,以便灌注,一昼夜烧煤油八箱。夜宿公济海运局,去码头里许,而渔盐码头则在海运局门前。每一渔船购盐,须先领一摺,以后则凭摺买盐。去年每包四角,今年每包六角,盐税均为二角,领摺时出摺费二角,归官吏中饱。

十三日(1923年6月26日) 早,趁船赴公济二圩总所。公济坐船有玻璃窗,舱内有方桌、茶几、靠背椅、小柜、坐【座】钟、香炉、字画,为盐河旧日之讲究坐船,今硕果仅存矣。公济店房四十馀间,扬州式,造时用六万金,须扬州匠人经手,料皆来自扬州。晤公济管事蒋月亭,四川人,旧日盐官也,留昼膳,膳毕,阻雨,即宿焉。夜,得河东信,匪首刘保有号称有众百馀人,昨夜占据庆垣头圩,要求招安五十支枪、洋五千元。庆垣单独电致督军、省长马、向二使、盐防营运使求救,河东震动。余等乃不能留,拟明日绕道我垣西四圩而归。

十四日(1923年6月27日) 昨,雨半日,数日晴功全弃,今日尚小雨濛濛,余等乘舆冒雨而至四圩,略看圩工,由圩至坝头则乘驳盐船,沿途并打水志西四圩,全恃港潮,滩亦较小,据云无力,不能多产,是以与各排比较总差。余等乘海驳之有三帆者回陈家港,其中帆掌于舵工,馀帆则各令三数人司之。下午,抵陈家港,询知刘保有虽声称十三日正午不得复则夺庆垣总店房,而毫无动静,仅好言索去洋七十元、面粉一包,于是始知庆垣洪叔重之为过于张皇矣。

十五日(1923年6月28日) 雨。白镇所派钱参谋率炮船三只,乘靖海小兵轮,下午到此,住庆码头,候吴旅会剿,据王淦臣得报刘保有昨日已走,共有枪十六杆,人数连空手尚不及三十,可见当时号称百人之纯系虚声,要求招安五十名,则可知其尚不及五十人也。

十六日(1923年6月29日)　雨。吴席珍率陆军号称两连到港。

十七日(1923年6月30日)　雨,下午晴。晚间,我垣谳钱序勋参谋嘉鹭、吴席珍暨其随从。钱、吴商定:吴率陆军赴李家圩,刘营副率盐队赴庆圩,炮船赴套子口,水陆齐进率,明早六钟开拔。

十八日(1923年7月1日)　晴。吴旅长黎明祭新桥。新桥者,拟建以通陈家港南北之新桥也,系吴父发起募建,祭后即开工。吴、刘炮船并发,闻马镇计营长已在李家圩相候云。王淦臣力募桥捐,余为函致上海许泽初,劝捐四百元。

晚间,王淦臣出示清帮故实。清帮者安清帮也,相传始于崇祯年间,甘界省城东乡一富户罗天文仅一子,名清,八月二十七日辰时生。罗清筑台长江边,打坐其上,能踏水面渡江,在栖霞山紫洞修真,是为罗祖。其徒陆仕达能一苇渡江,是为陆祖。又有杭州秀士潘德林字福享与翁德慧字福寿、钱德正字福轩结为异性兄弟,同至北五台山大洞中,拜陆祖为师。陆祖训令雍正四年立帮,运粮造船九千九百九十九只半,立帮规收徒传后。乾隆九年,三人在五台山哪王庙请罗祖藏金五部。三人又面君奏称收徒弟十万八千,上阵非要亲兄弟,打仗还是父子兵,即收徒之意。造船于杭州武林门外,并建家庙,于七月初九开工,计板七十七万七千九百块,前后檐桥板计四十七万四千九百六十三块。家庙暨船只造齐,进京御定一百廿八帮半,计船九千九百九十九只半。三人分运米粮,所有一切帮头闸坝,开列甚细。乾隆三十年,潘祖收徒蒋玉字得照。潘祖殁于凤林闸,蒋玉运柩回杭州家庙安葬,香堂用七十二香炉,所供天地君亲师,是为五祖及罗、陆、翁、钱、潘暨小爷,是为七尊,供时护法、抱香、接香,各有诗七言四句,甚俚俗。其辈行上二十四字,杭州家庙请来:清无清不成善,一身清正、静静坐常思己过、道修道得道、德无德不得进门、文文昌化解、成成其大事、佛皈依佛门、法知法休要犯法、仁要学仁义礼智信、伦五伦长记在心、智必要有智气、慧慧心善度、本为人根本、来来历不明不收、自自己要知己过、姓一身姓名为本不要说谎、元三姓原是一家、明老祖明朝入山修道、兴兴帮领运、礼各事要讲礼、大正大光明、通通行吾帮、吾天生五子皆我门、学学习吾帮。后廿四字，北五台请来：万万年不断香火、象两仪四象、仪一祖流传、国报效国家、界前人世界后人明、律要知法律、传流传后世、宝道有三清，佛有三宝、化逢凶化吉、度皆度有像人、心一心无二、回万象回春、普普门开庆、门进山门皈归长处、开佛门开放、放皈依放戒、先佛光普照、照照满乾坤、乾乾为天、坤坤为地、代代代子孙、发五台山金刀剃发、修修炼根本、行紧行打坐。其帮头一百廿八帮，半以地分：苏州二十一、浙江廿一、江广十九、常州十八、安徽十六、山东十帮半、河南九帮、松江九、又加江西十三帮、浙江二十一帮、湖州格外八帮、西湖十一帮。许郁章、王淦臣同为未分阴阳锁嘉北帮，吴席珍为倒挂林机锁嘉海帮。其帮规十条：一不可欺师灭祖，二不可藐视前人，三不可扒灰倒龙，四不可引水带线，五不可开笼放水，六不可奸盗邪淫，七不可江湖乱道，八不可扰乱帮规，九不可大小不遵，十要学仁义礼智信。抱香头分开五个字：敬天地君亲师、求富贵平安福、学仁义礼智信、吃金木水火土、怕身老疾病苦。其请问法曰："请问老大，家庙山门多高？"答曰："九尺九寸五分内，按九千九百九十九只半，宽五尺四寸净内，按五岳四渎，门槓长五尺七寸内，按五祖七尊。"其大挽【腕】过门条法曰：三家好安清，四家好道情，有亲叙亲，无亲叙友，无友无亲，才叙安清。安清不叙不亲，叙起骨肉之亲，许充不许赖，要你能报三帮并九代。你老大在外走的路多，跑的桥多，见识又多，兄弟言语不清，过门又到，你老大格外关照关照。兄弟初到贵帮之地，流水码头，足踏生地，眼见贵人，兄弟恐有不到之处，家中老少爷们格外关照关照，安清子孙云云。

十九日(1923 年 7 月 2 日)　昨甫晴而今又雨，至夜未止。

二十日(1923年7月3日) 早晴,下午浓阴小雨,拟下圩未果。

廿一日(1923年7月4日) 早晴,赴二排头圩,昼膳后乘船看头二排,各廪堆积已满新盐,甚难开廪。每圩八份,滩各有名目,在支河左右者曰虎眼,其次曰二虎眼,又曰大中花,又其次曰中花,最后曰廪屁股。滩名同则冠以方名而别之,如东虎眼、西虎眼之类。当开铺之时,灶户拈阄认滩,以得虎眼者为最劣,因多一泮头,绕路上廪较远也。夜,又雨,宿二排头圩。

廿二日(1923年7月5日) 晴,乘肩舆,绕后堆自二排至四排转角,更历三排各圩而归。仍宿二排头圩。

廿三日(1923年7月6日) 早,晴。至三排看开廪,时正开三圩,每灶八副,担八灶,共六十四副担,盖一排之中,每灶出二人挑担,全排通力合作。本灶除出二人挑担外,尚须照料自有之小廪。客担六人,即归该灶供应。上廪之时,以二箩为一担,每上一担,则用一筹计数。每家用一器收筹,如大笾、小缸、大篮、小篮之类不等。每一空担下廪,则报一声,不报户名而报器名,大笾、小缸,由掌管司筹应声而投筹入于其所报之器中。上有成数,则由四帮廪用掀随时做廪,随做随时盖席。廪成则计筹而知担数。每箩盐连绳箩重司马秤七十斤,净重六十五斤,是每担净重一百三十斤,再除廪耗则加二升,捆全不能足矣。看毕四二排头圩,量得压格石磙长一尺八寸,圆周一尺八寸,重八十斤。昼膳,回陈家港,肩舆而行,至小北港,遇雨,疾驰至陈家港。

廿四日(1923年7月7日) 小雨多时。询得我垣内驳价:每包自头二排十五文半起原系十二文半,壬戌年起加三文,三排十六文半,每越一排,递加一文;内驳上廪六文旧六文,壬戌加一文,自廪上轮十五文，装舱二文半，转廪三文至十文不等，重包八文半；廪上小工专司绞包、灌包、扫毛盐等事，共八名，月给每名九千文；如上盐忙碌，更行添工每名每日四百文；又码头常工一名，月给九千文；河西内驳每包十九文，上廪同于河东；海驳过河三十文，上轮三十一文；裕通内驳每包自头圩二十二文起，每隔一圩加一文，馀与我同；我垣暨裕通给谢姓地租每包一文七毫，庆日新则每包七文；公济内驳统扯二十七文一包，远近同价；上廪四文半，上轮十三文，下舱三文但下舱归轮船认出大洋八分一吨，而以其馀分润同事。夜间，白俊卿海州镇守使宝山率同参谋长刘鼎丞、书记官王哲父、许郁章乘海靖兵轮到港，即寓我总店房，应庆日新剿匪之请也，随从马弁甚多，各室皆满。

廿五日(1923年7月8日) 晴。白部工兵连至，设帐于院中。下午，白使赴河西，余随乘海靖而往，先至燕尾港，后复赴堆沟，归时已夜矣。早间，白使以谢姓炮楼太高，限令三日内拆低一层半。谢姓炮楼有碍于我而无益于彼，一为贼有，则港北决不能守。健兄到此，即与交涉令拆，坚不相允，今幸白使助成之。得宁函，教实联合会委托东南大学教员分组调查江苏各县教育实业状况，余及张海珊、汪启愚共为一组，任铜山、灌云、东海、泗阳、宿迁、淮阴各县。余即致张、汪一电，约其初六到灌，先调查东、灌、淮阴三县，宿、泗因匪患从略，铜山则异日由火车去。

廿六日(1923年7月9日) 晴。函致傅志华、张海珊，详述昨电意。下午，伴白使步往港南，在谢姓门前场上设席而坐，又催其速拆炮楼。归后在帐篷前偕白使诸人短衣席地而坐，共摄一影。

廿七日(1923年7月10日) 晴。起甚早，见谢姓，炮楼已起首拆毁。有顷，李象山来言拆工系渠雇去。正午，偕白使诸人乘海靖轮赴响水口，贺吴席珍女公子出阁之喜。公司座船拖在轮后，余从响水口即赴板浦也。贺喜后,主人置筵款待。白使诸人趁潮先回陈家港,余偕健兄因主人挽留,夜潮不及行,宿其楼上。夜小雨,不久即止,作函寄内及傅、张、沈焕堂。

廿八日(1923年7月11日)　晴。午后,下船乘潮至杨家集,行四点钟,约三十六里,泊焉。

廿九日(1923年7月12日)　晴。天欲晓,即促船家趁涨潮上驶,约三点钟,行三十馀里,至大伊人山,近日水涨,六坝都开,无庸换船,即至盐河遇顺风,到板浦,甫过午。

卅日(1923年7月13日)　早晴,夜间小雨。下午至关帝庙,法身铜质,用二秒光圈九,为摄一影,洗出尚佳。

三十日　晴。昨日以张、汪无复,更致一电,今得张复,准阳历十六日由宁动身来此。昨夜,健云得郁章函,知谢姓因拆去炮楼,大失面子,全家愤而迁往东坎居住。在圩时,询得捆盐以四百包为一号,□钱五千四百五十文,内提管圩同事称底□二百文,掌管帮廪所得约□[1]七八百文,同事另有盐包二文,称包二文,按包计算掌管工食,全年四十票,帮廪半之。又每捆一包,掌管得担头二文,帮廪一文,掌管全年一切约得百千,帮廪半之。我垣每二圩一掌管、两帮廪,而庆日新窝匪之刘保善掌管三圩,亦异数也。刘保有本系庆日新帮廪,穆大牛系庆日新灶丁,均是著名票把。票把者,匪首也。大有晋河东五圩卖私甚多,日必十数挑。余初至圩时,我垣亦拿着私盐十馀包,于此可见圩内各役,倘不令赡足,轻则卖私,甚则如庆日新之灶役兼营抢劫。庆日新底圩是著名窝头,余前曾欲往看,因雨未果。裕通人言欲

---

[1] 此处三字或为记账符号,难以辨认,故阙。原稿作“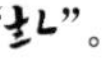”。

往必须厚集护卫，戒备而往云。

六 月

初一日（1923 年 7 月 14 日） 即阳历七月十四日。晴，今夜法起寺轿来，明日游山。夜，作函致内，蚊多，几难毕写。

初二日（1923 年 7 月 15 日） 晴。自板浦赴云台山法起寺。有两道：东道由中正过东磊、大小板跳而至法起寺，约九十里；西道走南城、当路、新县等，约百二十里。本拟走东道，水阻不果，乃出西道。早七点起程，行六里至清水河茶尖稍息，摄一影。十二里至南城，半途经过太平埝附近，望见盐坨罗列，盐船张帆而行。南城古名凤凰城，陆军第一师炮兵营驻焉。房屋林立，街道甚长，门均不大，窗户甚少，而小墙皆用石砌，鲜有用砖者。南城以下至云台山里及墟沟等处，用石多于用砖，取石即山甚便，而得砖难也。盖屋用瓦，亦用茅者，闹市以苇帘覆街，海州通例也。在街心摄一影，去闹已远矣。摄奶奶顶一、凤凰山一。凤凰山峭石壁立，成一山顶，山右有奎星亭。南城因山为城，东为凤凰山，西为奶奶顶。奶奶顶上有庙，三月三日香火颇盛。北行九里而至九里山，石成带数条，上下并行，可见其倾侧之形（Tilt），一律向东。一路山具【俱】童秃，非至小庙宇，不见稀树数点。沿云台西麓自南起一直往北，约有六十丈阔，一律就水种稻，田之上下悉系旱田，旱田为豆与高粱。田中锄地者女子居大多数。去南城十八里而至当路，缘山一市集也。面当路之山坡稀稀散布，高矮不等，细观其石，多系花岗岩类（granite）。云台诸山，花岗岩为最多也。当路道旁颇有杂树，为杨柳、臭椿、黄连头等。当路东北行七里，至大村，宋塔在焉。又北八里，至猴嘴山边，端尖处也。至猴嘴则转而东行矣。猴嘴附近无熟田，山坡荒草，山麓无水处则咸心菜与盐蒿甚茂，有水则三稜与水莽草（Water Hemlock）纵横而已。更行则仍见水田,此间之垦地耕山至于山半,山麓数十丈则为水田,更下间有荒田,然大都令之荒弃。更北行十五里,至新县附近,闻枪声一响,遇衣装不整之军队,颇有戒心。更东行五里,至牛王庙。东北十里,至金湾。更东四里,北上虎口岭,道光十五年陶澍改为留云岭,题句曰:"为霖四海心,处处望云驻。仙山海气深,此是留云处。"下岭向北二里许而至法起寺,是第七十一佛地,三官菩萨道场也。考其碑志,东汉时,康居国圣人来居于此。庙后毁,康熙二十五年重建。有庙田三百六十顷,嗣僧不肖,盗卖几尽。宣统、民国之交,静波来主是庙,振亚号炎灿常驻于此,作监院,炎灿辛苦经营,轮奂崇然,渐有丛林气象矣。

初三日(1923年7月16日) 早晴。同和尚看山,先至龙潭,有石刻"放生池"三字在焉。其地大石当涧,涧水最深处,当系从前瀑布下降之地,今则石壁已圮,仅有水潭而已。寺东有邱曰宝甲山,登之望海而返。午饭后,乘肩舆,越虎口岭,过金湾,东缘山麓行,复而向北,共行二十馀里而至墟沟院前农商部江苏省合办之渔业技术传习所,宿焉。金湾附近王氏山树木青葱可爱,盖云台后山树木较浓,亦可喜事也。

养性室日记

张敬礼

一二月纪事

戊辰元日(1928年1月23日) 阴。晨兴,大人已先起。一宵之间而岁已更易,余家去年所历,率多逆意,碌碌未尝一日安枕也。而两月来,感人特甚者,徒以岁暮他乡,欲归不得耳。虽然,古人以宴安为鸩毒,余辈生于安乐,焉知忧惧,则年馀所受之种种激刺,亦未始非福也。总之,余辈处今日之世,不能无所奋勉,从今于学问、道德,当益勤勉,无使稍稍怠忽,日积之,月累之,庶几渐趋于成乎。上午,知翁、伯翁来,谓已看定丁子翁[①]之市房,两楼两底,一所现已着手布置云云。下午,劭兄来拜年。今日照例向堂上贺年,惟客居终不能自释耳。

初二日(1928年1月24日) 上午,张锦老及吴寄翁[②]、燕谋[③]来寓贺年。燕谋谓此次在宁曾晤茅、叶诸人,大致第二步封字暂时不致

---

① 丁子盈,江苏镇江人,旅沪巨商,曾参股张謇大生一厂,并出资建造镇江绍宗藏书楼。

② 吴寄尘(1873—1935),名兆曾,别号味秋,江苏镇江人,中年后辅佐张謇开创南通大生纱厂,在近代实业界卓有声望。

③ 沈绳祖(1891—1974),字燕谋,号南村,江苏南通人,曾留学美国威斯康星大学,从事农业化学研究,毕业后归国,任教南通纺织大学,后任南通大生纺织公司董事、大生三厂经理、香港新亚书院图书馆馆长等职。

发生，不过，控告者甚夥，惟多诬诬，了无所凭据。燕谋已嘱其并案办理，以后或不致另生枝节云。下午，与三兄步第七层露台，远眺沪上，人烟稠密，车马纷纭，凭栏四顾，颇堪自怡也。晚大嫂及劭直[①]夫人来，大嫂意谓事宜速了，虽至倾其所有，亦无所顾息【惜】云。沐浴，极舒适。

初三日(1928年1月25日)　作诗。大人谕诗宜随兴之所至，不可苦吟。十一时，三姊来。午餐后，寓内西崽携猴一游，嬉于巷内，客多围观。隔室有美国母子二人，子年仅六龄，活泼伶俐，余颇喜与之周旋也。劭兄来，谓众议决请钱新之[②]君负责蔬【疏】解，或不至另生枝节云。新之性诚挚，急人之急，信新潮流中不可多得之人才也。

初四日(1928年1月26日)　近数日气侯【候】奇暖，余等皆易薄衣。上午，心翁来，与竹青同赴贝勒路润安里九十七号，新宅布置，余等则随堂上整理一切杂物。下午家人相继濯足热水便利，食金菓粉。约八时，大人、心翁及余乘丁子翁车，堂上及三兄乘大达汽车，同抵新宅。吴、江、龚、丁、王诸君已伫侯【候】门前。此次种种，匪诸君之照料，安得有今日之舒适？余等惟心感而已矣。

初五日(1928年1月27日)　俗称财神日，四邻爆竹喧天，昼夜不绝。阴雨寒甚，较之昨日，不啻天渊之别矣。午前，仍由丁宅送饭。晚即由堂上手制，虽普通蔬肴，而滋味已自不同矣。老大哥来谈劭兄

---

①　束曰琯，号劭直，江苏扬州人，清末举人，张謇女婿，与弟束曰璐追随张氏兴办实业，掌文牍，为民国大资本家、义商、社会慈善家。

②　钱永铭(1885—1958)，字新之，以字行，晚号北监老人。浙江吴兴(今湖州)人，民国时期江浙财阀代表人物之一，曾出任国民党财政部次长、驻法国公使、国民党政府国大代表等职。

及燕谋事。读《原毁》。

初六日(1928年1月28日) 气候奇寒,手足僵冻,闭户围炉,犹战栗不已也。今日三餐,悉由堂上督制,觉鲜美逾恒。惟余辈坐食终日,不能无愧耳。上午,大人与寄翁同赴张锦老及许秋帆①处贺年。下午,赴黄金荣及吴昆山②处道谢。余等亦至寄翁、丁子翁处贺年。晚雪,约三四分。

初七日(1928年1月29日) 今日寒且较甚于昨。终日随堂上操劳,未尝稍息。惟余辈昔日居乡,向不与闻家政,安居而食,除功读外,更无庸自劳,一旦恭自执洒扫之役,处处似皆不能如意耳。噫!居今之世,安得不亟谋自立?堂上之所以必命操劳者,非无意也。光益兄赠煨鸡一只、咸鱼一条,皆妙品,而鸡味尤香嫩可口也。晚,于香老来,闻楚老已于去年除夕前一日买舟北行矣。宵寒衾薄,终宵未能安枕,苦甚。

初八日(1928年1月30日) 天寒甚,手足皆冻,懒亲书笔,日惟闭户围炉,藉读《剑侠传》消遣。下午置火炉余室夜则余兄弟及冯贞姑娘之寝所,日间则家人相聚之室也。铜匠揉(猱)升屋顶,顶上积雪盈寸,大有举足维艰之势。余笑语:“兄恨无剑客之能,不然何至亲人觳觫若此?”

初九日(1928年1月31日) 寒室中炉火甚炽,尚无大苦。接

---

① 许沅,字秋帆,江苏丹徒人。14岁就读于上海中法学校汇英书院。后考入南洋同文馆,复转入金陵大学。23岁毕业后,辅佐张謇创办西学堂于南京文正书院。

② 黄、吴皆为上海滩帮会头目。

通城南敬直、敬默二姊来讯，闻家中甚安，希弟已附隔壁王世禄儿子从尤先生授课，以免荒费学业，并接到行里【李】二件及余之书籍一篮，乐甚。于香老来。

初十日(1928年2月1日) 上午鲍心翁来谈。下午吟诗消遣。晚甚不适(左颈突一核，抚之极痛。)静卧多时，始稍愈。前日由寄翁递到孝若[①]函，无非问候之辞。谚云："猫既扑鼠，故作戚容。"若不胜悲痛者，盖有以自讳其过也。又孝若最近通告尤荒谬绝伦，"满招损，谦受益"，吾不禁为之惧也。

十一日(1928年2月2日) 今日寒气似稍退。上午，鲍心翁来，代办铁火盆二只，乌龙茶一瓶，坐谈许久始去。大人谕余兄弟凡事皆须勤勉克【刻】苦，处此时世，倘不亟谋自立，而以他人为可恃，不亦甚谬乎？晚劭兄来，谓党部张明炜、杨瑞祥颇洞悉底蕴，故渠等甚愿极力宣传及疏解云。又谓友众颇善余之举止。噫，张氏子弟能有全行者几人而余以愚鲁之质，荷友好之过奖，能无愧疚而益勤勉乎？余三兄质厚而挚诚好学，余五弟幼稚而知孝弟，读书亦粗能解悟。余虽不才，亦粗知自爱，今日之所遭安足道！张氏宁无复盛之日乎？余兄弟其勉乎哉！余兄弟其勉乎哉！

十二日(1928年2月3日) 上午王光益兄回沪，并携时丙来，家中寄来之物，如咸鸡、咸鱼、咸卤及各种食品，共装大网篮二只，恂【洵】客居最可乐之事也。下午劭兄来，谓今日为彭凌霄及亦新宅喜期亦新子娶凌霄女，渠往道贺，约定明日午后晤谈一切云云。近日，余颈间忽生二核，触之颇酸痛，余近甚患痰，想系痰核亦未可知。

---

① 张孝若，张謇长子。

十三日(1928年2月4日) 寄翁岳母林老太太十一夜无疾而终,堂上亲往弔唁,致赙仪二百元。下午劭兄来,谓凌霄对大人事甚诚恳,并谓昔日无聊之时,承老师照料,今日老师遭此,为弟子者能不竭力云。晚邀于香老便酌,亦客中之乐趣也。张锦老来。

十四日(1928年2月5日) 今日颈核较剧,随心翁至广福寺夏荫堂医生处诊治,据云仍【乃】因身体不健,近又肝阳甚旺,得食不化,固亟宜节虑捐思,则差可见痊也。下午三姊夫妇来,谭笑甚欢。十时初吉。今日,寄翁接孝若来函,谓通治县宋涤尘请借濠阳路余宅结缡,旭士面允,拟于一二日内赴通料理一切。

元宵节(1928年2月6日) 心翁偕忻成义来谈大达事。下午劭兄来,谓渠晤张锦老,大致对此事不能操之过急,只有静待时机,钱君新之亦即此意。晚邀香老便酌,肴蔬之美者如红烧鸡、煨鸭可取在烂及乡里所寄之鲫鱼、封鸡等乡味尤非客邸所易得。主客皆大嚼,乐甚。深宵,途中有夫妇相殴狂呼声,余等皆大惊。未几,又闻叫魂声,悲惨幽忽,尤令人毛骨悚然。一时睡。

十六日(1928年2月7日) 昨晚大风故,天气已迥异。昨日上午大雪未积。忻成义来,谓大达各轮收票方法已体更易由大、二副收票,船主监察。倘能行之不懈,则公司于无形之中当受惠不浅也。下午作诗。

十七日(1928年2月8日) 成义来。下午子盈先生来,闲话及大生失败事,不胜慨叹。大生极盛之时,大人曾再四告诫不可自满,以取败亡,不知大生竟因此而失败也。晚早睡。

十八日(1928年2月9日) 朱三奉命煎烟,余兄弟负监督责任。三姊来书,谓余宅家务纷纭,不暇来视,并赠蜜橘六十枚。今日俗称“落灯日”,是新年已忽忽过去,客居终日处愁闷之中,茫然不知良辰之故我,微吟“明年春色倍还人”句,为之欣赏不置也。光益来谈散步之益。

十九日(1928年2月10日) 竹青自其戚家迁来同居,未数日即卧病。今日与余同至夏荫堂医室诊治。余颈之核已渐消,再药可顗痊愈矣。成义来,闻沪滨有封船之讯,系赴宁运兵赴海州云。寄翁今晚赴通,转三馀。大有晋公司董事会来晤,谓照钱君意,事不宜操之过急,须于有意无意之中,设法疏解,现既可苟安,不妨静待时机云。晚大人与光益同赴王樵松求卜,据云,二月有虚惊,三月可全无事;余今年流年亦不恶,惟于三十岁内恐犯桃花运,宜极端谨,毋自蹈灭亡。慎之,慎之!

廿日(1928年2月11日) 昨夜发病,苦之。晨起读书片刻。饭后,三姊来,谈笑甚乐。堂上愁容亦为之稍释。余与兄相继至隔壁理发店理发,店内布制【置】破旧,尤污秽不堪修发者三四人,盥洗皆在一盆,未一度易水,奈坐时馀始罢,如释重负而归。大人独步贝勒路一带,少顷即回,而家人已饱收【受】惊骇矣。晚,劭直来。

廿一日(1928年2月12日) 三姊未来,堂上异常悬系。下午通武来,大致谓此次之事宜亟谋解决,不可更迁延,并谓孝若于此事奔走甚劳,惟于经济方面不可负责,最好请大嫂赴通时携希祖赴濠南一行,一方面联络家庭感情,一则重重拜托,免生隔膜,并力譬孝若于此事未曾与闻,且甚热衷之。噫!孝之于余家可谓至矣,尽矣。虽通地三尺,儿童类能道其详,何庸讳辨。大人承其赐,亡居他乡,艰苦倍尝,此恩此惠,固当铭诸肺腑,不敢或忘。而必欲使无知弱弟呼号乞怜以为快,无乃太忍乎?晚,邀香老、伯周、通武便饭。香老对此尤愤慨，谓已宁收【受】挤至死，不愿更收【受】孝之维持，且解铃者未必能系之也。

廿二日(1928年2月13日)　巧贤仆称病不起，终日高卧者已二日馀，凡大人之事，皆余兄弟分任之，身虽劳而心安焉，盖能得此机会稍尽人子之道，固亦大幸事也。自来沪后，仆多骄横不听命令，以至堂上及余辈亲执下役，亦唯临之以忍而已。三姊来。于香老来，传闻孝左右宣言孝之所仇视余家者有三焉：一曰当孝三十龄生辰，大人未亲诣道贺；二曰大人向于彼无诚意；三曰大人向性慷慨，每当地方公益，毋不解囊乐助，使濠南不能独异云。嗟呼！即以此三条而必欲置余家于死地乎？亦至谬矣。余固不屑与之辨也。

廿三日(1928年2月14日)　鲍心翁来，并赠刀鱼六尾，闻系故里所寄者。午后与光益兄外出，首乘十七路电车至四马路，复步行至沧浪亭，稍憩，入浴先混汤，继复入盆汤，约一时始毕，乘二十一路公共车至贝勒路即抵家。通武来辞行，大嫂亦来，谓已于明日赴海转通，为一度之接洽，孝处与拟云逶迤，免另生他变，有事当与知源洽商办理也。劭兄来，彼今日晤见凌霄，凌霄在宁，晤钮永建①，谈颇久，闻钮颇反对此举。彭并历述大人居官居乡之造福人民，谓此尚欲通缉之，遑论其他。钮闻之似亦惆怅不安云。晚餐后，复乘人力车至九江路大生晤劭兄。十时半始返。今日共得沪市之三种经验，即乘电车、公共汽车、人力车三式代步也。此为第一次。

---

①　钮永建(1870—1965)，字惕生，松江马桥人，中国民主革命家，中华民国政治人物。

附剪报:

海陆丰赤祸蔓延,惊心动魄之杀人条例

海陆丰惨状(摘录本年二月十一日新闻报汕头通讯)粤省海陆丰沦于赤军手中已三月矣。曩者,粤局内部发生战乱,政府无暇顾及,以致赤祸滋蔓,危及广东全省。现时海陆丰与潮汕交通断绝,邮政海关停歇,各地商店、乡村变成瓦砾之场,难民潜逃来潮汕者,不可胜计。所谈赤军残暴事迹,令人闻之酸鼻。

昨日记者见一海丰富豪蓬头跣足,踽踽行马路上。记者认系故人,乃停步慰问并询该地情况。据云海丰苏维埃政府近来新颁一个杀人条例:盲目者杀,跛足者杀,堪舆者杀,和尚者杀,食长斋者杀,作媒妁者杀,做经纪者杀,扶乩者杀,做巫者杀,食洋烟者杀,赌博者杀,饮酒者杀,族长者杀,做倡者杀,代人做契据者杀,麻风者杀,收租者杀,还租者杀,讨债者杀,还债者杀,放荡闲游者杀,前清有功名者杀,做粮房差役者杀,凡前当兵做官者杀,买办阶级办洋人事者杀,大中小地主者杀。凡做苏维埃委员,必杀其最亲之人为贽见入党礼,表示只知有党不知有家。近来,海丰共党每日屠杀,或将活人吊在梁上,置镬于下,将活人之肉一块一块割下烹而食之。每攻陷一乡村,即开祝捷大会。一次开会时,搭台十馀座,或言说、演戏,或跳舞,台上檐际周围悬人首级以庆武功。间有委员出入,手提三五人头作装饰品,夸耀于同党之前。各家年壮男女均分别编为童子军、冲锋队、赤卫军。妙龄女子编为女宣传队,每日下乡宣传赤化。当赤军开始杀人之时,行刑地点多在大路或公地举行。近来在小街巷中,亦可随便斩杀,尸骸遍地,腥气触鼻欲呕。家家要派谷抽饷,以充军实。所至之处,焚掠抢杀,大小私仇可以自由报复,故海丰、陆丰两县之民,除被杀外,多半逃散。但逃亡亦非易事,到处路口有赤军所设站盘查,须夜行昼伏,攀山越岭,或扁舟浮海中,方能逃出等语。

又难民张维诚等来函报告,云:广东赤祸以海陆丰为最惨,蹂躏

时间经三年馀，杀毙人数达十馀万，屋宇焚去过半，逃出流离者廿馀万。报纸所载情形，未道其十分之二三。

总之，赤匪直同虎豹豺狼。我两邑百万生灵，日供吞噬，岂特无礼教、无纲常、无秩序、无法无天所能穷其凶而极其恶。生番野人之世界，犹有一息之安存，此乃更生番之不若矣。我等逃难未死之孑遗，不能不为数十万无法逃出者痛苦求援？恳乞我海内外同胞怵祸知防，当图大难之免及；闻号生痛，定具人类之同情。尚求略节他用，慨予捐赈，虽残破不堪，无法普救，然巨细皆惠，冀获有苏。惨痛稽吁，伏维矜照云云。

《阅报广东海陆丰赤祸弥漫，新颁杀人条例至有二三十项之多，亦可愕矣。书以纪之》

四民离散无辜死，三更触目泪盈纸。
壮者转战路匪迩，白骨离离委沼沚。
江干短兵乱如麻，血染征衣奋衫紫。
火云满地尘飞红，世事茫茫胡底止。
安得负耜南山隗，农家岁月任徘徊。

念四日（1928年2月15日） 昨晚十二时许，堂上忽心恶欲呕，为状至苦，亟以热水囊熨之，稍止。二时半睡。三姊来，甚欢。大人书联消遣。晚劭兄来，述张锦老言时局二月必变，现宜静待时机，匆促恐无益也。头痛剧。

念伍日（1928年2月16日） 堂上赴同孚路，归述三姊治家有条，颇自慰藉。三姊自归余氏，勤朴谦厚之风，闻于闾里。噫，斯亦足矣！堂上念念教育之劳，顾易易耶？堂上赴王光益宅。晚迟睡，读《海藏楼诗》数卷，乐之。

廿六日(1928年2月17日) 近日诗趣颇多,客中易感,苕华动人特甚耳。心翁来通,孙锦章、徐孝先叩门来视,颇讶不速之客,余以大人病却之。劭兄来,闻凌霄拟邀堂上及三姊餐。

廿七日(1928年2月18日) 晨,三哥投炭不时,致馀烬不燃,大人怒谴之。余兄弟以是益勤勉,不敢怠忽。午,堂上携三姊赴凌霄宴,三时始归。闻凌霄对大人事颇关切。下午赴大生,劭兄往访凌霄,未遇,返至润安里。

廿八日(1928年2月19日) 鲍心翁未来,劭兄来,谓已晤凌霄,托其切实疏解。惟疏解之手续必须切实注意,以免他弊云。晚随堂上操作。一时睡。

廿九日(1928年2月20日) 每晨三兄贪睡,必至大人呵责之,始披衣起坐,为状至趣也。今日,余起略迟,三兄则已先兴矣。报载中央有停止各级党部活动令,阅之至快。三兄携光益至同孚路谒胡伯老,未晤,复至寿增里,祝余三老太添孙,少顷即归。

二　月

初一日(1928年2月21日) 鲍心翁偕董涤青俱来,谈党务近况,多堪发噱处。与光益同至三弄五五号,视三楼三底宅,开间尚宽扃,惟污秽破旧处甚多耳。于香老来闲谈甚久。

初二日(1928年2月22日) 近日气候渐温暖,起居皆极舒适,尤不复昔日之严寒矣。随大人之三弄看新宅。鲍心翁来,闻大通公司之新大明轮为日轮撞沉于太平洲左近,死亡约有五六百之多,亦云惨矣后经大吉救起约六十人。下午,丁子翁来谈沪市经济状况,余兄弟各赠诗一首，乐甚，并力称寄翁之作云。晚光益来谈沪市电车、公共汽车之行径。

初三日(1928年2月23日) 光益来。三姊已三数日未来此间，甚系念，命竹青往探闻，系病喉，明日或能来视。得家书并衣包一只。下午佐堂上整理衣服。与兄剥山楂盈盆，调糖煎置以为饭罢消食之品，戏作《董糖诗》一律。

初四日(1928年2月24日) 鲍心翁来，谓通海消息不佳有十七军退驻通海之谣，不若命家人迁来同居，以免两地悬系云云。大人然之。下午与光益至李耆卿宅贺续弦。归作书，拟运少数木器来沪备用。三姊来，面色憔悴，堂上怜息【惜】异常。下午大人步至于香老处。晚于香老邀至东华哈尔滨俄菜馆小酌。步归，乐甚，拟作《金陵杂咏》追忆旧游之胜概。

初五日(1928年2月25日) 鲍心翁赠刀鱼数尾第一次。五五号新宅已渐就绪，现已着手整理。于香老、陈心铭[1]来。堂上赴河南路徐积老宅。

初六日(1928年2月26日) 新宅方雇工扫除，余兄弟频往视，大人亦数至焉。劭兄来，谓凌霄自宁返，述近日机会颇佳，不可失却云。得敬默来函，谓余丁卯已前日记遍觅不可得，余闻之焦灼万分。余有日记，亦已三载，积渐累微，始有可观。方时时自喜，忽一旦失去，逐日琐琐，虽无所关系，奈三载之苦心何？作诗寄二兄，冀为余更一觅之。

---

① 陈心铭，阜昌染织股份有限公司创办人。

初七日(1928年2月27日) 午前心翁来,同视新宅。旭士来视。午后盼三姊之不至,旭士遂归,不复来。吕鹿老①自通来晤,谭三馀董事会议事,静轩处置颇有失当处。丁子盈偕赵悔盦②来晤面,丁面致赠诗原韵二律。

初八日(1928年2月28日) 赴新宅视察,光益兄亦常往指导一切。三姊偕旭士来。高安九兄来,闲话沪地小吃馆经验。拟赴市修发,未遂。晚感冒,早睡。

初九日(1928年2月29日) 今日数至新宅,经连日之濯洗,已渐有可观矣。下午赴大生视劭兄疾,闻李亦新君曾往晤,意颇诚挚,拟邀堂上一叙,允之。

初十日(1928年3月1日) 下午,堂上赴亦新招。闻凌霄、亦新二君辞意极恳挚,但总非孔方兄不克解其兀。大人自弃官归田,念年来尽瘁于地方公益事,未尝有丝毫之积,仅堂上积铢累寸之所馀,始克有今日之况,奈何世之不察,犹日以财富闻,是不亦大可叹耶!赴大生,晤劭兄,并以李言告知。

十一日(1928年3月2日) 旭士清晨即来,佐余家整饰新宅,以花纸糊裱于壁上,以彰美洁之观。得通袁二丈函,谓南京大学院所

---

① 吕道像,字鹿笙,江西九江人,清末进士,曾任官扬州、南通、东台等地。子贞白为著名学者。

② 赵宗抃(1874—1947),字蜀琴,号悔盦,清光绪二十九年(1903)举人,例授文林郎,选知县,浙江候补盐大使。不乐仕宦,课徒为业。民国十四年(1925),应吴寄尘之邀,居沪设馆,后返祖籍镇江,任镇江府中学监学。工古诗文辞,擅书法篆刻。有《悔盦印存》等行世。与柳诒徵、吕思勉为知交。

派教育委员过探先[①]等，拟请此方捐助十念之普，已后可由蔡院长孑民提议国府取消通会。余意此间既已设法进行，似可不必更履歧途，以大人之经济窘迫，实不足以应付各方也。下午，赴大生，劭兄所见略同。闻白、冯开战，腹背受敌，形势异常岌岌云。闻知源十六来。

十二日(1928年3月3日) 阴，天气忽转寒，前后如隔一月，余亦因感冒而颇不适，要亦天时不正之故耳。旭士来，同阅《上海风月》消遣。吾人处此恶社会中，何处不可以堕落，是以青年至一失足成千古恨，可不诫哉！《上海风月》之所叙种种，固非无因也。寄尘来。

十三日(1928年3月4日) 寄尘同至新宅。下午并伴大人至赵悔盦先生处，意命余一从赵先生，余亦无所不可，但求有读书之机会，则无不佳也。竹青之太山来，谈北方军事。

十四日(1928年3月5日) 新宅装置纱窗，使外间不能内视，门槛皆一一督工修理，使无倾坏之虑。得家书，闻四姊病已将愈，家中现在整理中。下午八哥邀赴，亦乐也。修发，其中设备完全，发式亦极满意，约一小时许即出，步行至南京路福禄寿小吃，乐甚。敬默书并将余之日记乙、丙、丁三集寄来，余即函谢其觅检之劳。

十五日(1928年3月6日) 三姊来，侍堂上，赴先施永安，为余购置婚事衣物。下午赴大生，晤寄尘、劭直等。寄尘言事宜从缓，不可操之过急，倘生他变，固非善策也。

---

① 过探先(1886—1929)，江苏无锡人，我国著名农学家、农业教育家、棉花育种学家、造林事业的先驱者。曾任东南大学农科教授、金陵大学农林科主任等职。

十六日(1928年3月7日)　通武自家乡来视,大人怒谴之,通武于事实不甚了解,曾为孝若再四剖白,目为无辜,不亦大谬乎?三姊来,同佐堂上制金橘饼,成积【绩】殊佳。晚阅日记,回忆往事,颇多感叹。

十七日(1928年3月8日)　雨,天寒甚。三姊来。新宅今日置灶,余等群往视察。寄翁、杨瑞生来视。晚,闻窗外女乞哀号不已,当此阴雨夜寒,余等方围炉取温,而贫者固衣食之不周,虽云时乱年荒,不能自给,要亦个人怠忽之有以致之也。余辈终日安居而不能锐求进境,得无惕然自愧于怀乎?噫,可不诫哉!

十八日(1928年3月9日)　知源、静轩同来,说南京大学院过君等颇具热忱,其言如果属实,似稍有把握,是否即请其料理,待燕谋再行商确【榷】云。

十九日(1928年3月10日)　阅《通海报》,孝若致朱中道[①]及宋涤尘[②]函,类多无聊之辞,其致李宗仁、黄郛诸当局电,亦殊不合,似太不合四叔生平之志趣耳。噫,此尚以为可以继父之志耶?读《上海风月》,为之儆惕,吾人处此恶社会中,危机四伏,能不时自诫乎!

廿日(1928年3月11日)　孙尧冥、陈鸿宾同来沪,即宿新宅,并携有余家市房清表。知、寄、静、劭诸公来,谓据刘厚生云北方情形亦极混乱,又徐静仁言南京政局最近恐有变化,所事宜缓不宜急。三姊来,食刀鱼,乐甚。

---

① 朱中道,字莘生,江苏常熟人,1914年清华学校毕业留学美国,获哈佛大学博士,后任职上海中庸洋行,著《各国盐法议》等。

② 南通县县长。

廿一日(1928年3月12日) 今日迁居,新宅布制【置】整洁可观,诸位友人亦分馈礼物,以相庆贺。吴、江、丁、章诸公来贺,江知翁赠筵二席,即就新宅小酌,乐甚。刘厚生来谈片刻。知源约廿四同赴杭一游,余笑诺之。晚邀孙尧民、陈鸿宾二兄至广西路聚丰园小酌,肴蔬甚美,尽欢而散。

廿二日(1928年3月13日) 知源、寄尘来,言钱新之君晤蒋介石司令,谈大人之事,闻蒋对之并不甚注意,谓一俟茅祖权[①]退职,即可无事云。劭兄来,闻咏瞻并无把握,且不能负责,似此实难处置矣。孙尧民兄等今日返通,余函敬直兄,陈整顿家政法两条。三姊病,即留宿未归。

二十三日(1928年3月14日) 鲍心翁来。午,堂上亲执下役,余甚悲焉。下午,光益来,闻大生一厂全体暴动,并有毁物伤人情事,自李升伯去秋赴厂后,叠辞退重要职员,大人累诫之而不能听。今日之变,固在意料中耳。大人甚不适。

廿四日(1928年3月15日) 知源、寄尘来,谈大生事,闻李亦新今晚邀谈知源等,拟请燕谋同时赴宁疏通省政府方面,以求双方并进。咏瞻主张单独军事方面,似不妥耳。今日大人精神极疲乏。

廿五日(1928年3月16日) 清晨,光益兄赠面、腿等物,家人多讶之,以询余,余亦莫解,及以时日推之,始晤【悟】今日为余十八龄生辰也。近日大人愁思终日,苦不能自释于怀,余及堂上亟忧焉。下午,侍堂上至大生,适遇亦新,即与洽谈。亦新言咏瞻此次如赴宁,必

---

① 茅祖权(1883—1952),字泳薰,江苏海门人,早年留学日本,加入同盟会。民国期间曾任国会议员、江苏省民政长、总统府国策顾问等职。

有相当之办法,以凌霄数十年革命资格,当不在茅之下,且正义公理之所在,凌霄、咏瞻当作再接再励之预备,非若四百六十户之疏忽致误也。余意此次事体,总宜千妥万妥处之和平手段,使各方皆可悟悉,不致引起其他纠纷,故先请燕谋赴宁疏通省政方面,然后再谋他举。亦新然之。晤燕谋,决明晨早车行。堂上及余郑重声明此事但求速了,决不忍使老父有所感怀,至于经济方面,自当极力筹措,虽鬻身取值,亦所不惜云。晚,知源、伯厚来,与劭直赴燕谋处面托一切。燕谋时已入寝,至复起,稍谈及辞去。燕谋此行,似将注意蔡孑民方面,蔡方兼司法部长也。敬默兄来沪。

廿陆日(1928年3月17日) 丁子翁来,谈甚久。大人意拟命余兄弟随赵先生读,请丁子翁介绍,明日入塾见师。晚,丁子翁邀宴,知源、伯厚皆在座,闻宁局将有变化。燕谋晨车行。

二十七日(1928年3月18日) 十时,随丁子翁到塾,谒赵师,片刻辞出。午,大人宴朱子樵先生,言鲁省灾况,天灾、人灾,无一无之,诚近世之浩劫,而南北战事未已,此进彼退,或去或留,莫不尽搜括之能事,每每数百里人烟泯绝,亦云惨矣。子老并言大连秩序甚佳,起居舒适,有劝大人同游之意。席罢已四时,遂辞以去。

二十八日(1928年3月19日) 今日开始入塾,问就学之方针,师言曰:国学之本在经史,文藻其次焉。余等与经史无所研究,但仍须从此入手,以期于成。上午,课程为读经、习字、看史。下午为读诗文,作文每周一次,诗亦如之。读《孟子》。

廿九日(1928年3月20日) 早,入塾读《孟子》,其义利之辨,非徒今世之宝鉴,诚千古不易之至理也。于香老病愈来视,未餐即去。忻成翁携大和水手来余家油漆壁墙。劭直、伯厚来,言广生油厂事。

三十日(1928年3月21日) 伯厚来,为言昨宵倾侧事甚趣。缘昨晚劭直、伯厚、知源及丁子翁、吴幼安君五行,赴快活林便酌。既出,劭兄以深宵不辨,匆匆过街时误撞电车站之石柱,遂遭倾覆,面部右侧流血不止。众惊怖,亟扶至左近云药房内洗涤伤处,移时差愈,方雇车欲出,而幼安固已惊慌失色,呆欲木鸡矣。服十滴水治之,始稍退。乃相扶以出,伯厚足绊铁槛,几复罹此冗【厄】,经劭直力挽以免,而脚部已微伤矣。似此连环倾覆,固亦偶然,有以日逢恶□[1]之所致,信乎!下午往视,幸已稍愈。

养性室主人戊辰闰二月纪事

韩退之五箴

游箴

余少之时,将求多能,蚤夜以孜孜;余今之时,既饱而嬉,蚤夜以无为。呜呼余乎,其无知乎?君子之弃,而小人之归乎?

言箴

不知言之人,乌可与言?知言之人,默焉而其意已传。幕中之辩,人反以汝为叛;台中之评,人反以汝为倾;汝不惩邪,而呶呶以害其生邪!

行箴

行与义乖,言与法违,后虽无害,汝可以悔;行也无邪,言也无颇,死而不死,汝悔而何?宜悔而休,汝恶曷瘳?宜休而悔,汝善安在?悔不可追,悔不可为;思而斯得,汝则弗思。

好恶思

无善而好,不观其道;无悖而恶,不详其故。前之所好,今见其尤;从也为比,舍也为仇。前之所恶,今见其臧;从也为愧,舍也为狂。

---

① 原稿此字空阙。

维仇维比，维狂维愧。于身不祥，于德不义。不义不祥，维恶之大。几如是为，而不颠沛？齿之尚少，庸有不思。今其老矣，不慎胡为！

好名箴

内不足者，急于人知；霈焉有馀，厥闻四驰。今日告汝，知名之法。勿病无闻，病其晔晔。昔者子路，惟恐有闻。赫然千载，德誉愈尊。矜汝文章，负汝言语。乘人不能，掩以自取。汝非其父，汝非其师。不请而教，谁云不欺？欺以贾憎，掩以媒怨。汝曾不寤，以及于难。小人在辱，亦克知悔。及其既宁，终莫能戒。既出汝心，又铭汝前。汝如不顾，祸亦宜然？

戊辰三月初三日，敬礼谨录，以自警策。

戊辰润【闰】二月

初一日(1928年3月22日) 阴，今日特寒，较之前日，判若二月。气候之迁变，极易致疾，可不慎哉！赴塾，与丁世兄话金陵故迹，甚趣。午后，吴寄翁自通返沪来视，闻厂事已平，地方安谧【谧】，慰甚。伯延来，与大人闲谭消遣。晚，光益谭脚花事。一时睡。

初二日(1928年3月23日) 雨寒。午后，极倦乏，假寐片刻。醒时四时许矣。晚宴赵师，席间互论近作之佳隽，寄尘最饶佳兴。余私心自度，愧愤交作，十八年来，不少读书机会，而余终不能善用之，稍谋进境，迄今一无成就。每睹诸君畅论诗文，未尝不愧且愤也。虽然，余安可以此自馁？苟能发奋自强，岂终无成就之一日乎？闻燕谋一二日中返沪，不省事之成否，至以为念也。

初三日(1928年3月24日) 星期六，作文题为《蔬【疏】广不为子孙立产业说》及《龚遂治渤海论》。余从范师、刘师，向重纪事体，一旦忽作论说体，立意遣辞，似皆感困乏耳。此余之憾事，余当勉之，慎之。下午，煎烟。朱子樵先生来，谈华成事。晚，佐堂上整理股票等。一时睡。

初四日(1928年3月25日) 星期日，例未到塾。心斋来，大人以俞咏瞻[1]月俸事及各检垦补助大生沪事务所一千元事异常振怒，惟当此时会，人情日尚险薄，夫何恩怨之足道哉！大人数十年来，未尝丝毫自愧于心，即对于地方、对于戚友，无不以热忱维护之怀相向，奈何身受无亡【妄】之灾，罗【罹】骨肉之变，携眷走避，无以颐养高龄，而尚以琐屑之事，日剌剌于怀，而昔之至戚良友，能悉心以助解者，究几人耶？余幼且弱，无以上慰老人之怀，而此情此境，日以侵于胸臆，能不痛心疾首，以自奋自励乎！噫，余将何以自强？余将何以谋进步？天其怜余之愚且诚，使余稍有所成就，以泄今日之愤！余其果有所成乎？许秋帆来晤，闻燕谋自宁回沪，余亟思一询宁事未果，而心终不能自释焉。劭直致心斋函，谓咏瞻奉蒋、李电招，今日赴宁。晚，侍大人，夜半始入寝。

初五日(1928年3月26日) 竹青自通来，为述通事。午后，赴大生晤劭兄，闻燕谋已于前日回茅，对此殊无不满，惟司法之刘云超颇觊觎及之。坐移时，适袁哲先至，因辞去。张范廉、徐陶庵、张作三来述厂事，大人极感叹。晚，寄尘、伯厚、劭直、燕谋同来谈宁事。

初六日(1928年3月27日) 张锦老来，据最近之消息，北军又抵固镇，不知战局究若何也。午，大人邀作三等午餐。彼等以传闻之误，以为大人系客气之辞，故皆未至，而余等已枯候多时矣。晚，诸客始知其误，遂同来，挤挤【济济】一堂，亦趣事也。晤警辞谈房事。

---

① 俞应麓(1878—1951)，字咏瞻，江西广丰人，留学日本，同盟会会员，辛亥革命元老，曾任江西都督府代理督军、大元帅府高参等职。

初七日(1928年3月28日)　清晨,醒视枕边手表,时仅七时许,以昨宵睡苦迟倦乏,不能即兴,辗转复入梦,及惊觉,已九时矣。入塾,师因事他适,放假一日,遂归。伯厚来,彼今晚去沪,极愿大人于三月间赴大连一游,以避免种种烦恼。下午,袁剑侯来,谓宁方已完全冰释,亦极冀速了,大学区如能收去,当无问题。唯孝若尚未能覆信,颇堪踌躇耳。省方对孝若尤不满意,孝如觉悟,允大学之求,非徒有利于人,亦且有利于自身也。晚邀剑侯等至广西路聚丰园便酌。十时归。

初八日(1928年3月29日)　九时入塾,某新生衣西服来学校,皆嘲之,钱君最甚。夫衣西服入塾究旧学,自不当体,唯嘲之者亦不免逼人太甚耳。知源来谈垦牧事。徐陶庵、张范廉来。五时,燕谋、劭兄来,燕谋叠获南京来函,谓时机不可失,故决今晚赴宁,此次或冀有圆满之结果也。晚,全侯生火不慎,致一手巾焚去,幸未致祸,然家人已受惊不小矣。三姊等为余办婚事用品、衣料,甚忙碌。

初九日(1928年3月30日)　入塾功【攻】读。午,邀于香老、光益兄便酌刘季秩君赠筵,肴蔬佳美,众皆大嚼,乐甚。下午,随三、五姊、三兄赴新世界一乐也。修发室内布置清洁,技师亦皆上选,颇足使赴客满意而返。室内有桃花一瓶,鲜皎可爱,令人颇忆故里风光,感叹不置,盖今日一覩秀色,固春来之第一次耳。晚,寄尘来视,述孟莼孙[1]言省方毫无意见,即国民政府亦岌岌可危,此时尽可暂搁,唯对于孝若方面,则极不堪云。噫!其所以害人者,适足以自给,吾见其倾覆不旋踵矣,虽欲挽之,得乎?是诚唇亡齿寒之谓也。

初十日(1928年3月31日)　入塾,作《春寒》诗,诸同学多赞叹

---

① 孟莼孙,即著名历史学者孟森,亦署作孟莼生。

不已，愧莫甚焉。朱吉六来，言前方军事颇危，有已抵清江讯，不知确否。晚，劭兄来，谓咏瞻已自宁返，蒋、李曾与洽谈，李协和意可交中央特别法庭判，蒋方亦可容纳。现咏瞻赴常山一行，如以此策为可用，渠即来此进行，亦无不可。闻冯军败耗已证实。十时半睡。

十一日(1928年4月1日) 清晨，余方静坐习字，忽竹轩自外入，面色颇怆惶，谓积老来，询曾见本日关于南通之新闻否。余颇惊异，莫知其由，亟翻阅本日新闻报，始悉南通三十一日有奉省令查封余家财产之讯，继阅沪地各报，无不有是项电讯。似此变出非常，非徒他日无此虑，更非今日所应虑，盖燕谋、剑侯诸君叠从省方回，毋不以为事无可虑，而未始知其迅疾若此也。余惊且惧，不敢以禀大人，恐给老人之忧，徘徊嗟叹，莫知所可。噫！以大人毕生之忠诚，待人接物，未尝丝毫有愧于心，倘犹稍有公理存于世，何至于此？禽兽之无知，尚且稍知恩怨之所在，岂今人即禽兽而不如耶！即以去春数月维护地方之苦心，亦无所负于南通士民；以三十年办理实业，严正爱抚，亦无所负实业诸同人。及今地方秉公执言者几人？实业奋袂维护者几人？盖以见人情之厚薄，世道之崎岖矣。噫！自去秋来，始而受伪市民大会之毁，及岁残之通缉，乃尚以为未足，必至于斯而已乎！大人何辜而致斯！大人何辜而致斯！十一时，竹轩赴大达回，携南通来函数札，袁亦丈函述之甚详，大略谓初十日晨七时，胡少卿往晤，谓昨夜一时有密电到，实行第二步手续，因海门追逼，不得不立即实行此固假祸于人，嘱即往城南，告知尚可从速检点要务，盖此电系省政府特种法庭因通缉久久不获，故更进一步电，系致南通宋、程、海门施，暂行查封余家财产。宋、陈九时到城南，随命三嫂、四姊检物四箱，另件数网篮带出，女眷随行，二姨、四姨、钱筱丈均到照料，兵警之举动，尚属文明。是晚，漪宿濠南，希弟寄外祖母处，均安。孝若未至城南。私心自忖亦觉有所愧歉否？宋、程在东西两宅内外察看一周而去。程云昨晚特奉省命，实非始料所可及，女眷随身用物尽可携取。宋云张府不动产契据当有账册,应即交出。亦丈答以张宅财产有限,悉在目前,纵稍有契约,亦均随身带去矣。下午一时,着手登记封锁,至五时竣事。若此,内部物件当无损矣,惟家人度必受惊不小矣。财产身外之物,固无足惜,惟居处安全问题,颇足踌躇,即命竹轩赴大生商之。劭兄既返,读知源讯,大略相同。惟有垦牧、大有晋,均已派人往查。宋间接表示事非不可料,惟须即速进行,即省电亦仅暂行查封,固非无旋圜之馀地也。据劭兄意居处无问题,惟须谨守秘密,少会客为是。大人见堂上与余辈莫不愁容莫释,诘询至再,堂上不得已以实情告,幸大人亦殊淡然,以为身外之物,无所姑息,惟冀同样不幸之事更不致发生于他家而已。大人谓处此境遇,正余辈发愤图强之日,苟无所成就,终身应无可乐之时,更无以慰父母之心。余闻斯言,弥切悲痛。余诚不幸而遭此变,苟能因此而益加勉励,艰苦自立,固亦未始非不幸之幸耳。晚,寄尘、静轩、劭直俱来视,余郁郁不释,皆笑以为事无所惜,何乃怔忪若此。噫!寄尘、静轩第局外无关痛痒之言,又岂知当局者之悲且痛耶!寄尘、静轩明晚赴通协助知源料理一切。对于宋、程及地方一般党员,拟稍加润饰。宁方待燕谋归,再定方针。余意必须认定方向,切不可有病急乱投医之态度。十一时去,闻燕谋回,即命竹轩往旁听,归述此次悉由特庭刘云昭强制执行,省府不赞成者甚多,现已托人疏通特庭方面,彼将由海赴通,稍待仍须去宁也。闻前日下午三馀新宅修葺堕死瓦匠一名,此殆事之先兆耶!家人均未来沪,亟以为念也。一时睡。长乐镇敦裕堂同时查封,手续较严于城南。家人暂居尊素堂,大嫂居三厂①。

十二日(1928 年 4 月 2 日) 阅报,谓余家财产甚多,即就房产估计有二百万之巨,岂不谬哉!今日为余制婚事衣服,家人皆强作欢

① 此日日记有眉批,云:“后闻敬直言,长乐更较文明,盖事前必有所接洽矣。”

容，以图吉庆，其实其面逾乐，其心逾苦矣。约一时，忽朱三来述家中被封情形，泪涔涔下，盖亦有所不忍也。闻四姊来，即命竹青往接，适姊已抵寓，相见无言，更不知为悲为乐也。闻宋、程表面尚文明，惟党部之金鼎、李世昌最足令人发指。孝若似极感觉孤立无援之况，然已无可挽救矣。大嫂此次颇有烦言，果尔，诚所谓不知事理者矣。大人及堂上至伤感，余辈亦无可解释，亦惟惛然堕泪而已。四时，周显民来谈二厂之存款万元，或有提出之可能。傍晚，寄尘、劭直、燕谋来。此次悉由刘云昭一人主张，诚无可理喻，如工商部之孔、教育部之蔡，均颇不平，愿作不平之鸣者。朱中道、陈简文来，言但购若干二五券，可请宋子文部长包办，根本取消。余向寄尘、燕谋表示但求有把握，在预定数目之内，均无不可商酌进行。南通即请知源、寄尘协商办理，盖诸老饕方面不可不稍拭其馋吻也。噫！此殆命夫，尚复何言！

十三日(1928年4月3日) 上午与四姊谈家中惨况，不忍卒言，盖父母三十载积铢累寸之家庭，摧残殆尽矣！嗟呼，大人毕生向善而结果适得其反，倘犹有天理，何乃至此！曩昔大人每谓人事不可推测，即余行及衰龄，尚不能自信，何论若辈青年。余昔闻斯言，似不能确信，又岂知适为今日之语谶耶？噫！以大人之言行道德，尚不能自知，遑论余辈。余辈倘无以自立，焉知不有胜于今之况乎？一时，寄尘来，谓已晤见朱中道、陈简文二君。宋子文谓如能代销库券百万，可以包办了解。寄尘为之咋舌。即尽倾余家所有，亦何能足其半数？约晚再洽谈。大致倾其所有，仅得十数，过之实无以胜任。知源函告徐静仁，即来申佐理一切。寄尘意决抱定十数，过之实无可设法，即不得已暂搁。拟候静仁，再定方针进行一切。劭直、子盈、香老均到，探询一切，闻通有查封崇海旅舍、二厂、三厂、分销所、上海银行及知源、心斋财产之谣，楚老、香老亦在其例，想必不确，谣诼而已。

十四日(1928年4月4日) 寒食节，仍未赴塾，拟作文又心绪混杂,未克成就。明日为清明节,大人极悲痛,泫然坠泪,以为往年每逢斯节,必制鲜美之肴蔬,祭祀先人,及今匿迹他乡,虽欲一归例行故事,而景物已非,濠上非复昔日之居矣。是以悲耳。噫！大人身在忧患之中,尚念念不忘祖先灵墓,今之视骨肉为雠者,得无愧死耶！下午,丁子翁偕许秋帆君同来视,许已晤租借当局,居处应不发生问题。今日寄尘未来,颇以为念。晚四姊谈家事,甚感叹。

十五日(1928年4月5日)　清明节,客居悒郁,无以自择【释】,父母尤凄然感怀。余家自去岁中秋之夕,兀【厄】运频乘,迄今无宁晷,思之凄梗。缘自中秋之夕,二嫂死耗,未十日随大人走之沪,又十日伪市民大会兴,以是日益愁苦。仅九月初,余因痢疾独返,未几复随堂上之沪上。方冀事可速了,不难重返故里,而未始知其变化若此也。十一月间,咏瞻传卫戍事兴,余与劭兄奔走其间,未及解决,而大人归计决,遂于岁腊之十日举室北行。坐未安席,而通缉之事生,未周日又不得不一别故里,作海上之行矣。自来悲离感叹,三月如一日,亦未尝一日自择【释】于怀,奔走呼号,迄无头绪。闰月之初十日,破家之事作矣。此余家一岁之所遭,虽老死必不可或忘者。佳节思家,人情之常,而况余家之所遭,固不得不有所感耳。晨,以二角数十枚,仅购得桃、柳各一束,分插各处,颇令人回忆故里春色,为之嗟叹不已。午,祀祖,聊慰寸衷而已。下午,四姨母率三嫂、希弟来沪,余趋临于梯。弟见余貌转戚,泪泠泠下,余亟止之,恐给老人之忧耳。晤寄尘于丁子丈宅,据许秋帆意见,军事方面易受欺蒙,无若暂搁,即进行亦须从政治方面谋根本解决云。寄尘亦主搁,惟须劝老人看破一切,如必拘拘以身外之物为念,未免愚耳。余意财产固不足恤,第以老人年事已高,未免有乡里之思,倘能速了最佳,余等决不存观望之心也。晤劭直,并告以寄尘语。劭直亦颇踌躇,劭意或决请韩止老料理,彼拟即晚去通赴海安,与心老面一切云。余并表示但求速了,决无牵延之意,至于经济方面,力所能及,亦无不可商酌也。一时睡。

十六日(1928年4月6日) 入塾，惟心绪殊不安，时以家事为念，故虽读亦无所获益，以今世乱若此，能安者几希，固非徒余一家已耳。午，归，适亦丈及五姨同抵寓，述乡事至详尽，堂上悲愤不可遏止。闻大嫂此次不谅解处甚多，对堂上及余诋毁之不遗馀力，即于大人亦多不满。噫！以翁媳之亲，骨肉之情，尚且如此，何论他人？所谓“兄弟阋于墙，外御其侮”，此其谓也！竹轩岳丈自济南来，闻北军军容甚盛，将军有必死之心，士卒无生之气，盖有南来之必志也。

十七日(1928年4月7日) 入塾，补作文《陈汤矫制发兵斩郅支论》。赵师以为余所为文尚清隽，宜于叙写而不宜于论说，盖文中绝少波澜也。午，归，见钱筱丈适自通来，携燕谋致亦丈手书，大意谓亦丈在通时对燕谋曾有不满之言，此后于老人之事，当绝对不敢过问云云。似此非独见罪于亦丈，且复迁怒于余家矣。以余家与沈氏关系，乃因他人之事，必置老人于不理，燕谋果何心耶？闻长乐有先解决之说，于堂上尤多谣诼，颇令人不堪，亦唯忍之奈【耐】之。傍晚，寄尘来，堂上历述近日困苦情形，寄尘亦为之惋叹不已。燕谋处，请寄去函疏解，请勿误会。

十八日(1928年4月8日) 星期日，晨腾【誊】写作文。大人以余书法稍涉浮华，非幼年所宜，后宜慎之。吕鹿老借住前九十七号之两楼两底，大人面允之。寄尘来，消息沉闷，堂上郁郁终日。亦丈、筱丈、泉叔来谈，十时去。四姨与泉叔出游步行，来往甚乐。

十九日(1928年4月9日) 雨。晨，与兄照常入塾，惟泥泞滲漉，殊不易行耳。得心斋讯，闻亦新来沪，颇愿一晤堂上，余允于明午三时随堂上亲诣晤洽。下午，寄尘、静轩、伯延来，拟同去宁协助燕谋进行一切。至于先解决长乐问题，彼等亦以为不可。孝若经此事变，颇能谅解，并有悔恨之意，倘家中能团结一致，则对外不难解决也。

众意最好致书孝若,此后不至更生隔膜云。寄、静定明日午车行。

二十日(1928年4月10日) 寄尘、静轩来,谓彼等今日行,一切当尽力而行。惟寄意事当权其轻重,不可超乎常力之外,得不偿失,殊觉不值耳。余谓事求速了,当勉力行之,无论如何,总存破家之心,家一日不破,终不得一日之安,内外之觊觎者,固大有人在耳。下午三时,就寄宅晤李亦新兄,李意极恳挚,亦仅爱莫能助而已。晚,钱筱丈去通。

廿一日(1928年4月11日) 入塾,旋返,晤鲍心翁,谈大达注册事。余伯母与三姊来,赠希弟可可象一尊,赠余芒果六枚,以飨家人,众皆嗜之。亦齐丈暨五姨来视,晚乘大达轮返通。今晚忽患头痛,剧不可支,遂入寝,时仅八时耳。

廿二日(1928年4月12日) 因病未入塾。上午从事休息,下午愈。得劭兄讯,谓已晤韩止老,意极关切,亦以速了为是,不然则逾牵延,纠葛逾多,必至无可收拾。省府纵改组,亦必后甚于前,无所期望。惟此时应从高处着手,一面蔬【疏】通省府特庭方面,一面仍从军事进步,似较妥善。故宋子文处似不容放过,渠当致函前张中立师长,嘱其向刘云昭蔬【疏】通,或不致再生误会也。阅报沪地自昨晚特别戒严,谓为铲共之纪念日,意为军事之关系,亦未可知。据沪报所载,南方似占优胜。以余度之,大战当未开始,胜败之决,尚未及时也。十时半,寝。近日,堂上独忧虑,面目憔悴异常,余累劝之,终不能自释,至可忧也。

廿三日(1928年4月13日) 入塾,作文题《朱云请斩佞臣张禹论》,文思较前似有进境,未可自喜,适足自励耳。得寄尘、静轩宁讯,已晤孟莼老,闻国府对通事业甚钦慕,已后仍宜从大处解决,枝节当无问题云。此或仍指南通大学而言。午，就小花园聚丰园，宴胡师兄庆之，并邀丁、刘、钱、吕、孙诸友人同饮，余未往陪。气候甚暖，入晚顿凉。与大人谈求学从师事。时事无确讯，至沉闷，使人如处五里雾中，殊难奈【耐】耳。

二十四日(1928年4月14日) 入塾，终不能安心于读作，心绪恶劣，更无自制之可能矣。下午，静轩、劭直同莅止，静自宁来，劭自通来，寄留镇扫未返沪。静轩谓在宁仅晤孟莼翁，连日晤谭，已渐有眉目，将来或由大体上着笔，枝节问题当不难临刃而解也。知源函谓省委调查余家产业之俞委员已抵通，此事宜速谋解决，不然则纠葛逾生逾多矣。孙振冈来，闻圣约翰大学有复开之讯。晚，不适，蚤睡。

廿五日(1928年4月15日) 鲍心翁来，闻大和被封，赴宁供军用张不厌来，谓燕谋在宁单独进行长乐方面，长乐问题当不难解决。分家书已印就，即将呈验，唯静轩颇示反对云。周显民来谈，大人在二厂之存款一万元，中行不允付取，惟中行于去腊厂事极穷蹇之时，尚提取利息约五万元，今以此区区之数，乃至不允照付，岂不大谬哉！与家人闲话，余家遭此巨变，后顾日益茫然，内忧外患，将胡所底止，可不惧哉！闻知源来。

廿六日(1928年4月16日) 心斋来，闻静轩午返浙，知源晚去通，余颇愕异。下午偕张伯延至大生，当晤知源等，知为详述通方接洽情形，谓事宜急进，不宜更使迁延。渠与心斋、寄尘等当负相当之责任也。晚，寄尘自镇江来，详述去宁经过，知意仍就宋方谈，惟数目之多寡问题耳，并谓长乐方面单独进行极不当，应请大人辨识祸福同当之意，大人笑诺之。噫，岂尚以大人有所私蓄乎？

廿七日(1928年4月17日) 入塾，作文《马援谓凡人贵富当使可贱论》。下午，劭直、作三来，谓通方或由知源与宋接洽，包办一切。但余意仍以大学院方面进行为宜也。旭士、三姊来。

廿八日(1928年4月18日) 入塾。午，归。适心斋来，略谓用钱须有把握，渠亦不能负重大之责任也。余意不求解决则已，倘求解决，必从速，否则纠葛逾繁逾不易解矣。三月份灯费共九元许。晚，寄尘来，述张伯林言财次张寿镛允在省府提议取消，待财产发还后，代抵借十万元振济江北灾民，此举似极妥善，亦极合大人平生恤灾兴学之本旨也。劭直来。余致书孙尧民，请转于敬之、金聘之、王兰生三君，秘密调查历年大人捐助各慈善机关之款项，并请同来沪一行，他日或将供诸众览也。

廿九日(1928年4月19日) 小寒。入塾。下午，寄尘偕亮夫来，闻孟莼生尚未抵沪。知源函告已与孝若洽商进行矣。黄光益今晚去通。晚，病甚苦。

戊辰集三四月份(上海润安里客邸中)

戊辰三月初一日(1928年4月20日) 雨，阴寒。因事未暇入塾。心斋来，谓谣传大人有现金六十馀万元，由大达经手，分存沪银行四所，即门内人亦多有信之者。噫，大人岂聚敛积实者！即使确有，当斯需用孔亟之时，正可和盘托出，何至自贻困厄若此？外人不察，而有是讹，门内人复从而和之，此岂所以大人之财名遐迩尽知者耶？余家经此事变，已至破家荡产，若田若房，现固被封，即发还，亦已抵押于人，非复余家所有。未来之岁月，饔飧且恐不继，何来此巨款？便有其什百之一，亦已足矣！为此言者，其心诚不可度矣！午，邀亮夫、安九、嘏堂便饭。闻赴通调查之委员俞某，以余家在各实业之股票为数至微，而不之信。其实，当大人弃官就实业之始，尚负三千馀金之债，尽三十年之精神，所得于实业者几何？所用于地方慈善、教育者又几何？此皆有账可稽，无可讳饰者。大生厂去年所抄大人历年之账，收入付出相效，尚负六万馀元，而其什之八，悉用于慈善、教育者也。尽三十年之所馀，仅盐垦草荡数十百亩、市房数间而已。所有各公司之股票，为数已极微渺，且又不值一钱。余家之有尽于此，而封者已封，抵者已抵，从此当为贫寒之士，复大人三十年前之情况，外人其尚有觊觎者乎？嗟乎！今而知富贵名利之足以倾家也。余家之所遭若此，可不痛哉！晚，寄尘来，闻孟莼生已与晤谈，呈大学院文已拟就，拟由大学及财厅双方进行，以求收效。报载北军大败，济南情势颇岌岌。日本有出兵山东讯。

初二日（1928年4月21日） 入塾。下午，张伯延来，渠今晚与寄尘同去通。慰慈来沪数日，迄未来一视。至于财产，由大人创制，大人已之，子孙视为纪念则可，若必倚为生者，非余所愿也。大人匿居他乡，且又心境不佳。为子孙者，宜如何尽心竭力以求安老人之心，而乃过门不入，无所顾念，是岂为下之道耶？寄尘来，渠今晚偕张伯林去通，所事当与知源洽商办理也。今日极不畅适。一时睡。

初三日（1928年4月22日） 星期日，客中无聊，益郁郁不能自择【释】。劭直、亮夫来，闻巨金之谣，知源尚以为确实，不亦谬乎？晚，与家人戏话他日事平后乡居琐事以为乐，不有望梅止渴之讥乎？

初四（1928年4月23日） 清晨，与兄入塾，因赵师已赴镇江扫墓，遂归。陆师通来，命希弟演拳技以博一粲。心斋谓省府固宜注重，军委员会亦宜留意，庶可一了百了，不致生他变也。下午，三姊随四姨母赴惠罗购物，如杯瓶等物，均极精致。今日购得珂罗版苏字四册，均极秀丽可爱。

初五日(1928 年 4 月 24 日) 十一时许,忽传劭兄命大达车来接洽余有所谈究,余颇愕异,当匆匆驰往时,劭兄犹高卧未起,余即与安九、椵堂闲谈,终不知接余之意,中心颇惴惴不安也。午餐,与亮夫、安九等同食。饭罢,约一时许,劭兄始出,缘燕谋自通来函,仍拟解决长乐问题,故征求余之同意。余谓但有把握,固不妨一试也。阅际馀讯,俞委员续赴垦牧,大有晋田产,通本地若胡少卿、刘雅操等为最详且烈,殊堪发指。致寄尘书,托其向李升伯索取去年售车之价,并请敦请各慈善、教育机关友好调查大人三十载于地方公共事业之各项用款,以为他日自明之根据。

初六日(1928 年 4 月 25 日) 劭直、亮夫、椵堂、安九来。亮夫等今晚返通,余重申昨日去寄尘函之意。盖大人于地方事业无不倾囊捐助,三十年积微成众,谅非少数。当此各方误会丛生之时,似不能(不)有所预备,以求自白于人。此不得已之举,非所以要誉于人也。

初七日(1928 年 4 月 26 日) 下午,劭直偕百延来,携寄尘函并及筹款方法。寄函谓寄居城西之侍,似宜补助之,世俗多怛贫忌富,无可如何也云云,颇令人不解。余家经此次事变,已倾家荡产,不可更以富目之。二房之所得,不减于余辈,此次又无所损失,以较余等,已丰瘦之悬殊,何得更为贫耶?知函需款极巨,较春间所议三倍之。倘非实业各公司担任维持,直无可设法。然际此时会不至破家荡产,必难逃各方之觊觎,所谓"一家饱暖千家怨",从此家财倾罄,已与赤贫无异,尚何觊觎之可能耶?晚去大生,晤劭兄、伯延,谈通方所定方略,大约分疏通、赈灾、军事三宗进行。据云如款有著事实,当不难临刃而解也。致大嫂书。丁子翁来,伯厚来。

初八日(1928 年 4 月 27 日) 邱炳文、管建模来,便酌。下午,王世禄、朱吉六自通来谒，既晤大人，哽咽不能成声，盖亦有所不平也。安九来，谈疏通报界事。

初九日(1928年4月28日) 闻赵师回，适心斋来，闻外间仍谣传大人有巨金，由心斋经手存放于沪上，似此等误会，恐仍出自家人之口，诚毋容置辨，惟候诸事平之后，延诸友好一查真相，庶几杜他人之口舌。下午，张文潜自通来，渠对于余家产业，颇能烛照一切，通方已切实进行，李升伯亦允稍加赀助云云。晚，劭直、安九来。安九今晚返通，余托其协助通方诸友好，勿使停滞。

大人于地方三十载所有用于地方教育、慈善各机关之款统计：

师范校	助洋六万五千六百六十八元三角九分六厘
农校	十三万贰千一百元
医校 医院	共十六万二千八百元
大学基金	十万元
残废院 盲哑学校	九千二百馀元　历年捐送衣服、食物在外。
女师范	一万七千二百元
第一幼稚园	三千元
敬孺校	四万二十四元六角
商校	四千元
教养公积社	八千元 田及购地、筑房待查[①]。
博物院	二千一百四十元
第一养老院	四千元，又田四万六千六百步，四千七百元
溥善园	八千元
海门老老院	五万六千元
九龙镇医院	二万元

① 此项页眉有批注，云："教养红田之捐助者，有二万亩，皆大人所应得而未自取，悉以为教育基金焉。"

育婴堂	六万二千五百六十五元八角五分五厘
附属地基	五百三十八元六角六分
检埋沿口各圩坟墓	二万四千四百廿二元七角七分
三里岸桥	九千六百七十四块八角五分四厘
集成桥	一万二千五百六十七元五角三分九厘
西亭市桥	四千元
农商会建筑费	共一万元
西寺	一万一千三百元
文庙	九千一百元
文正书院即二贤祠	二千元
公园与众堂	一千七百元
建筑马路	一千三百五十元
法轮寺	三千四百元
改良监狱	四百元
太平洋会议	五千元
壬戌潮灾棉衣	五千元
京兆赈灾	一千元
济良、栖留所	二千二百元
图志局	四千五百元
协济会	四百元
濬河、港修岸	九百元

待查各处尚有:张邵高等校、母里校、捐助地方小学校、北土山旗民棉衣、江南赈济。

初十日(1928年4月29日)　世禄、建模、炳文、吉六诸君同来。世禄等今晚(返)通,惟尧民仍稍留居数日归,恐罹池鱼之殃,殊不值耳。知源抵沪,与劭直同来晤。通事虽议有大略,仍未进行。宋、俞委员已专足去宁疏通省府刘、茅、何方面,一俟覆至,孝若及地方各界之呈即上。燕谋父子亦拟相继赴宁疏通茅、叶方面，倘能如此进行，度亦未始无解决之希望耳。寄尘前赴三馀，迄未他离，有一二日内来沪说。

十一日(1928年4月30日) 聘之、敬之、兰生应招来沪，在通罗列大人所用于地方之款，有账可稽，除未查得各机关外，数约八十二万许。噫！大人所助之款不可谓不多，对于地方不可谓不厚矣！此岂世所谓土豪劣绅之愿为仰【耶】？岂其所能为耶？世之是非若此，而地方之人终以投鼠忌器，畏威怯势，不作一言之公道语，是地方负大人多多矣！劭直来，闻燕谋昨晚去宁，索用二万元，亦未言拂饰何处，颇踌躇也。

十二日(1928年5月1日) 寄尘抵埠，与知源同来，仍研究昨晚事，渠曾晤见徐静仁，仁意此事惟有从高处着手，除此别无良策。今晚与宋子文、张寿镛及钱新之等同宴，或将与彼辈洽商相当之办法也。午邀于、金诸君便饭，甚欢。

十三日(1928年5月2日) 上午，鲍心翁来。午后三时，余亲赴大生，晤劭直，询今日所闻之消息，适通武自宁来，接燕谋父子函，大致谓省方情形益乖张，已通令各县一体查封余家财产，以为三步之准备，至此无办法之际，惟有设法挽党中资格最老之人出而维护，否则必至束手待毙。现省方一般小鬼亟须施食，至少须汇□[①]以济眉急云云。众意此数无论如何由大达速备，交通武即晚携宁，静仁允向新之进言，托其梳理，并可请求蒋总司令发言云。晚寄尘、警辞来，消息恶劣，令人焦灼万文【分】。嗟呼，余家诚不幸之至矣！

---

① 原稿此处为记账符号，难以辨认，故阙。原稿作"‡"。

十四日(1928年5月3日) 鲍心翁来。下午寄尘来,闻钱君新之为中兴煤矿事将去鲁晤蒋,拟托其代白一切。钱君现尚未来沪,待来申,当与切实商确【榷】也。

十五日(1928年5月4日) 今日堂上起特早,焚香默祷于室中,冀大事早日解决,大人康乐,阖家安好而已。噫,昊天果能鉴此区区之诚,稍予补佑乎?午后,杨吉堂、徐沐曾来。徐谓其师张君武素善总政治部主任刘君文岛,刘现去鲁,或托其在蒋处进言。余首感谢其美意,并愿其就余家现况充分宣传,亦可免外界之不察也。寄尘来,劭直来。

十六日(1928年5月5日) 入塾,未几,知源、寄尘来,余即旋。大体仍无进步消息,异常沉闷,有请沪绅王一亭出而斡旋之说。晚三姊携希弟同返,俾便督察其功课。劭直函约余明午赴大生一叙。

十七日(1928年5月6日) 孙谨老与范九来,餐后始去。二时去大生,与劭兄商节略,适来客甚多,遂归。寄尘、静轩来。季明来述通状,孝若曾召集各界人士,请一致呈请政府为大人表白,闻各方已着手起草三步,有实行说。晚饭后,复至大生,劭直与贞壮同拟节略,余另缮,拟就后即向国府最高人物呈递,以期明瞭余家所遭之真相。王一亭处拟就赈济言,请求省府取消,以为交换条件。

十八日(1928年5月7日) 七时即起,缮写节略。十时,知源等来,复就节略详细考虑修酌,余复另书,俟十一时半书就,交竹青送去。王文俊来,赴光益宅,与文俊兄谈就学事。

十九日(1928年5月8日) 束勖严[①]来，谓已与知源往晤余采丞，请相机向谭组庵进言，希望能主持公道。报载国民军与日本军队在济南发生误会，日兵惨杀特派交涉员蔡公时及军民千馀人。堂上赴同孚路视旭士病，并携希弟返寓。晚劭直来，闻寄尘明日往晤王一亭商洽办法。

廿日(1928年5月9日) 今日为“五九”国耻纪念，国人当甚激昂。余辈处此国亡家破之时，益形难堪耳。寄尘来，王一老处仍以意见不一，暂时不能进行。长乐问题，经沈氏父子努力，已有发还之希望，惟余家则逾陷于无办法耳。济案扩大，日兵有占领山东之讯。

廿一日(1928年5月10日) 阅报，日军已完全占领济南并津浦附近各重要区域，蒋已移节徐州，不知战事前途有无重大之变化也。入塾。下午，世禄忽自通来，闻通无他变化，长乐确有解决之希望，此沈氏父子之力耳。劭直、季明、介眉同来，省方办法确无，王一老之意见，亦因内部问题无形取消虞洽卿抗议。寄尘等拟请律师辩护，以求最后之希望。朱吉六等来谈至久。

廿二日(1928年5月11日) 时局情势极混沌，真相如何，未可知也。下午，世禄与茅友仁来视，为述时事有重大之进展。寄尘、劭直同来，拟请律师藩【潘】成岳，惟藩【潘】已去苏，明午当于晤谈也。孟莼生已抵沪，所事无希望，宁局亦极杂乱云。

廿三日(1928年5月12日) 耦耕堂程哲先来谈田地验契事。下午，寄尘、劭直来书，延律师之委托书，据藩【潘】律师云，各令于法律上皆无根据，或将一申诉之。闻长乐先决事又生纠葛，沈氏父子有

---

① 束曰璐，字勖严，南通人，清末任参领，是南通张謇实业集团得力干将。

弄巧成拙说。时局消息仍极沉闷,真相莫明。

廿四日(1928年5月13日) 阅《申报》,有省令没收之命,中心异常惶骇。光益来,闻寄尘又于昨日六时,与警词去杭旅行,则余等更蹈于绝境矣。心斋来。堂上意余四月十三之喜期,决定明日请心斋、光益同知徐府知照。今日心斋态度颇非昔比,益增悲愤而已。余姻伯母来。劭直、陈介眉同来,亦只束手无策,付诸一叹而已。今日,父母皆极悲愤,泣然堕泪者凡四五次,令余心如刀割。

廿五日(1928年5月14日) 中心极悲愤,不能自已,惟藉《野人记》消遣。寄尘来,此事暂就律师方面作一申诉,待与各方接洽后再定行止也。晚劭直来,闻李亦新来沪,对此事颇关怀。

廿六日(1928年5月15日) 赴塾。未几,寄尘偕燕谋来,略述南京情形及接洽始末。堂上与燕谋谈,竭诚托其料理,放弃前嫌,共谋大计,不知燕谋亦有所动于中否?茅友仁来。下午五时,寄尘、劭直、勖严、静轩同来,述在杭接洽详情,众议以后方针,决注重国府,推寄尘主持进退。各人皆当负相当之责任也。竹青患外症,呻吟被褥已三日矣,今日已差痊。

廿七日(1928年5月16日) 周际馀来谈大有晋田事,拟权作大生第二担保品而金城抵押,以便应付一切。寄尘、劭直来,谓已晤余采辰,覃【谭】主席[1]因济案交涉,不能来沪,邮告多不便,惟有静候而已。徐静仁主张取强硬态度,不花钱,不屈服,以博最后之公道。钱新之谓待南军北伐成功,政治稍有统系,殊不难解决也。

---

① 指时任国民政府主席的谭延闿。

廿八日(1928年5月17日) 心斋病,未来视。成义来。近日大人精神极疲乏,腰痛头眩,步行艰难,时虑倾侧,大可忧也。徐积老来,对余之喜事不愿改期,惟力求简便秘密而已。寄尘示孝若函,亦无关重要。藩【潘】砚生大律于此案始末曾再四考虑,即去年之通缉令已于法律不合,上仅言干犯刑章,而不言第几条等等,足见无所根据。安知于事实未判决之前,又续有查封没收之令,其为无法律根据为可知矣。闻通宋涤尘已解职,继任为施述之。

廿九日(1928年5月18日) 陆师通赠入时水果数式,少谈即去。下午张伯延及嘉武来,自大、二房析产书呈递后,省已令委莅查再行核办,成否固未可必,诸亲友多非之者。

四月初六日(1928年5月24日) 余之婚期已近,家人皆异常忙碌。下午至一乐也修发,并至三公司购置婚事用物。堂上对余之外出颇惴惴也。寄尘来。

初七日(1928年5月25日) 闻勖严已行,则所事又完全趋于停顿态度矣。晚宴丁、吕二大宾。寄尘偕刘厚生、孟莼生二君来。孟君言南京政局混乱,直无可理喻,稍不留意,则“假革命”、“反革命”、“不革命”诸名词,可以任意诬指,故虽有明达者在,皆至缄口不言矣。

初八日(1928年5月26日) 向许秋帆商借之大礼服既旧且大,势难取用,即与光益赴诸西服号,大都不及定做,即就裕昌租用,稍改即可,并添制西服二套,以便常穿。晚整理新房,洗涤窗户,甚忙。

初九日(1928年5月27日) 清晨六时,坤宅嫁装已送至,室内布置一新,但余总觉忧患,无可乐处。李敏孚、王世禄等来,袁亦丈偕五姨自通来。

初十日(1928年5月28日) 馈赠礼物者甚多。佐虞留午餐。晚宴客。寄尘对婚事颇不同意,然彼亦从未提及。

十一日(1928年5月29日) 故乡友好来贺者极众。光九为言高等特别行文查问庄案真相及主动附和之人,余冀彼查复者能据事实之真,向上详则善矣[①]。金馀伯携严文彬来,闻严之友刘姓可以辗转晤蒋述通事始末,故自请一行。四时,忽寄尘仓皇来言大华婚事,钱大均氏已约略闻知,恐有所不利于余,嘱余谨慎。晚宴,证婚人亦未敢下楼,十时,寄复来,闻已与坤宅商妥,即就今夜午举行婚事,以避免明朝之厄。一时布置就绪,知之者仅三数知己而已。二时许,新人车到,途次清净,毫无人声。三时行礼,仍以西式参以旧式,证婚赵蜀琴先生,介绍人丁、吕二冰人,赞礼张作翁,男傧相为丁、吕二世兄,女傧则五姊及徐八小姐而已。四时许,礼成,客尽散,例行送房之礼。四时半寝,东方已鱼白矣。

十二日(1928年5月30日) 今日施行特别戒严,来客无论亲疏,概行拒绝,以免不逞者乘机侵入,所纳者仅五姊夫妇而已。晚劭兄来,与究所事进行之方略。余意总宜抱定宗旨,认定途[②],全力进行,庶几有成功之望。数月未接洽,不成者盖亦缘此耳。

十三日(1928年5月31日) 今日来客较众。知源赴大连视察形势,余颇盼同行,庶知连地真实情形,以为他日赴连之备。光九来。岳母来。长日无聊,假寐二小时,天雨小寒。共匪有起事之耗,令人惴惴也。

---

① 原稿如此,疑"详"后阙"禀"或"报"之类的字。

② 原文如此,疑有脱文。

十四日(1928年6月1日) 消息沉闷,终日惟枯坐而已,与新妇话家常琐事,聊解岑寂。

十五日(1928年6月2日) 寄尘、知源言各方消息恶劣,于大人及余之行动异常注意。张锦老谓亦不能负责,数劝余先行,随知源去连,大人亦当离沪也。

十六日(1928年6月3日) 知源来,船票已购定,明晚迁出,后晨离沪。行将远去,家人莫不凄然若泣也。岳母来,闻共匪在南京路扰乱人心,颇惶惶不安。

十七日(1928年6月4日) 整理行装,堂上极悲痛,筱畹亦依依惜别,余觉异常难堪。晚,寄尘及丁子翁来送余至日本旅社,明早登轮。途中冲倒自行车一辆,围观者甚众,幸被撞者无重伤,未几即解围而出,而余等已受惊不少矣。与伯厚寓万岁馆,十二钟睡。

十八日(1928年6月5日) 六时即起,登榊丸,初行绝无风浪,微步甲板之上,徒【陡】觉海阔天空,胸襟为之一畅。舟中饮食如常,同舱除知源外,为一美国人,态度亦极和蔼。十时睡。

十九日(1928年6月6日) 八时起,海水尽蓝。下午二时,抵青岛,沿山风景绝佳。日人恭送济案死伤兵民至连,仪式似极繁重,余亦不忍卒看,疾趋入舱,闭户独卧,徒觉悲愤无已,盖日人之所以贺,正我国之所以悲也。入夜,略有风浪,气候寒肃,遂易中服,恐感冒寒气。

廿日(1928年6月7日) 今日风较大,且以海水较深,舟身颠动异常。午后二时抵连。经水警之询查及医生之检验,始克登陆。

与同行袁涤庵[①]君首至辽东旅馆,并访周孝怀[②]先生,未遇,仅见其弟三先生,三先生力称连地之安谧【谧】及风气之淳,主大人来连,暂避尘嚣。下午,至升源访蔡苑香。晚即迁宿升源,早睡。

廿一日(1928年6月8日) 命一帆乘长平丸返沪,详述连地情形并可随侍大人来沪。八时,周孝怀先生来访。十时,与张敬文外出看房。午后,复去访孝怀先生,并同游老虎滩。晚同知源步浪速町之夜市,消遣愁思,盖今日乡思颇切也。

廿二日(1928年6月9日) 上午,张敬文邀偕一日人至南山一带看房,大概均买【卖】多租少,继复至向阳台、樱花台一带看地,步行甚疲乏。午,就共和楼小酌。晚,应孝怀先生招,晤北方之实业家甚夥,亦无不简朴可风。

廿三日(1928年6月10日) 与竹翁、曲春亭君至黑石礁看(房),价甚廉。知源拟承租,备他日来连栖止。继至乐家屯曲宅,并散步附近山水之间,复至小平岛,憩临海滩上,山风海浪,为之心旷神怡者久之。午,仍就共和楼餐。晚,与知源微步于浪速町一带,聊以消遣。

廿四日(1928年6月11日) 雨,闷坐终日,不禁远客怀乡之感,读《玉台新咏》,并录以消遣。晚早眠。

---

① 袁翼(1881—1959),字鸿绪,号涤庵、剡溪老人,浙江嵊县人,清末留学日本,是民国时期著名实业家、藏书家。

② 周善培(1875—1958),字致祥,号孝怀,原籍浙江诸暨,晚清民国官僚、实业家、学者。

廿五日(1928年6月12日) 九时,与知翁至金城银行访经理杨。杨君为介绍住宅一所,坐落纪伊町左近,屋小而陋,且租金亦过昂贵,遂返。孝怀先生来,同至圣德街五丁目一番看宅。该宅虽小而建筑甚精,门外山水环抱,风景亦极幽胜。闻此屋争租者尚有二三人,遂不得不决矣。月金百五十元,预付六月九百元,遂定。下午,复陪知源来视,亦极赞成。归途,便至惠比须町看房。晚,接寄尘电,大人已于今晨携三姊乘荷兰芝沙力轮行矣。

二十六日(1928年6月13日) 晨起,访孝怀先生,并至伊势町办木器、拖鞋等,甚乏。下午,甚不适,仍赴新宅。晚,至共和楼应升源号招宴。九时,至浪速町闲步。十一时,睡。度大人现方重洋远渡,不知安适否也。

廿七日(1928年6月14日) 至房东处交涉自来水问题。下午,访孝怀先生,闻朱子老待津京车通即将来连也。孝怀先生语余:少年人际此不得意之时,仍当格外努力,不可因之自委。谓余天庭广宽,读书必有成效,惜下面稍锐,故非注重体育不可也。至新宅整理。晚,大风,惄然忧之,盖大人当在惊涛骇浪之中耳。

廿八日(1928年6月15日) 黎明即起。八时,忽益帆抵升源,知芝沙力轮已到,惊喜异常。知源适赴早膳,余急切不能稍待,即独偕益帆匆匆往埠,登轮见大人及三姊,话别后情形,异常慰藉。午,大人与知源、作三等至共和楼小吃作三伴大人同来,余则留升源,与三姊同食,问旬日来家常琐事,絮絮不休也。一时许,与三姊乘马车往视圣德街新宅,旋乘电车返。初来道途不熟,且又有三姊同行,心中颇惴惴不已。四时随大人迁入新宅,佐三姊从事整理,异常忙碌。周孝怀先生来谈,片刻即去。晚,侍大人至一时眠,蝇多为患,久久不能入梦,苦之。

廿九日(1928年6月16日) 大人今日颇郁郁,有乡里之思。下午,访周孝怀先生,归,复与知源、作三往游新ケ浦之大和饭店,杂坐品茗。山海在望,大人顾而乐之,不复有羁旅之思矣。晚,留知源、作三并张敬文便饭,闲话连市交易状况。十时散。

三十日(1928年6月17日) 风。知源来。下午,随大人至纪伊町访蔡、曲诸友。竹轩自沪来,闻堂上居沪日处泣涕悲离之中,且自大人来后,人情益非昔比矣。徐澄渊、朱亦同舟来连,不日北上,所事拟从阎处着手也。

五月初一日(1928年6月18日) 知源、作三来。晚,周孝怀先生邀宴,席间晤刘澄如先生父,倾谈甚欢。

初二日(1928年6月19日) 风仍炽,家居极无聊赖。张敬文携日人来购地筑宅,余婉谢之。午后,与三姊闲步寓舍附近,购日本布十段以归。

初三日(1928年6月20日) 午,至共和应升源蔡君招,闻刘培仪世兄言美海军在青岛与日商冲□[①],不知确否。下午,大人本拟游老虎滩,候周先生久不至,遂罢。余与三姊同游大和饭店,凡园之佳处,步迹几遍,并就绿荫深处摄影以留纪念。

初四日(1928年6月21日) 晨读《玉楼【台】新咏》,聊以自遣。下午,随大人至升源并至柳町访刘澄老。晚应源昌号招宴,嘉宾挤挤【济济】,肴蔬至美。

---

① 原稿此处阙一字。

端午(1928年6月22日) 晨,随大人至升源,俗有拜节之例,群妓毕集,谑浪笑谐,丑态百出,此其所谓北地胭脂者乎?赴埠头送知源行,遇周孝师,当与议予就学事,定以初十日从师受业。午后作三自升源迁来同居,共步宅前,山下极佳,村间景色也。晚,有日警察来研汉文。

初六日(1928年6月23日) 未外出,与作三闲话竟日。

初七日(1928年6月24日) 黎明即起,大人偕作三为金州游,余未侍往。上午,与三姊步至前山下,望海咫尺间,泥污不可复进。山侧尽马厩,俨然一市,盖驱车者亦不下数百户耳。下午,与姊乘电车至老虎滩,拾级而登,遥望山海茫茫,自感身世漂泊,为之喟然。既及一亭小憩,亭在水中,下畜红鱼俗谓佳吉鱼,历历可数,留久之,始辞去,乐之甚也。四时返,大人已先余兄弟归矣。得孝师讯,言日文教席已聘定,属后日往面议之。

初八日(1928年6月25日) 雨。装电话者来,扰扰终日。大人乡思縻【弥】切,惟藉《广陵潮》消遣。

初九日(1928年6月26日) 访孝师、昆玉。与竹君先生同访日文教师园山良之助致堂,由竹翁翻译,谈一小时始去。

初十日(1928年6月27日) 晨,作家书数通,交益帆持付邮。下午,随周竹翁赴园山先生授业,授五十音及拼音,甚不易了解。先生不能解汉语,予又不通日文,仅以笔代口耳。下午,大人与作翁游老虎滩,余未及同行。

十一日(1928年6月28日) 得沪电,三嫂今日亥时举一男,命名让武。大人甚引为快。作翁过周孝师处,代致门生帖并埜廿元。赴园山先生处,告假二星期,以寓中在堂上未来前,大人无人侍奉也。

十二日(1928年6月29日) 上午,谒周师,未遇。大人腹泻六七次,予延谢泗泉先生来诊视,谓并无碍。晚,与三姊至三丁目购信笺、画片等。姊明日将南返也。

十三日(1928年6月30日) 三姊决今日南返,频行,适周师来,不及走送,怅甚。周孝师询予就学方针已未决定,谓研究古学至速六年始见成效,且为学者、为文人亦有别,学者所重在修身立德,文人则诗文辞章是务耳。

十四日(1928年7月1日) 寂寞万状,惟假《广陵潮》消遣。晚,随大人游浪速町。

十五(日)(1928年7月2日) 三姊去,寓中一切悉予主持,亦琐琐不休也。晚,侍大人至双泉堂沐浴,并至护成轩修发。章叔淳自长春来视。

十六日(1928年7月3日) 叔淳与施省之及钱里千、杨某来视。施为大人三十年前同事,与大人久未谋面,乃于此遇合,各叹异不已。下午,随大人回拜钱、杨不遇。与施省老谈佛理,并劝余读日文。

十七日(1928年7月4日) 得五姊函,傅旡退来访。

十八日(1928年7月5日) 狂风,蝇反少,殊幸事也。大人仍患腹,惄然忧之,至对面日本人宅之待售者察视。室内甚精致,惟太小耳。

十九日(1928年7月6日) 得家讯数封,知堂上决于十二日乘奉天丸携筱畹、希弟来连。下午,至升源,为大人延本地孔医生诊视。归,刘厚生自申来访,述孙馨远所以致败之因,语多在理。

二十日(1928年7月7日) 下午,方拟赴谢先生处求医,适傅无退来,遂同赴桃园台、文化台,住宅待赁者,均不甚满意。下午,访刘厚翁,同至共和楼便酌,邀傅无退同饮。得寄尘、劭直及三哥讯。

廿一日(1928年7月8日) 风至大。下午,侍大人赴西公园求医。谢先生谓大人肝脉甚旺,且见脉至【滞】之状,宜静心调治方可。

廿二日(1928年7月9日) 大人腹泻已止,仍服昨药。余患红疹,遍身奇痒难堪。午后,访傅无退,不遇。旋傅来访,谓圣德街宅如须退租,他徙亦不甚为难云。

廿三日(1928年7月10日) 得张锦老及心斋、子高函。十时,侍大人就谢先生医。大人腹泻已愈,予微患湿热,亦无碍。今日天气炎热,然亦南中四月候耳。晚,散步至水源地。

二十四日(1928年7月11日) 与傅君视文化台或桃源台七十二番宅,并请其接洽,大人甚以此宅为宜也。

二十五(日)(1928年7月12日) 下午,侍大人与傅君视新ケ浦待赁之宅。宅背山临水,景物宜人,惜左右为军人、政客之居,倘居此,殊非古人择邻之道耳。途中晤沪绅傅筱庵,傅亦以通敌嫌来连,与大人所遭如出一辙也。留新浦公园茶点,园内树木蓊盛,令人盘桓不忍去。

二十六日(1928年7月13日) 雨。得三哥信,知堂上决明日来,甚慰。四时,霁。小步户外,风仍剧,盖北方天气常态也。

二十七日(1928年7月14日) 十一时,偕竹青赴埠头迎堂上。一时,舟傍陆,始知堂上携室人及五姊、希弟来,相见甚欢。抵寓,与大人话别后情形,亦甚乐。少定,大人见行箧中有通果园水蜜桃一筐,色鲜美,取食半枚。初不料此致祸也。九时许,晚餐甫设,大人忽呼腹痛甚亟,如厕即暴下,呕吐兼作。余知形势险恶,急延谢先生来周竹翁同来诊视,谓系寒湿内蕴,两交不通,偶感时气所至【致】,应兼以针治,惧药力一时不可及也。遂延针科陈大爷来,施针二十馀,复服谢先生药,病势始减退,惟精神已极颓败矣。家人尽夕未眠,堂上尤极悲痛。

廿八日(1928年7月15日) 谢先生来视,大人脉象已较平,惟气机仍未通,谓须从小便中去其暑湿之气。自晨至午,泻十数次。下午亦然,吐一次,精神甚恍惚,热度甚高。

廿九日(1928年7月16日) 今日大人便作淡黄色,热亦较轻。谢先生谓气机已通,惟表邪仍未尽退耳。蔡、张、傅诸友来视大人疾。

六月初一日(1928年7月17日) 今日大人病已稍退。周竹翁来。晚大雨,甚凉。

初二日(1928年7月18日) 同乡顾季安自北京来视,大人病如昨,精神稍好。

初三日(1928年7月19日) 访顾君大和旅馆。大人病如昨。

初四日(1928年7月20日) 侍堂上赴桃源台看房。下午，谢先生来，谓大人急脉，病后忽不见，亦大好。今日，予患感冒，头痛异常。

初五日(1928年7月21日) 晨，大人忽鼻塞声重，想病后感冒所致。谢先生亦病，大人命予往探。午，与希弟陪季安置共和楼便酌。

初八日(1928年7月24日) 父病稍退，惟大便不通为忧耳。赴升源看张敬文牙痛。

初九日(1928年7月25日) 风狂暴雨。访敬文，约同赴桃源台订租房事，至则房东坚不愿出租，遂罢。

初十日(1928年7月26日) 大人精神稍好。谢先生谓此后需注意调理云。予鼻内忽流黄水，潺潺不绝。朱子老自秦皇岛来视。

十一日(1928年7月27日) 晨，□[①]澄渊、吉六自平来，此行仍无头绪，仅得周作民介绍函二通尔。

十二日(1928年7月28日) 大人大便已通，体稍适。赴埠头送徐、朱行，并至周师处。

十三日(1928年7月29日) 赴源昌谒朱子老，未遇。下午，子

---

① 原稿此处有一字难辨，故阙。

老来谈华北振【赈】务困难情形，大人以为此次大病危乎殆矣，幸赖天眷，得复痊愈，愿输一千元助振【赈】。患难中，力不能多助尔。

十四日(1928年7月30日) 钱新之、傅筱庵同来访大人，钱方自京过连也。下午，访新之大和，未遇。

十五日(1928年7月31日) 赴埠头送钱新之行，钱谓大人年老多病，不宜久驻于此，予当请其设法，彼谓此次南返，当极力解释，俾早了决云。今日，知源偕伯厚来寓升源，伯厚微不适。下午，知与子老同来访。

十六日(1928年8月1日) 知源来，述沪方乱象日亟，劝大人为久居之计。赴升源金城。

十七日(1928年8月2日) 大人晨忽至升源视伯厚，疾病后第一次出门也。

十八日(1928年8月3日) 谢先生来，谓大人脉象又如感冒之状。赴西公园升源、源昌号等处，遇傅旡退，谈玉华事，絮絮不休。

十九日(1928年8月4日) 得三姊书。知源、伯厚来午膳。

二十日(1928年8月5日) 九时与周师同赴黑石礁，访知源、伯厚，兼及予求学事，周师主张予专读中文。归，与大人言之，亦同意。下午，与室人侍堂上游星个浦公园，茶点而归。晚，大人又恶寒发热，早睡。

廿一日(1928年8月6日) 六时起，大人仍燥热，类上次感冒状。午,嗽血二口。谢先生谓脉象尚好,胸中淤血,感冒触发所致也。今日,院内失火腿二、仆人衣鞋各数件。

以上自五月初四,悉己巳十二月中所补记。当时有稿纸,故知其大略情形也。立注。

乙亥年日记

佚　名

四　月

……异日，嗣因下行至沪之车，特快车须至午后一时半始能到站，计有二小时馀，无法消遣，乃赴马鞍山浏览一巡，而因至车站赶乘午后一时半之特快车返沪，抵家亦不过午后三时耳。

十四日（旧历乙亥年三月十二日，1935 年 4 月 14 日）　星期日，晨晴，午后雨。本日气温变化甚大，昨晚之雨淅沥至晓，天明后日光高照，青天散片片白云，此正雨霁之正常现象。乃未几又阴霾四合，大雨下降淋漓，终日不息。予原拟午膳后外出，竟为雨所阻，终日闷处小楼，随意阅书以消遣。近海之地，气候之变化，竟如此之速也。

十五日（旧历乙亥年三月十三日，1935 年 4 月 15 日）　星期一。本日到局后，见案上置徐文郁所留之字条，盖上星期五，予因事赴长洲，星期六又赴昆山，渠适于星期五约予共商收租事务而未遇，故特留字，由予定期与之会商也。予乃以电话与渠约准明日午前九时至十时之间，来产业课与之会商也。旋又由收发送到公文一大卷，细阅，乃产业课清理两路沿线耕地后，测量竣事之路产平面图与原有之鱼鳞图，甚多不符之处。拟定整理计画，呈局长派员分赴沿线各县政府商洽办理。局长乃派予分别办理。旋又因苏嘉路事，须赴省与建设厅接洽，亦派予前往接洽。予将产业课所拟整理路产计画逐一阅之后,觉此事甚繁重,而所定之各种办法恐劳多而功少,拟将全部细细研究之后,再提出办法。计午后到局,全部时间即批阅此卷,然仅尽十分之二三耳。

十六日(旧历乙亥年三月十四日,1935 年 4 月 16 日) 星期二,午前阴,午后雨。午前到局后,予至产业课与徐文郁共商整理租务办法,得详租务,事异繁复,盖由历来均系抱敷衍主义而未得切实之办法,故迄今租户欠租有达八、九年之久者。予得悉其详后主张用彻底之办法而治本,否则头痛医头脚痛医脚,终非完善之办法。且长此以后,恐更难整理也。予之主张必须减轻租率,田地必须重经实地履勘,规定等第,租户如接连三年不欠租者,则酌减其租金若干成,以奖励之。如将租率减轻,田地分等办竣之后,则规定缴纳租金之期。如过期缴纳者,则援照滞纳之例而处罚金。行之一久,则收租员自可减少。计午前之时间,全耗于此事之会商中。午后,与工务处濮副处长接洽,赴苏省建设厅,与之商洽苏嘉公路与苏嘉铁路平交路之改造办法及如何负担经费方法。

十七日(旧历乙亥年三月十五日,1935 年 4 月 17 日) 星期三,阴。昨日接清秘阁来信,谓上月在彼处定制之古泉信笺、信封现已由北平寄到,嘱往取。乃于午后散值后返家时顺道取回。镂版尚精,颜色亦甚淡雅,虽觉费款巨,然在三年之内,当可不必另购封笺也。本日在局将产业课所定整理沪杭甬线沿线路产办法审核完竣,草拟签呈意见,主张不必派员分赴各县去就彼,而令彼来就我,则办理一切较为简捷也。

十八日(旧历乙亥年三月十六日,1935 年 4 月 18 日) 星期四,阴。午前到局,将昨日草定之审核案签呈稿缮呈。旋许处长告知苏嘉路之筑路工人在苏州附近滋扰民间甚剧,且有殴伤乡民之事,嘱予赴苏州会通周警务段长，严密调查，具复以凭核办。旋又将滋事处之区公所来代电交阅。予拟明日早车赴苏调查。午后到局，无甚事。

十九日（旧历乙亥年三月十七日，1935年4月19日） 星期五，晴。本日乘午前八时之特快车，赴苏州调查苏嘉路筑路工人在民间滋扰事。抵站之后，即访警务段周分段长，告知一切，并将公文取出，交彼一看。据渠云，渠已有所闻，本日正约同吴县公安局长、保安队长及苏嘉路沈工程师，同赴实地查勘，并会商以后防范办法。予即与之偕往。先在站餐室进早餐后，周分段长所约之公安局保安队长已到，即同至盘门外青阳地苏嘉路工程处沈工程师处。予将吴县政府致本局之公函交彼一阅。彼告知事诚有之，但已经过去也。所烧民间之茅屋，工头已允赔偿，斗殴事已于当日将逞凶工人捕送六名至吴县地方法院，以因受伤者伤枉轻，被害者已向申明不愿深究，已由法院宣布不起诉处分，但不知何故渠等仍有公文到局。旋即同至安渎里肇事处，实地查勘，知所烧之茅屋乃乡人车水之牛车篷，工人在内烧饭不当心，致将篷顶焚去，现已代为盖造好矣。本属甚小之事，然乡民胆小，故不惜张大其辞，耸人听闻。查勘毕，意欲找彼包工头训斥数语，讵此包工人【头】已因事赴沪而未果。旋即进城，至第一区区公所访区长，亦未在区公所，即向其助理员告知一切。事毕，由沈工程师招待，至松鹤楼进午膳，其时已至午后一时馀矣。膳毕，即与渠等分袂而赴车站，乘午后四时廿七分之快车返沪，抵家已至七时馀矣。晚间，草拟调查此案报告。

二十日（旧历乙亥年三月十八日，1935年4月20日） 星期六，晴。午前到局后，将昨日查案报告缮呈，旋许处长又与予商吴县县政府复函。午后，循例休息。因午前已领到本月份薪水，故午后趁暇购物。晚，携璋儿至温泉浴室洗澡剪发。他无所事。

廿一日(旧历乙亥年三月十九日,1935年4月21日)　星期日,晴。星日休假。午前未外出,午后赴同安里俱乐部送缴三月份会费,旋即回家,便道至中华书局购《龟甲文字概论》,因半价之期,至本日即止也。

廿二日(旧历乙亥年三月廿日,1935年4月22日)　星期一,阴。本日乘午前八时之特快车赴镇江,向苏省建设厅接洽苏嘉路与苏嘉公路平交道之路基填高路面筑造摊费办法。接洽毕,乘镇江午后六时二十九分开之特快车返沪。当在建设厅接洽事毕后,因时尚早,即于赴车站候车之时,绕道至金山寺、第一泉游览一周,此处之景物本无多供浏览者,只以泉水受地气之上冲,故水中浮沤上浮如沸,此其异事耳。旋在客厅瀹茗,品之觉其味较无锡第二泉之水为尤醇。品赏良久,即至车站,移时车至,乘之返沪,抵北站已午夜十二时馀矣。

廿三日(旧历乙亥年三月廿一日,1935年4月23日)　星期二,阴。午前到局,将昨日在镇江接洽之事报告局长,馀无所事。返家,午膳时接内子自南京来信,谓因携带有甚多家具,故于乘江轮来沪,约明日上午可抵沪,嘱派绍武于明日上午赴怡和码头去接云云。即嘱绍武于明日届时前往。

廿四日(旧历乙亥年三月廿二日,1935年4月24日)　星期二,阴。本日天气虽阴,而温度则高,室内温度达华氏五十二度馀,春气盎然。午前嘱绍武赴怡和码头接由京来之内子,讵本日长江轮怡和码头无船到沪,想或在京改期也。午后,接朱家骅复函,称所托之事甚多不便,并称以电台服务较有保障云云。午后到局之前,就便汇款至芜湖,并另函告知广虬侄。午后回家后,见客堂内置有一徐方庆名刺,乃四海保险公司职员名刺,上留言谓将保费送交该公司,甚觉诧异。盖此项保险费，前由该公司之职员戴仲宁送保单来时，当面交付讫事，不知何故又来索取，乃立去函告知原委[①]。

廿五日（旧历乙亥年三月廿三日，1935 年 4 月 25 日） 星期四，阴。是日天气仍郁闷，恐在此数日内必下雨也。午前回家，午餐时见内人已回，又将破烂家具拖带来沪，多耗运费，甚不值得，颇觉懊恼。

廿六日（旧历乙亥年三月廿四日，1935 年 4 月 26 日） 星期五，晴。本日天气甚温暖，室内温度达华氏七十六度馀，必须换着袷服。午前到局，无所事事。阅前向秦翰才[②]借来之《王安石评传》，前以未加细阅，此次细阅之后，觉此书尚有一读之价值，乃乘商务印书馆半价廉售期内，于午后散值返家时，就便至商务印书馆购取一册。晚间，赴大千世界听昆曲。因询知小世界已关闭仙霓社，乃复至大千世界演唱，然合同之期至本月底满期，而移至苏州开演，故本日趁暇一往观之[③]。

廿七日（旧历乙亥年三月廿五日，1935 年 4 月 27 日） 星期六，晴。本日气温较昨尤暖。午前到局后，局长发下密查之件：一为镇江站路警与分段长勾结舞弊事，一为杭州南星桥站路地出租与该站站长有受租地人之请托而发生纠葛事。均拟于下星期内分途往查。午膳后，往参观参加伦敦中国艺术国际展览会出品上海预展会所陈列之物，均系故宫博物院之物，计唐五代宋元明清各代书画及折扇、织

---

① 是日页眉有补记，云："收到朱家骅复函。发芜湖刘广虬信，告知已汇款来芜。发本市四海保险公司徐方庆信。"

② 秦翰才（1895—1968），上海县陈行乡人（今闵行浦江镇），近代著名翻译家、史学家、左宗棠资料及历代名人年谱收藏家。

③ 是日页眉补记云："收芜湖刘广虬信。"

绣、铜器、瓷器、玉器、剔红器、景泰蓝、古书以及考古物品选例等,综计件数约有千馀件,陈列在室,共七大间,琳琅满壁,美不胜收,眼福诚属不浅。予觉最与文化、历史等有关系者,当推中央研究院在河南安阳发掘所得之甲骨及石器时代所用之石刀、石斧等物,而甲骨中尤以商代炙龟问卜之龟板,炙处之焦灼迹犹宛然若新,不意竟能见此四五千年之前之龟卜实物,诚幸事！至午后四时许,始观毕返家。因本日天气甚暖,返家之后将书室内大加整理,久闭之窗,亦加开启,以疏通空气。馀无所事①。

廿八日(旧历乙亥年三月廿六日,1935 年 4 月 28 日)　星期日,阴。本日应车务处沈君振仁之邀请,赴金山秦家兜秦家观赏明代遗留之牡丹花。于晨六时许即赴约定聚齐处之沪平码头,乘七时开之小轮至洙泾,至十一时许抵洙泾,转乘沈君预雇在此守候之肩舆,径赴秦家兜。同行者均系车务处营业课之同人,总局方面仅予与秦君翰才耳。行约三四里即至,第见花已大半凋谢,仅存垂萎者一朵而已。花色深紫,花大如盎,千瓣花本不甚高大,主人于花坛之上围以竹栏,张以布幔,珍护备至。观赏毕,同人等在花前共摄一影,以留纪念。秦家主人款以午餐,肴馔极丰盛。餐后,即返至洙泾,乘午后三时由平湖开到之轮至沪,六时半抵埠,回家已至七时馀矣。

廿九日(旧历乙亥年三月廿七日,1935 年 4 月 29 日)　星期一,晴。午前到局后,秦君翰才交到渠祖秦锡田所著之《补晋书表志六种》稿本,嘱为转交开明书店,可否补印于新近出售预约之《廿五史补编》。并又交洋四拾元,嘱照所定优待已购《廿五史》预约者,如购《补编》者,则每帙贰拾元,渠欲购两部也。予乃于午后赴局时就便至开

---

① 是日页眉补记云:“发南京柴式安信。”

明书店，一并交王慰之，请其即差人送交伯祥[1]，并附函询其可否如此通融办理。

三十日（旧历乙亥年三月廿八日，1935 年 4 月 30 日） 星期二，晴。本日乘早车赴杭州南星桥站，查该站站长收受贿赂之控案，至十二时四十分抵南星桥站。先至站外吴杏记饭店查看租地造物情形，继询该店主人站长对彼有何要挟之事，大致已得知其梗概。继在站访询站长，详询收回吴杏记饭店租屋之事。此案情形乃大明，即返至城站候乘车五时五十五分之夜快车返沪。抵家已至十一时馀矣[2]。

十一月

……

……为便捷也，予拟明日赴苏，先投此文，然后再接洽登记菊展出品。

六日（旧历乙亥年十月十一日，1935 年 11 月 6 日） 星期三，阴。本日赴苏州审查菊展出品。乘午前八时之特快车前往，抵站之后，先与站长张慕陶一度接洽，请其派员伴往各菊主处登记。商洽毕，即先赴吴县县政府及公安局投文，面商协助防范方法，复回车站，时已至午餐时矣。张站长坚约至其公寓午膳，至午后一时许，即由站分往各菊主家审查，发至午后五时许，尚有二家未登记完。天色已

---

① 王伯祥（1890—1975），江苏苏州人，著名学者、出版家，曾任上海商务印书馆、开明书店编辑。

② 是日页眉补记云：“收本市王伯祥信，芜湖刘广虬信，南浔吴洛荀信，长安沈仲熙信。”

黑,乃返站,托张站长代为登记。晚餐之后,乃乘九时四十六分之快车返沪,抵家已十二时馀矣。

七日(旧历乙亥年十月十二日,1935 年 11 月 7 日)　星期四,阴。午前到局,将昨日在苏州所办各事分别报告完毕,以清手续。午后,许处长相约同至嘉兴苗圃,一看会场布置情形。午后三时十五分之京闸特通车前往,抵站已至午后五时馀矣。时已黄昏,各处所陈列之花看不甚清,虽有电灯,然花之颜色仍甚模糊。惟各花陈列之方法,大体尚无不合。晚膳之后,予本拟留宿嘉兴,备明日开会时,可招待予所征求之各菊主,旋许处长又坚约同回上海,乃乘午后八时零七分之车返沪,抵家已至十一时馀矣。

八日(旧历乙亥年十月十三日,1935 年 11 月 8 日)　星期五,先阴后晴。本日赴青阳港菊花展览会场,查勘陈列方法。于九时之快车前往,莅场之后,见陈列尚未完竣,已陈列者均多不明花之向背,随意置之,更不能谈花色之配合调和也。其管理人陈某又自作聪明,不从忠告,乃即别去,乘十二时十二分之车返沪,抵沪之时间颇早,乃就便至孙祖基事务所,坐良久始返家。

九日(旧历乙亥年十月十四日,1935 年 11 月 9 日)　星期六,晴。本日青阳港菊花展览会开幕。午前到局后,曹副处长省之欲予前往招待予所接洽处之菊主,乃偕其同乘九时之快车前往。抵站时,见下车之人甚多,殆至菊花陈列处。签名摄影时,人又无多,乃知除此之外,殆皆来欣赏此菊花耳。午餐后,正欲同赴马鞍山浏览,已上船,忽见无锡菊花主人沈锡钧、王韵楼二人来,乃下船,代为招待,致马鞍山之游未得同往,心颇耿耿,盖本日适遇潘吟阁,据其告知马鞍山东麓新经整理,山石之间发现曾经建筑之痕迹,考之邑乘,知为明代乐彼之园遗址,山石均具奇趣云云。乃竟失此欣赏之机会,殊觉怅帐。至午后五时二十分之车返沪，抵家已七时馀矣。

十日（旧历乙亥年十月十五日，1935年11月10日） 星期日，晴。本日赴嘉兴苗圃参观菊花展览会。乘午前七时五十五分之车前往，抵站之后，即直赴苗圃，见观众拥挤于门口，秩序不佳，在门口之职员及路警均嫌少。迨入场之后，观众更形拥挤，乃与苗圃主人李清和共商善后之法。晚八时零七分之车返沪。在车内，据吴课长希韩告知，昨晚九时许有日本海军兵士一人，在窦乐安路被人暗杀，受伤甚重，凶手弃枪而逸。日兵即于是晚挨家搜查北四川路一带之居户，因是闸北一带之人心极慌，形势又宛如二十一年一月廿八日之前夜，上海又将重罹浩劫也。

十一日（旧历乙亥年十月十六日，1935年11月11日） 星期一，先晴后阴。午前到局后，即将昨日在苗圃所见之情形告知许处长，并与之商以后之维持法。午后有同事从闸北来，告知闸北人心仍甚惊惶，日兵已于北四川路底堆置沙袋，故人心更现惊惶。闸北居民均纷纷迁入租界，一若大乱之将至也。惊弓之鸟，可怜亦复可笑。

十二日（旧历乙亥年十月十七日，1935年11月12日） 星期二，阴。本日为总理诞日，循例休假。即利用此休假日，携瑛、璋二儿赴嘉兴苗圃参观菊花展览会。抵嘉兴站时，见松江出品主人殷石笙、郑厚贤等亦来参观，乃招待一切。午膳后，渠等回松江时，坚邀至松参观渠等之菊花展览会。乃于返沪时，就便到松一观，果多佳种。旋由郑厚贤招待至松江社晚餐，复又至郑君之花圃参观其新开之菊，惜为时已晚，在灯光之下，不易辨其颜色，然花之形态、叶之姿势，则甚清晰。佳种多至不可数计。观赏毕，乘九时廿四分之车返沪，抵家已至十一时馀矣。

十三日(旧历乙亥年十月十八日,1935年11月13日)　星期三,先晴后阴。午前到局后,将苗圃主任李清和所托转达关于菊花展览会之事,逐细告知总务处长,请其分别即办。晚膳后,观中央大剧院所演之《西施》歌舞剧。此剧为陈大悲所编,初演于卡尔登影戏院,售价极昂,然亦能轰动一时,嗣赴杭州表演亦然。予初以为亦不过兼歌兼舞之话剧耳,故未置意。嗣见报载又演于中央大剧院,已一星期,本日为最后之一日,颇诧其何以以此一剧而能连演至如此之久,或亦有其真意义耶?故于晚膳之后往观。观后,果觉毫无一般文明戏之恶劣动作,确有艺术之价值。其情节则由《浣纱记》改窜,着力在越王勾践之生聚教训而沼吴,演于国难危急之今日,诚足以警醒一般民众,亦一有意义、有力量之宣传品也!至以歌舞艺术论,有缠绵悱恻处,有悲歌慷慨处。惟男女之歌喉,必欲模拟西人之宛转法,使听者起不快之感,不知何以不另创适于国人之音调?是殆创造之不易言耶?抑或编著者之具嗜痂癖耶?

十四日(旧历乙亥年十月二十日,1935年11月14日)　星期五,阴,微雨。嘉兴苗圃菊花展览会之松江菊主郑厚贤,自本月十二日在苗圃展览会场一度会晤之后,曾与之约在本日赴松江接洽,再换送一批较精之品至会陈列。故本日特赴松江,与之接洽,商定可再选本年新出之种十馀盆陈列,当即与之约定,俟将陈列之室收拾清楚后,再行通知起运。即于午后一时四十四分车返沪。下车出战,至宝山路口乘车回家之时,见闸北搬家至租界之车络绎不绝,一如曩年"一二·八"之前数日,然不知何故如此之惊惶失措也!可怜亦复可笑!

十六日(旧历乙亥年十月廿一日,1935年11月16日)　星期六,天阴,微雨,气寒。前两日天气昼晦而和暖,本日骤变寒,须着重棉。近海气候之变化,竟有如此之速。午前到局之后,曾下雨一阵,旋又见重云之下，露现日光，惟不久复隐。在局披览上海之日文报，日人在山海关集中军队，藉口谓我国有秘密运兵北上之事，真可谓横蛮无理之极也！闸北谣言仍炽，搬家至租界者仍纷纷不息。究不知时局之真相究竟如何也！

十七日(旧历乙亥年十月廿二日，1935 年 11 月 17 日) 星期日，晴。日来，本市大小报纸均争载孙传芳被刺消息及生前之种种轶事，以资谈助。盖孙于本月十三日，在天津居士林礼佛听经时，为施从滨之女施剑翘所暗杀身死，声言为父报仇。据其申叙，蓄意报仇已久，故出事之后，即从容不迫而自首，且事前预备油印传单，说明其父从滨如何被孙杀害，如何图谋报仇，亦一近世之奇女子也！夫孙自领兵至开府江南，人民之生命被牺牲于其手者，已不啻恒河沙数。今仅毙于一枪之下，已属我佛之慈悲，怜其及时忏悔也。不然将千刀万剐，尚不足以蔽其辜。最可笑、可耻者，当其雄据江东，管握苏皖赣浙闽五省军民两政之时，喑呜叱咤，有不可一世之概，而江苏之所谓第一流士绅，竟不惜侈颂其功德，致使其罪恶被掩饰，迄今之是非仍难分晓。故今虽遭显戮，而各报仍不免有惋惜之意，此真丢尽苏人之脸也！间尝考其所以致此之由，盖因其盘踞苏省之时，识透苏人之弱点，而以其饱掠……

……

……乘晚班轮回，至安亭站转车返沪，抵家已晚间七时馀矣。

廿三日(旧历乙亥年十月廿八日，1935 年 11 月 23 日) 星期六，阴。昨日气候和暖，有如初春；本日忽又转寒，与昨日较，相差约七八度之谱。午前乘第二班快车赴南翔，转乘人力车至嘉定，与县长许次玄晤谈之后，觉此公之头脑较青浦县长钱家骧清晰，处理各事有条理、有果断。渠主张应由路局邀请青浦、嘉定两县行政、公安等人员会商防范方法,如求破案迅速,则不妨出款购线,并告知嘉定县境与青浦县境交界处之陆家巷向称份子极复杂之处,本县所破之案多载此处,倘重赏购线,则不难破获云云。返沪之后,已至午后三时馀矣。

廿四日(旧历乙亥年十月廿九日,1935年11月24日)　星期日,先晴后阴。本日休假。午前在家监督璋儿习字、温理旧课,及指示成衣匠裁制冬服。午膳后,携璋儿赴各国货商场及三友实业社购制冬服。返家,未几孙君祖基来访,邀赴邑庙购物。渠欲于旧书肆访购林琴南旧译之小说全辑,结果未得。予则购得北平琉璃厂留云居士刊印之《明季稗史汇编》,此种版本现已不多见,所流行于坊间者概属一种铅字排印本,印功既劣,纸张又属油光纸,而售价则索一元馀。此本则仅以二元售得,较为廉矣。

廿五日(旧历乙亥年十月三十日,1935年11月25日)　星期一,先阴后晴。午前到局后,将上周分赴青浦、嘉定两县政府接洽协助防范行车安全之情形详细具报,局长甚赞成嘉定许县长次玄之主,由本局作主召请青、嘉两县行政及公安人员会商防范方法,当即决定于廿七日上午十一时在青阳港花园饭店会议,并加请昆山县行政及公安人加入会议,乃分别办理会议之各项手续。

廿六日(旧历乙亥年十一月初一日,1935年11月26日)　星期二,先晴后阴。晨起披览本日之报,开首特号大字登载冀东二十二县由冀察区行政督察专员殷汝耕领首宣布自治,与中央脱离关系,天津亦有便衣民众暴动,拥至市政府,声言要求自治。此无疑的又系日本小鬼从中作祟,盖彼处心积虑以使我国内部不能统一而达其分化蚕食之目的。所最难索解者,一般为虎作伥之汉奸如殷汝耕等,究不知是何居心,而甘为之伥也。尤奇者,据本日所传之冀东自治政府中之委员，竟有予友池宗墨其人，此人乃毕业于日本东京高等师范，曾任厦门集美学校校长，固俨然自命之教育家也，乃亦甘为日寇之走狗，人心之难测，有如此者[①]。

廿七日（旧历乙亥年十一月初二日，1935 年 11 月 27 日） 星期三，阴，微雨。本日赴青阳港花园饭店，出席由本局召集之京沪路苏州以东冬防联防会议。所召集者，除本路路警及护路宪兵、保安队等例应出席之外，并特别邀吴县、昆山、青浦、嘉定四县县长、公安局长、省保安队长等，于午前十时许均已齐集，至十一时开会，各代表等将已经办理之事分别报告后，已至于午膳时矣。膳后继续开会，着手讨论防范及查缉之具体方法，已午后三时半始散会。续放汽船送各代表等至马鞍山游览。予以归来五时十二分之车返沪，故抵马鞍山麓，未能参加游览即径赴车站，抵沪已六时三十五分，至家则七时馀矣。

廿八日（旧历乙亥年十一月初三日，1935 年 11 月 28 日） 星期四，阴雨。本日气候转寒，初以为天雨之故，嗣阅报知河南郑县已于昨日降大雪，始恍然本埠气候转寒之故。据本日之消息，日军在天津强扣南下车辆，以运渠之兵至平津一带，并传有已占领丰台车站之说。设此消息果确，则北方之战机已在眉睫也。

廿九日（旧历乙亥年十一月初四日，1935 年 11 月 29 日） 星期五，阴微雨。午前到局后，将自九月十九日起所发掘之奸人图谋覆车事变案讫至最近时止，编造成一览表，以备印发沿线之地方政府，请其代为协缉，至午后始完竣，馀无所事。

三十日（旧历乙亥年十一月初五日，1935 年 11 月 30 日） 星期

---

① 是日页眉补记云："收芜湖刘广虬信，复汇款收到。"

六,阴雨。晨八时许到局后,天气甚郁闷,有如初春,冬服几不能穿着。晚雾迷漫大地,天色昏暗,路上行人相距丈许,即辨识不清。乃未几大雨滂沱,淋漓终日,气候亦忽转寒。时届冬令,气候仍有如此之变,殆受海洋之影响乎?披览本日之报,知殷汝耕假借歪理,窃据冀省北部滦榆、蓟密两区之防共自治委员会,中央对之虽颁布褫职拿办之命,然迄今仍未见有具体办法,第恐长此迁延,难免不别生变化也。

十二月

一日(旧历乙亥年十一月初六日,1935年12月1日) 星期日,天阴寒。本日在家未外出,气候严寒,以惮寒之故,终日坐书楼,未出门一步。披览本日之报,知日军由关外开进至冀东之兵仍在继续运之中。沿北宁路由山海关至天津之大小各站,均有日兵驻守,似此段铁路事实上已不啻为其占领矣,局势之严重与开战相去已不过一间耳。中央所派之大员,已于昨晚由京乘津浦车北上至北平,想在此数日之中,北方之时局或有新发展,吾将引领以望之。

二日(旧历乙亥年十一月初七日,1935年12月2日) 星期一,晴。本日乘午前八时之车赴常州查案。抵站之后,即与丹苏段警务分段长蒋铁灵遇于站台,乃同至其办公处,托其代为妥实便衣警调查第一区名山镇究竟有无吴学勤其人。旋即赴武进公安局访局长许宝光,意欲一查其户籍册或保甲册,以查考吴学勤之职业及家庭状况,即可判断其人是否善良,讵该局之警务分区与自治区不同,故户籍与区公所知保甲册籍完全不同,无法查得。乃承其以电话托第一区公所代查,讵区公所将名山镇之保甲户册不知置于何处。查经数小时,仍未查着。又承其代电县政府,请为代查,讵县政府仅有保长、甲长、户长名册,而无居民户之册,仍不得要领。即此以观,可以推知地方行政机关办事，直无效率之可言。乃回，至本路警务段坐憩良久，所派处调查之便衣警回报，称吴学勤虽确有其人，但已赴沪，甚久未回。其人乃系贩卖红丸之徒，因犯案逃避上海者也。所居系自建之草屋，仅其妻与子居之，究不知为何有此密报到局，是否另有其他作用，不得而知。因至沪快车须至晚间八时始有，乃乘四时半之四次车至镇江，再由镇江转乘三次车返沪，抵家已十二时矣。

三日（旧历乙亥年十一月初八日，1935年12月3日） 星期二，午前晴，午后阴。因昨晚到家甚迟，故本日至午前九时馀始到局，即将昨日所查之案缮具报告完案，馀无所事。

四日（旧历乙亥年十一月初九日，1935年12月4日） 星期三，阴雨夹雪珠。本日赴镇江查案。由沪出发时天阴，直至镇江，天色亦如沪，惟觉气候较沪稍寒耳。迨返沪时，披览当日报纸，知上海曾于上午下雪珠，下午亦雨，东西相距不过数百里耳，气候变化相差竟至如此。在镇江时分，向各方查询所谓驻镇美国威利洋行，均称无此洋行，复工务段调查，事务员殷子才之平日行为，亦属勤慎，知又是匿名信之诬陷者也，不值再加详查，乃至城内省政府之中山路溜【浏】览，觉与前年供职省政府时之情况，无甚差异，溜【浏】览一巡，即返至西门车站，候乘六时半开之特快车返沪，抵家已至午夜十二时馀矣。

五日（旧历乙亥年十一月初十日，1935年12月5日） 星期四，晴。午前赴局，缮具昨日赴镇江查案之报告，他无所事。

六日（旧历乙亥年十一月十一日，1935年12月6日） 星期五，晴。本日天气又甚和暖，有如初春。午后到局办事时，驼绒袍竟不着，诚属反常之气候。晚间披览本日报纸，知中枢负责各要人已于本届中央执监全体大会选出，如左：

国民政府主席　　林森续任
行政院长　　　　蒋中正新任
立法院长　　　　孙　科续任
司法院长　　　　居　正续任
监察院长　　　　于右任续任
考试院长　　　　邹　鲁新任
中央执行委员会常务委员会
主　席　　　　　胡汉民
副主席　　　　　蒋中正
中央政治会议
主　席　　　　　汪兆铭
副主席　　　　　蒋中正

由此以观,中枢政局固无甚变动,而西南方面之胡汉民亦能蠲除旧隙,而竟肯与蒋共任中执常委会,毋乃得冀东之严重国难而促成国内之团结与？多难兴邦,吾敬祝吾中华民国从此日趋光明坦途也！

七日(旧历乙亥年十一月十二日,1935年12月7日)　星期六,晴。晨间,批阅本日之报,详载中枢新被选出之直接负责人,与昨晚夜报所传者稍异,即考试院长仍为戴传贤,此外一如昨所传。想系昨晚之在京各报记者发电时未加细审也。兹再补各院副院长姓名如左:

行政院副院长　　孔祥熙
立法院副院长　　叶楚伧
司法院副院长　　覃　振
考试院副院长　　钮永建
检察院副院长　　许崇智

此外,中央常务委员会委员共九人:胡汉民、蒋中正、冯玉祥、丁惟汾、汪兆铭、叶楚伧、孔祥熙、邹鲁、陈立夫。政治委员会委员则有二十五人，计：

张人杰	阎锡山	许崇智	李烈钧	王宠惠
李文范	张学良	唐生智	陈璧君	宋子文
朱德培	顾孟馀	朱家骅	马超俊	邵元冲
刘守中	陈公博	王伯群	程　潜	陈果夫
梁寒操	张定璠	何应钦	黄绍雄	王陆一

八日（旧历乙亥年十一月十三日，1935 年 12 月 8 日） 星期日，阴雨。本日天色阴黯，时雨时止，气候亦较前数日寒。原拟于午后赴中央大戏院观映新片《翡翠马》，因天气恶劣，懒于外出，在家将积存之《申报》、《画报》分别剪贴于册，终日未外出。

九日（旧历乙亥年十一月十四日，1935 年 12 月 9 日） 星期一，阴，寒甚。本日气候严，西北风吹面作剧痛。午前到局时，现着之服不足以敌途中之寒气，午后乃换着丝绵衣服，途中之寒气虽可御，然办公室内之水汀和暖如春，所着之衣服又嫌厚，真不易解决此难题也。晚间，忽飞雪花，第不知明日如何也。

十日（旧历乙亥年十一月十五日，1935 年 12 月 10 日） 星期二，晴。晨间披览本日之报，知冀东之事自何应钦北上之后，已与宋哲元、萧振瀛等会商之，结果大约可和平解决。在北平组织一北五五省[①]政务委员会，在中央政府监督之下，管辖冀、察、绥、晋、鲁五省政务，其外交、军事、财政等仍归中央直接办理，一如两广之西南政务委员会。然现惟此委员会之人选，一俟中央政府决定之后，即可正式发表。似冀东问题表面上可告一段落。然而，隐患则仍在潜滋暗长也。盖日人之处心积虑，必欲将傀儡溥仪移入关内，然后渠可彰明昭著，

---

① 原稿如此，疑衍“五”字，当作“一北五省”。

囊括东北,后患正方兴未艾也!

十一日(旧历乙亥年十一月十六日,1935年12月11日)　星期三,阴,寒甚。本日朔风凛冽,寒气袭人,风虽不大,而扑面作剧痛。以时令论,应当严寒之时也。午后至局时,空中似间飘雪片,然亦不过偶见一二耳,不能即谓之下雪也。到局之后,竟无一事可办,深觉难过,惟阅闲书以消遣耳。

十二日(旧历乙亥年十一月十七日,1935年12月12日)　星期四,阴。本日天气严寒如昨。到局之后,亦无甚事可办,闲坐反觉难受。晚膳后,披览本日晚报,见中央政治会议决定任命行政院各部部长计九人,较汪院长任内几全部更换矣。兹摘录于坐:

军政部　何应钦
财政部　孔祥熙
内政部　蒋作宾
交通部　顾孟馀
外交部　张　群
铁道部　张公权
实业部　吴鼎昌
海军部　陈绍宽
教育部　王世杰

此据本日之晚报所公布者,但未识有无更变否也。

十三日(旧历乙亥年十一月十八日,1935年12月13日)　星期五,晨晴,旋又阴。本日气候仍在严寒之中,午后略飞雪花,旋亦停息。到局之后,同事中闲谈,以政局变更,本局直属之部长亦换人,均以本局不无连带受其影响而有一番变化也。

十四日(旧历乙亥年十一月十九日,1935年12月14日) 星期六,晴。天气虽仍晴,然向北地之冰冻终日不化,气候之严寒,为入冬以来最寒之日也。午后三时许,往访孙君祖基,适在法院出庭,未晤见。旋以电话约伯祥,渠须至五时许方能外出,约予守候。渠又告知,谓圣经纸《廿五史》已发至发行所矣,嘱予径取。予乃复至开明将书取出,先携回家。至午后五时许,复至祖基事务所坐,未几伯祥偕圣陶至,乃同王宝和酒楼小酌。至九时许始分袂,予已有醺然之意。返家时,神志甚为恍惚。

十五日(旧历乙亥年十一月廿日,1935年12月15日) 星期日,晴。晨起后,忽觉身体畏寒特甚,头脑昏胀,且又昏眩,不知何故,乃就南窗之日光曝之,昏眩仍如故。午膳后,赴四马路生活书店取第七册《世界文库》,并购零物。经此安步行动之后,畏寒之势大减,而感觉得周身血脉不甚舒畅,胫骨中时作隐痛。晚膳后,乃赴温泉浴室洗澡,在温水中浸至半小时,蒸出一身大汗,身体方觉舒适,昏眩亦豁然消失。此盖感冒风寒之故也。

十六日(旧历乙亥年十一月廿一日,1935年12月16日) 星期一,大雨终日。本日阴雨,终日不息,气候则(较)前数日暖,丝绵袍几不能着,亦一气候变化之特象也。午膳时,正预备返家午餐,讵出局门时,忽与产业课谈君会成遇,坚邀至北四川路新雅酒楼午餐。盖嘉兴苗圃主任李清和来沪,渠请其午餐,竟不意而适与予遇,故予亦未返家午餐。餐毕即径回局,亦未返家,固天雨诸多不便也。散值后,雨仍【乃】稍息,回家时虽携有雨具,然衣之下半仍多溅潮①。

---

① 是日页眉补记云:“收扬中二弟来信,复扬中二弟信。发本埠四海保险公司,通知本年期满后不愿续保。”

十七日(旧历乙亥年十一月廿二日,1935年12月17日) 星期二,先雨后晴。午前赴局时,雨势仍淅沥不息。返家午膳后,赴局时皎日当空,阳光普照矣,气候仍甚和暖。在局无事,将《明季稗史汇编》中之《烈皇小识》一帙带去阅看,以资消遣,阅读已快完竣,颇有感于现在之政局酷似崇祯时之景象,不禁凛然于亡国之危惧。

十八日(旧历乙亥年十一月廿三日,1935年12月18日) 星期三,晴。阅本日之报,知北平各大学之学生已于本月九日曾举行游行请愿,声称反对华北之自治运动,于游行时,与警察曾发生冲突,有少数学生受伤,致酿全体罢课风潮云云。此事至今日始见载于上海之报,可见当局对此事之压抑,而不欲其事态之扩大,以增重外交上之烦琐耳。平心论之,学生之此种爱国运动,原不可厚非,然份子中之良莠不齐,每有反动份子乘机煽惑,利用机会以施行其捣乱政策,故往往一事之动机甚善,而其结果适得其反者,正在此之谓也。予观北平此次之学生运动,窃怀疑不无反动份子混入其中,以利用机会也。

十九日(旧历乙亥年十一月廿四日,1935年12月19日) 星期四,晴。阅本日之报,始知南京各公、私立之大学学生,于前数日联合结队游行请愿,以作北平学生之声援,上海之学生亦在酝酿之中。此种情形为“五·四”以后所仅见者也。盖恐从此一动之后,又将不易使之再静也。

二十日(旧历乙亥年十一月廿五日,1935年12月20日) 星期五,阴雨。连日披读报纸,均属使人不怿之事。盖河北之事,隐忧甚深,不独无乐观之可言,且恐敌之蚕食,踰河而南也。本日阅报,觉有二事差强人意:一为庐山租界,据庐山管理局长蒋志澄晋京报告,已与英人交涉停妥,准于二十五年一月一日正式接收,从此以后,此项有损主权之租界地又少一处矣。一为卫生署派赴云贵边区研究瘴气之寄生虫学系主任姚永功，现已事竣返京，据其报告，谓在该地研究六个月，发现患瘴气病者之血液中为恶性疟之原虫，从此数千年以来视为神秘难测之瘴气乃得证明，诚一大快事也。

廿一日（旧历乙亥年十一月廿六日，1935年12月21日） 星期六，阴，微雨。晨到局后，即知杭州城站车务段长有密电报告，谓晨间有浙江各大学学生代表等三百馀人，强欲乘车至京请愿，婉劝无效，学生等均聚集于轨道之中，致应开出之车不能开出，外来之车不能进站。至十时许乃有续电报告，称警察及保安队劝其暂散，仍无效，相持不散。午后，予未到局，不知结果究竟如何也。午后二时许，施恩泽来访，详告渠管理装卸工人事甚感棘手，请于有机会时将此棘手情形转达于局长。至三时许，外出购物及汇款至芜湖。

廿二日（旧历乙亥年十一月廿七日，1935年12月22日） 星期日，晴。本日为星期例休日。午前在家，将昨日所购之绒布及毛葛马褂料监视成衣匠裁制小裤褂及马褂。午膳后，赴河南路及四马路购故宫制之廿五年挂历及座历。本年故宫博物院之此项出品较前稍有不同，制作更觉精美，每天之日期字摹拟各种汉魏碑文，反面之金石书画，取材较前亦精，印刷亦极清晰，诚为挂历中之极精美品也。返家后，刘桂庭适来，告知陇县长于离宝之前，将其委任大厂分局长，此固官场陋习之所谓“起身炮”也，须视其人之机遇如何，以定任职之久暂。乃渠于新任接事后之四日，辖境内即发生盗案，事主损失甚巨，新县长严令其在一周内破案，言外之意，如案不破，即应连带负责去职。此君固素善钻营者，第不知对此事之应付手腕如何耳。

廿三日（旧历乙亥年十一月廿八日，1935年12月23日） 星期一，晴。本日赴无锡调查控案。乘九时五十分开之开车前往，抵锡站后，即径赴南门外黄垠埄调查，查得六十四号门牌乃王兰芳兄弟二人同居，与原具函知原告人绝不相同。详查王兰芳乃黄垙埄之地保，向其询问，亦称黄垙埄无此数人，知系捏名者也。然函中所叙之事，又历历列举，似非尽属捏造者也。或者为同党之挟嫌而攻讦者，不敢具真实姓名欤？此案当另用他法密查，或可人赃俱获。查毕回车站候车返沪。据站长告知，上海午后一时应开之闸京特通车及四时应开之沪平联运特通车，均因赴京请愿之学生等所霸占，不能开出，致由锡往西之乘客已购票者，概行退票。移时，下行车抵站，即乘之返沪。讵驶抵真如站后，站长通知北站应开之各次客车，均因赴京请愿之学生霸占，不能开出，本列客车即在真如站停止，预备再向西开，以补救午后应向西开而未能开出之各列车次。不得已乃特雇祥生汽车至沪，抵北站后，见车站各处之铁门均严闭，大队武装保安队士及路警等在站维持秩序，不放闲杂人等进站。予问路警学生在何处，则答均在车内云云。观其形势，似颇严重，恐今晚万难解决，乃即返家。

廿四日(旧历乙亥年十一月廿九日，1935年12月24日)　星期二，阴。本日请愿学生仍盘踞于客车之内，驱之不散。至午前九时许，据北站电话报告，谓本日晨，又续到有约二百馀名，第不知政府对之究竟如何办法。予将昨日赴锡所查之案，缮具报告，完结此案。午后五时许，赴北站一觇其现状，见员工俱乐部门首有大批武装保安队士围守北站大门，排列机关枪约七八尊，形式较昨晚更加严重。予赴进至站内，意欲一觇盘踞车内之学生，讵月台内所停之车，均无一学生，武装队士及路警等严守各客车，不准人上车。其时站内除保安队士、路警等之外，别无一闲人。旋见一车僮，向其询问学(生)至何处，答称随开出之车赴南京矣。计开出两列车，均系学生，估计其数约有二千馀名之谱云云。乃折出站，见来时所关之铁门，均已开启矣。站内有夫役在打扫，知问题已解决。旋见月台之入口处张挂丈馀长、六尺阔之白布一大方，上书“请爱国学生注意，共产现谋暴动，切勿受其利用”语句，乃恍然武装队士取戒严形势之原故。旋即乘电车返家。

廿五日(旧历乙亥年十一月三十日,1935年12月25日) 星期三,阴雨。昨晚在北站所见开出之车,本日到局之后,始知系市政府对付学生之一种策术,并非送之至京也。盖市政府鉴于在沪与之相持,或强迫解散,诚恐发生其他变化。且昨日上午,闸北南市及租界均有学生结队游行,租界中且发现有类似学生者散发反动传单,捕房已捕去六人,如仍任其延搁,于地方治安将必发生极大影响,故计划开至青阳港,以武力强迫解散。不料车抵青阳港站后,预由公路先往之保安队尚未赶到,致计画失败。乃开抵昆山站停车,而学生等又强迫司机开车。至本日晨八时许,已抵苏州站。局方得报,乃令工务处拆毁浒墅关至望亭间之轨道一段,以阻行车,一面电告行政院及江苏省保安司,令护路宪兵第九团等,请以有效方法制学生等赴京之行。故本日北站之上行各列车,均未能开。沪杭路则由南站及西站两处按班照行,至下午之变化如何,则不详矣。晚散值回家时,特绕道至北站一觇,虽较昨晚之严重形势和缓,然似犹未解严也。在员工俱乐部门前堆置障碍物,阻绝由宝山路至车站之交通。车站内仍极静寂,际此严寒天气,闻昆山以西,均于昨晚下雪,各生之车被阻于中途,如何能耐此饥寒也!

廿六日(旧历乙亥年十二月初一日,1935年12月26日) 星期四,阴,微雨。本日到局后,知停昆山站一列车之学生约五百名之谱,由教育部派来之员及上海市教育局长等婉劝之后,学生均受感动,已于昨晚六时许将此原列车开至吴淞,盖此一列车之学生均同济大学之学生也。其被阻于苏州之一列车学生知浒墅关、望亭间之轨道有一段拆毁,乃勒驾道房工人开驶摇车,驰往监督修复后,复勒逼司机向西开出。局方复令将由无锡至常州间之轨道再拆一段,故此列车之学生现停于无锡,京沪之交通迄未恢复。南京派有宪兵一千名在无锡,合由上海去之保安队及无锡当地之保安队等,共约二千馀名武装队士,对此徒手之学生三四百名,竟毫无办法,此种气焰嚣张之学生,亦属举世罕见也!

廿七日(旧历乙亥年十二月初二日,1935年12月27日) 星期五,阴雨。被滞留于无锡之上海赴京请愿学生,昨晚经蒋行政院长代表、首都卫戍司令谷正伦劝诰,及教育部之特派员以及各该校之校长等婉劝,学生等大受感动,已允返沪。乃由上海市政府由沪特放汽车数十辆至锡,于本日晨六时许载运回沪,京沪交通乃于本日恢复。惟北站画入戒严范围之内,禁止闲人撞入,旅客不能由北站上车,而先乘沪翔小火车至南翔上。至由京至沪之车,则在麦根路下车,而不能驶入月台。值此雨雪载途之时,旅客将多感受一层困苦也。

廿八日(旧历乙亥年十二月初三日,1935年12月28日) 星期六,阴雨。自本日起,北站之戒严解除,由北站开之各次客、货车,完全恢复原状。然计算其所受之损失,自廿三日下午起至昨日下午止,合此三日半之客、货车运费及物质上所受之损坏,以及未作工而应付之工资,共约三十万元之巨。此诚一笔无味【谓】之损失也。午后循例休息,颇觉无憀,乃赴卡尔登观映联华新出之片《天伦》。此片作风脱去一般窠臼,而注意于人类之爱,于近世浇漓社会,痛下针砭,诚于世道人心均有极大影响。影戏为通俗教育方法之一,似此有关世道人心之片,应特加奖掖者也。

廿九日(旧历乙亥年十二月初四日,1935年12月29日) 星期日,天阴,微雨。午前在家未外出。午膳后,赴蓬莱大戏院观银月歌舞团歌舞剧。观后觉此歌舞团较以往各歌舞团之恶劣不堪一顾者,则又此善于彼,较有进步也。最后之话剧,亦有意义,亦非如所谓文明剧之胡闹也。予以不耐室内之热闹,未终局即出,而至棋盘街、四马路等处购《故宫周刊》数期及杂物而回。

在午前阅本日之报及晚间之夜报,觉有二事可以一记:一为上海市面凋敝之实状究竟如何。有人将本年自旧历中秋节后所关闭之商店截至旧历十一月底止，计为时四个月，共关闭商店一百六十六家。此皆系二三等商店，关闭后均曾委托律师及会计师清理者，其他小商店之清理者固尚不在此中也。再就此四个月中关闭之一百六十六家，按期分之：计八月中旬至九月中，关闭五十三家；九月中至十月中，关闭四十三家；十月中至十一月中，关闭三十九家；十一月中至十二月二十六日，关闭三十一家。乃者年关已至，银根渐紧，商店之关闭者预料将有增无减。此种现象为空前所未有，社会经济如此之凋敝，诚一不可忽视之事也。一为最近有名续范亭者，于十一月间由兰州经平津而至南京，对于河北之紧张时局受刺激甚深，乃决定自杀以警国，遂于本月二十六日下午，乘汽车趋中山陵墓首，向总理致敬礼，然后以刀自剖其腹，而图自尽，旋被救送至医院，现在伤势仍未脱危险时期。此又可见吾民族尚有复兴之可望，而未尽如一般汉奸之别具肺肝也！

三十日(旧历乙亥年十二月初五日,1935 年 12 月 30 日) 星期一，阴。本日午后到局后，知常州车站有电报告，谓常州有学生三百馀名，意欲乘常州午后四时二十六分之上行车至镇江省政府请愿。路局乃分电江苏省政府及首都警备司令报告此时【事】。正在办理此事之时，忽开明书局丁小先来电话，谓章子玉新由青岛来沪，促予即至开明一晤，故未至散值之时即赴开明书店，晤谈之后，乃由丁君约邀至麦家圈马上侯酒楼晚餐，畅谈至九时许，始返家。酒意已有酩酊之势。

卅一日(旧历乙亥年十二月初六日,1935 年 12 月 31 日) 星期二，先阴后雨。午前天阴，午后下雨，致午后回家时大受其累。晚膳后清检书室内杂物，并将室内大加扫除，以作一年来之清理。

日记人名字号音序索引凡例

一、本索引是本书所收录《蟫庐日记》等六种日记（以下简称《日记》）正文中人物姓名或字号的索引。为读者检索之便，将诸种日记人名字号索引分别开列，而不混同。

二、本索引以姓名为查阅主体，每一姓名皆列为检索条目，姓名之后括注《日记》中出现的字、号、别名、简称、昵称、官称及其他能够代表人物之称谓。

三、凡《日记》中未出现字号者，以人名为检索条目；凡《日记》中仅出现字号者，尽量检出姓名列入检索条目；凡《日记》中出现之称谓未能确定其名、字、号，或暂未考知其名者，径列为检索条目。

四、凡《日记》中出现的人物字号，亦列为检索条目，后注“见某某”，如“穰卿　见汪康年”；《日记》中出现的人物字号与姓相连者，仅以字号为检索条目，如“汪穰卿”（汪康年之字），以“穰卿”而非“汪穰卿”为检索条目，读者欲知《日记》中“汪穰卿”为谁，省去其姓，即可检得。

五、索引后所列之数字，为该人物在《日记》中出现之年、月、日（以公元纪年为标准），如：

李维格（一琴）　1906.12.11；1907.2.17

说明李维格，字一琴，出现在日记 1906 年 12 月 11 日及 1907 年 2 月 17 日。

日记人名字号音序索引

《蟫庐日记》

《北上日记》

《涤庵日记》

《淮海日记》

《养性室日记》

《乙亥年日记》